Sam Stern

# LA CUISINE DES ÉTUDIANTS

avec Susan Stern

GALLIMARD JEUNESSE

# SOMMAIRE

**La plupart des étudiants se nourrissent n'importe comment ? Eh bien, je vais essayer d'y remédier! Ce livre regorge de recettes ébouriffantes, qui permettent à chacun de satisfaire ses goûts, en tenant compte du mode de vie, des besoins nutritionnels et du budget de ceux et de celles qui vont à la fac.**

En quittant le nid, tu vas changer d'habitudes alimentaires. Tu peux opter pour la voie rapide – celle du fast-food – et t'étonner ensuite de ne jamais avoir la pêche, ou choisir les chemins de traverse, ce à quoi ce bouquin se propose de t'aider. D'accord, ça peut te paraître fastidieux de confectionner un menu de A à Z, mais, une fois lancé, tu verras que c'est tout bénef. Pour commencer, ça revient moins cher de tout faire soi-même. Les plats cuisinés, les trucs à emporter, c'est plutôt moyen côté saveurs et ça plombe vite un budget. Cuisiner, ça veut dire savoir dénicher de bons produits frais pour en faire de fabuleux repas, tout en économisant de quoi se payer des pots ou des fringues. Rester en forme est l'autre argument qui tue. Que tu fasses du sport ou que tu veuilles juste prendre soin de ton corps, cuisiner te permet d'être en forme et de mettre toutes les chances de ton côté. Adapte tes menus à ton activité physique, tu seras sûr d'absorber tout ce dont tu as besoin – des féculents pour l'énergie (mange des pâtes), des protéines pour les muscles (mise sur le porc ou le tofu). Même chose en période d'examens, de gros travail à fournir. Si tu veux booster tes neurones, apprends à manger équilibré (il te faut du fer, des protéines, des oméga-3, des vitamines).

Mais attention, fais ça avec classe, en concoctant tes propres plats et en privilégiant toujours la notion de plaisir. Invite tes potes à manger dès que tu en as l'occasion. Ils t'en seront infiniment reconnaissants et ne pourront plus se passer de toi ! Brunch ou véritable dîner, peu importe: fais de chaque repas un événement convivial et une fête pour les papilles. Partage les frais avec tes invités pour ménager ton budget, et ne te prive jamais d'un bon repas avec des vannes qui fusent de tous les côtés. Cuisiner est un excellent prétexte pour réunir sa tribu, et une bonne bouffe laisse toujours de bons souvenirs. La préparation du repas fait elle aussi partie du plaisir. Branche ta musique et demande à tout le monde de mettre la main à la pâte. Ou alors vois ça comme une activité thérapeutique, un truc qui t'aide à décompresser quand tu as trop travaillé ou fait la fête, et que tu souhaites souffler un peu en solo (chasse le stress à grands coups de fouet, de mixeur et de spatule !). Mais ce qui compte avant tout, ce sont les saveurs. Toutes les recettes proposées dans ce livre sont super bonnes (même si c'est moi qui le dis !). Alors, que tu sois un parfait néophyte ou que tu assures déjà un minimum, tu as du pain sur la planche. Qui a dit qu'« étudiant » ne rimerait jamais avec « gros gourmand » ?

# JOUE-LA STRATÉGIQUE

En planifiant soigneusement tes menus et en achetant malin, tu pourras faire de bons petits plats sans te ruiner. Voici mes meilleurs trucs pour optimiser un budget et utiliser au mieux les aliments qu'on achète et les plats qu'on prépare – ou : « Comment manger mieux, en dépensant et en gaspillant moins » !

## CHOISIS LE BON ENDROIT

✱ Si tu es branché écologie et commerce équitable, fais le tour des coopératives et magasins de produits bio, végétariens ou diététiques proches de chez toi. Repère les supermarchés qui ont le plus de choix en bio.

✱ Pense aux épiceries asiatiques, antillaises, africaines… Achète de gros sacs de riz ou autre à partager avec tes potes, mais stocke-les correctement (conserve les produits secs dans des bocaux ou des boîtes hermétiques).

✱ Fréquente les marchés de petits producteurs pour dégotter des produits frais moins chers. Privilégie toujours les produits de saison.

✱ Va chez ton boucher, ton boulanger, ton poissonnier pour acheter des trucs à l'unité – un bon croissant, une côtelette plutôt qu'une barquette de dix sous cellophane. Trop acheter incite au gaspillage – mauvais pour ton budget comme pour la planète.

## FAIS-TOI UN PLAN D'ATTAQUE

✱ Rédige une liste. Fais tes courses avec, et tâche de t'y tenir.

✱ Cette liste doit correspondre à une stratégie. Prévois tes menus des deux prochains jours, ça coûtera moins cher.

✱ Opte pour des aliments multi-usages. Un poulet rôti, c'est plus cher qu'une escalope, mais tu pourras le recycler au moins quatre fois (dans un risotto, une salade, un sandwich, une soupe). Un curry ou une tourte, ça dure plusieurs jours. C'est un gain de fric, de temps et d'énergie.

✱ Relis les recettes avant pour n'oublier aucun ingrédient essentiel.

✱ Regarde ce que tu as déjà dans tes placards et dans ton frigo pour éviter les doublons.

✱ Partage les frais des bouffes à plusieurs – genre barbecue – tout le monde y gagne.

✱ Prévois ce que tu feras des restes.

## ACHÈTE MALIN

✱ Fais tes courses quand tu as touché ton argent.

✱ Ne les fais pas le ventre vide, tu dépenserais plus…

✱ Vas-y en fin de journée, quand les supermarchés bradent certains produits. Achète tes fruits et légumes en fin de marché.

✱ Les marques de distributeurs sont souvent avantageuses – ça vaut pour le riz, les pâtes, les légumes secs, etc.

✱ Ne te laisse pas avoir par le look d'un emballage ou par ses promesses éthiques ou diététiques.

✱ Lis bien les étiquettes.

✱ Choisis toujours les produits dont la date de péremption est la plus éloignée.

✱ Quand tu tombes sur des promos, fais le plein – achète l'huile d'olive, le thon, les haricots, etc.

✱ Passe par le rayon surgelés. Tu y trouveras des morceaux de poisson (parfaits pour mettre dans les tourtes), des légumes et des fruits rouges (très pratiques et excellents pour la santé) dont le prix au kilo est avantageux.

✱ Méfie-toi des offres de type « 1 produit offert pour 1 acheté » s'il s'agit de produits frais que tu n'auras pas le temps de consommer avant la date indiquée. Venge-toi sur ceux que

tu peux stocker, congeler ou consommer rapidement.

* Tu es sûr d'avoir envie de ces mûres mexicaines ? Les produits locaux coûtent parfois moins cher, et leur transport produit nettement moins de $CO_2$.

## MANGE GRATIS

* Trouve un job dans une épicerie ou un supermarché. Tu auras droit à des réductions et à des produits gratuits.
* Pêche des poissons et ramasse des coquillages sur la plage. Fais-les cuire sur place ou ramène-les à la maison.
* Cultive tes légumes. Renseigne-toi sur les jardins ouvriers, demande à ton proprio si tu peux bêcher un coin du jardin. Fais pousser des tomates et des herbes sur le rebord de la fenêtre, des patates dans de vieux pneus.

## LES PRÉPARATIFS

* Prépare ce dont tu as besoin. Regarde si tu as tous les ingrédients. Vérifie les temps de trempage, de cuisson, etc. Relis bien la recette.
* Tu as invité des potes? Renseigne-toi sur les allergies, les régimes, les préférences des uns et des autres (qui est végétarien, qui déteste le fromage).

## ÉCONOMIE D'ÉNERGIE

* Prends une poêle ou une casserole dont le diamètre recouvre entièrement celui de la plaque de cuisson, sinon il y a déperdition d'énergie ! Ne fais pas cuire une portion individuelle dans un énorme faitout.
* Raccourcis la phase d'ébullition – chauffe l'eau dans la bouilloire avant de la verser dans la casserole.
* Mets un couvercle: ça accélère la cuisson, et l'eau bout plus vite.
* Coupés en petits morceaux, les aliments cuisent plus rapidement (exemple: patates au four ou bouillies).
* Pour faire cuire des petits pois surgelés, fais chauffer de l'eau dans la bouilloire. Recouvre les petits pois. Laisse décongeler 1 minute. Égoutte. Rajoute de l'eau bouillante. Attends 2 minutes. Et voilà, c'est cuit !
* Achète un cuit-vapeur. Tu peux préparer plusieurs aliments en même temps et ça préserve les nutriments.
* Le four est allumé ? Profites-en pour faire cuire plusieurs plats en même temps, toujours pour la même raison.
* Ne laisse pas la porte du four ouverte pendant la cuisson.
* Le four garde la chaleur longtemps. Un plat à mijoter ? Éteins 20 minutes avant la fin du temps indiqué (sauf pour les gâteaux).

## OPTIMISE ET RECYCLE

* Fais des plats uniques (soupes, plats au wok, ragoûts) quand tu es à sec.
* Râpe le fromage que tu mets dans tes salades et dans tes sandwichs. Le goût ressort mieux ainsi, donc tu en mettras moins.
* Dans les plats en sauce, remplace une partie de la viande par de la chapelure ou des lentilles.
* Les légumes secs sont moins chers que ceux en boîte. Mets à tremper la veille dans beaucoup d'eau. Cuis au moins 10 minutes à gros bouillons, puis laisse mijoter jusqu'à consistance tendre.
* Tu as vu trop gros pour les nouilles chinoises ? Mélange le rab à de la sauce, ça fera une salade pour le lendemain.
* Recycle les restes de pâtes cuites dans des gratins (ajoute de la viande ou une sauce aux légumes, couvre de fromage et hop ! au four !), des salades, des omelettes…
* Rajeunis le pain acheté hier. Passe-le une fraction de seconde sous le robinet. Réchauffe 5 minutes au four.
* Coupe du pain un peu rassis. Enveloppe dans du film alimentaire. Congèle. Fais griller sans décongeler.
* Fais de la bruschetta avec du pain rassis. Ou de la chapelure (pour paner).
* Un fruit un peu tristounet ? Ne le jette pas ! Utilise-le dans un gâteau, ou mixe-le pour en faire un smoothie ou pour aromatiser un yaourt.
* Entrepose les bananes à l'écart des autres fruits : elles dégagent de l'éthylène, un gaz qui accélère leur mûrissement.
* Les légumes un peu ramollos sont parfaits pour les soupes et les sauces.
* Conserve feuilles de salade et pousses de soja ou de haricots dans des sacs plastique dans le bas du frigo.
* Enveloppe le fromage dans du papier sulfurisé et range-le dans une boîte étanche dans le frigo.
* Chouchoute ton congélateur. Aie toujours en réserve des pois, des fruits rouges, du bouillon maison, des sauces, des fonds de pizza, du poisson, de la moussaka, des currys, des tourtes salées et sucrées, des soupes.
* Quand tu as de l'argent (en début de mois) et un peu de temps, cuisine en plus grande quantité. Congèle pour les périodes moins fastes.
* Garde les bocaux vides pour tes confitures, ta vinaigrette, ta mayo, etc.
* Sois inventif. Fais-toi un « vide-frigo » par semaine. Sublime les restes !
* Quand tu cuisines, goûte fréquemment pour pouvoir rectifier au fur et à mesure, et trouver ce qui te plaît le mieux – éduque ton palais et développe ton goût.

# LE MATÉRIEL

Tu n'as pas besoin de grand-chose pour démarrer. Achète des articles de marque en promo au supermarché. Va dans les vieilles quincailleries, les supermarchés asiatiques (woks, petites poêles, ustensiles divers), les boutiques Emmaüs (assiettes, etc.). Emprunte des trucs à tes parents... bouilloire, grille-pain, c'est toujours ça !

**USTENSILES DE BASE**

Ouvre-boîte
Casserole
Poêle (à frire)
Saladier
Couteau à pain
Petit couteau de cuisine
Cuillères à café et à soupe
Verre doseur
Plaque de cuisson (pour le four)
Tamis (sert aussi de passoire)
Spatule
Râpe
Couteau économe
Cuillère en bois
Fouet (à main)
Planche à découper en plastique
Balance de cuisine pratique et peu encombrante
Plat allant au four
Film alimentaire, papier alu
Boîtes de conservation en plastique

**UN CRAN AU-DESSUS**

Wok
Batterie de saladiers
Batterie de casseroles
Poêle gril (à fond strié)
Grande planche à découper
Passoire
Pelle à poisson
Poêle à crêpes
Grande cocotte
Plat à rôtir
Moule à muffins
Coupelles à crème brûlée
Moule à tarte à fond amovible
Moule à gâteaux à fond amovible
Presse-purée
Écumoire pour wok
Presse-ail
Presse-citron
Piques en métal
Ramequins
Ciseaux
Rouleau à pâtisserie
Grille à pâtisserie
Pilon et mortier
Papier sulfurisé
Cure-dents en bois (pour les amuse-gueule et vérifier la cuisson des gâteaux)
Mixeur plongeant (incontournable !)
Batteur électrique (autre incontournable !)

# RÉSERVES DU PLACARD

Aie quelques provisions. Ne te précipite pas pour tout acheter en bloc ! Complète au fil des recettes. Jette un coup d'œil sur cette liste avant de sortir faire tes courses.

**Bocaux, bouteilles, boîtes de conserve**

Haricots : blancs (nature, cuisinés, petits et gros), rouges, cannellini
Pois chiches
Maïs
Tomates olivettes, pulpe de tomate en dés
Purée de tomates
Thon, saumon, sardines, anchois
Câpres
Olives
Piments verts forts marinés
Huiles : bonne huile d'olive (cuisson), huile d'olive vierge extra (salades), d'arachide (currys), de sésame (plats au wok), de tournesol (cuisson au four et à la poêle)
Vinaigres : vinaigre de riz chinois, de vin blanc ou de vin rouge, de cidre, balsamique
Vin de cuisson chinois
Moutarde : anglaise, de Dijon
Mayonnaise
Ketchup
Sauce HP (sauce brune)
Sauce Worcester
Sauce au piment doux
Nuoc Mam
Sauce teriyaki

Sauce hoisin (sauce barbecue asiatique)
Sauce aux huîtres
Sauce soja
Harissa
Pâte de curry
Confiture de piment
Gelée de groseille ou de canneberge
Pickles, cornichons ou petits oignons marinés
Tapenade
Sirop d'érable
Sirop de sucre roux
Mélasse
Miel liquide
Confiture

**Produits secs**

Café, thé
Cacao
Bouillon de légumes
Bouillon de volaille (bouillon cube)
Levure sèche instantanée (type Briochin)
Riz : basmati, parfumé, complet, pour risotto
Couscous
Boulgour
Polenta
Lentilles : vertes (du Puy), brunes, corail
Pâtes sèches
Nouilles chinoises : aux œufs, de riz
Légumes secs : haricots, pois chiches
Farine : normale, panifiable, à levure incorporée, de pois chiches
Farine de maïs (maïzena)
Levure chimique
Bicarbonate de soude
Sucre en poudre, cassonade, sucre glace
Poudre de coco
Raisons secs, blonds et bruns
Dattes, abricots secs
Pignons
Noix, noisettes, amandes
Flocons d'avoine

**Épices et aromates**

Sel de mer
Sel fin
Poivre noir en grains
Extrait naturel de vanille
Mélange 5 épices chinoises
Cannelle moulue
Curcuma
Cumin
Garam masala
Curry en poudre
Graines de cardamome
Coriandre moulue
Noix de muscade
Clous de girofle
Épices mélangées
Graines de fenouil
Piment rouge en paillettes
Poudre de piment rouge
Piment de Cayenne
Paprika
Gingembre en poudre
Thym et origan séchés
Flacons de citronnelle, gingembre, ail et coriandre

**Produits laitiers**

Lait demi-écrémé
Beurre ou pâte à tartiner
Œufs
Gruyère, feta, halloumi ou parmesan

**Au congélateur**

Légumes surgelés
Fruits rouges surgelés
Poisson surgelé en portions
Pain

**Toujours utiles**

Citrons, citrons verts
Ail et gingembre frais
Oignons, échalotes
Herbes fraîches

# LES TECHNIQUES DE BASE

## LE JARGON

**Tamiser :** filtrer la farine, par exemple, à l'aide d'un tamis pour l'aérer et la rendre plus légère et homogène.

**Sabler la pâte :** incorporer le beurre à la farine en frottant délicatement du bout des doigts jusqu'à consistance friable.

**Incorporer délicatement :** ajouter des ingrédients dans une préparation à l'aide d'une spatule ou d'une grande cuillère en métal en effectuant un mouvement rotatif de haut en bas, de façon à soulever la masse.

**Battre, travailler :** mélanger vigoureusement des ingrédients à l'aide d'une cuillère en bois, d'un fouet ou d'une fourchette.

**Mixer :** broyer, mélanger ou liquéfier des aliments à l'aide d'un mixeur, d'un robot ou d'un blender.

**Mijoter, laisser frémir :** faire cuire des aliments juste en dessous du point d'ébullition. Les aliments cuisent régulièrement, sans brûler ni se racornir.

**Assaisonner :** ajouter du sel et du poivre pour rehausser le goût. Le jus de citron, les épices, l'ail, le vin, l'oignon, les herbes fraîches ou séchées sont super pour agrémenter un plat.

**Mariner :** mettre à tremper un aliment dans un mélange adéquat (exemples : sauces asiatiques ; huile d'olive additionnée d'herbes et de jus de citron ; préparation à base d'herbes et d'épices). Laisser tremper quelques minutes, toute la nuit, voire quelques jours pour parfumer et attendrir.

**Laisser reposer :** laisser une viande rôtie au moins 10 minutes au chaud après la fin de la cuisson pour qu'elle soit plus tendre et plus juteuse. Pour les steaks ou les côtelettes, quelques minutes suffisent.

**Tailler, couper, émincer :** découper les aliments à l'aide d'un petit couteau bien aiguisé sur un plan de travail, en respectant les dimensions indiquées dans la recette. Tailler en cubes ou en petits dés réguliers. Hacher finement – en menus morceaux. Couper en tranches ou en rondelles – en travers. Hacher grossièrement – figure libre ! Faire des bouchées – qui s'avalent d'un coup ! En lanières – viande ou légumes en longs rubans.

# LES TECHNIQUES

**Clarifier les œufs :** casser l'œuf au milieu en le tapant d'un coup sec contre un rebord. Le mettre au-dessus du saladier, ouvrir l'œuf en inclinant d'un côté de façon à récupérer le jaune dans une moitié de coquille. Verser le jaune dans la moitié vide, il s'écoule un peu plus de blanc. Répéter l'opération. Mettre le jaune dans un autre récipient.

**Monter les blancs en neige :** vérifier qu'ils ne contiennent pas de jaune et qu'il n'y a pas de matière grasse sur les mains, le fouet ou le récipient. Battre les blancs dans un bol au fouet manuel ou électrique. Lentement au début, puis plus vite, pour obtenir des blancs souples.

**Hacher un oignon :** sur une planche, couper la racine et l'autre extrémité avec un petit couteau bien aiguisé. Retirer la première peau (brune) et la deuxième. Mettre l'oignon debout, le maintenir fermement et tailler verticalement des tranches fines en s'arrêtant à 1 cm de la base pour qu'il ne se délite pas. Faire pivoter sur le côté, puis tailler des tranches perpendiculaires aux premières.

**Empêcher le beurre de brûler :** ajouter un peu d'huile dans la poêle. Baisser la température.

**Empêcher les oignons de brûler :** mettre un tout petit peu de sel dessus. Baisser la température.

**Fondre le chocolat au bain-marie :** le casser en morceaux dans un saladier résistant à la chaleur. Poser ce saladier sur une casserole d'eau à peine frémissante, sans qu'il soit en contact avec l'eau. Laisser fondre doucement sans remuer. Retirer le saladier de la casserole. Remuer le chocolat et l'incorporer à la recette.

**Abaisser la pâte et foncer le moule :** déposer la boule de pâte sur une surface légèrement farinée. Étaler la pâte avec un rouleau légèrement fariné. La retourner plusieurs fois jusqu'à obtenir la taille, la forme et l'épaisseur voulues. La soulever avec les deux mains ou à l'aide du rouleau, et l'installer dans le moule en la pressant contre le fond et les bords intérieurs. Couper ce qui dépasse.

**Pétrir la pâte à pizza ou la pâte à pain :** mettre la pâte en boule sur une surface farinée. L'aplatir en la poussant du plat de la main. La replier puis la retourner. Répéter ces opérations pendant 8 à 10 minutes jusqu'à ce qu'elle soit lisse et élastique.

**Faire de la chapelure :** laisser le pain à l'air libre jusqu'à ce qu'il soit desséché. Passer au mixeur, râper ou écraser au mortier pour le réduire en poudre.

**Rôtir une viande :** la peser pour calculer le temps de cuisson – voir ci-dessous. Bœuf ou agneau : piquer avec la pointe d'un couteau pour vérifier le degré de cuisson ; le jus doit être rosé. Porc ou poulet : le jus doit être clair. Toujours laisser reposer après, faire la sauce avec le jus.

## TEMPS DE CUISSON POUR VIANDES RÔTIES

| VIANDES | DÉBUT DE CUISSON | FIN DE CUISSON |
|---|---|---|
| **Bœuf** | 20 minutes à 220 °C | 13 minutes par livre (500 g) à 180 °C |
| **Agneau** | 20 minutes à 220 °C | 13 minutes par livre (500 g) à 180 °C |
| **Porc** | 20 minutes à 220 °C | 25 minutes par livre (500 g) à 180 °C |
| **Poulet** | 20 minutes à 190 °C | 20 minutes par livre (500 g) à 190 °C |

## BIEN UTILISER LES RECETTES

**Lire les pastilles**

pour 1 — Quantité

€ — Coût approximatif par personne

€ budget mini ou serré
€€ moyen
€€€ lors de grandes occasions

V — Repas végétarien

V OPTION — Variante végétarienne d'un plat de viande

EXPRESS — Recette rapide

**Quantités d'ingrédients :** inutile de les respecter au poil près, sauf pour les gâteaux et certaines préparations (pâtes à pain, etc.).
**Assaisonnement :** doit servir à rehausser les saveurs, pas à les masquer !
**Présentation :** soigne le look de tes plats.
**Associations :** teste différentes combinaisons au sein d'un menu.
**Rester zen :** si tu rates un truc, ne panique pas. Recommence.
**Savourer :** tes plats n'auront jamais tout à fait le même goût ni le même look.

# EN-CAS,

## HORS-D'ŒUVRE, SANDWICHS

Capture le monde dans ta cuisine avec des plats vite prêts venus d'un peu partout : assiettes à grignoter, sandwichs, tartines, amuse-gueules, boissons colorées, petits déjeuners qui tiennent la route. Faire de la vraie cuisine, c'est cool et c'est pas cher.

# MEZZE

Simple mais d'enfer. L'houmous est un plat savoureux, pas cher et facile à faire. Sers-le sur une assiette d'entrées assorties, avec de l'ail confit et de jolis légumes grillés… et quelques gouttes d'une huile d'olive d'excellente qualité.

POUR 4 | € | V | EXPRESS

1 boîte de pois chiches (400 g)
2 gousses d'ail écrasées
Jus de 1 gros citron
1 c. à soupe de tahini (pâte de sésame)
Sel
2 c. à soupe d'une bonne huile d'olive
2 c. à soupe d'eau ou de liquide des pois chiches

**Servir avec :**
De l'huile d'olive extra
Du paprika en poudre (facultatif)
De la coriandre fraîche (facultatif)
Des pignons (facultatif)

## Houmous

**1.** Égoutte les pois chiches à l'aide d'une passoire. Récupère le liquide.
**2.** Verse les pois dans un robot ou dans un bol.
**3.** Ajoute l'ail, le jus de citron, le tahini, le sel.
**4.** Fais chauffer l'huile avec 2 c. à soupe d'eau ou de liquide des pois chiches dans une casserole (sans laisser bouillir). Ajoute les pois chiches. Passe au mixeur ou écrase à la fourchette. Rajoute de l'eau pour obtenir une consistance plus lisse.
**5.** Rectifie le goût avec le sel et le citron. Verse dans un saladier. Ajoute un filet d'huile d'olive, du paprika, de la coriandre, des pignons. Se mange chaud ou froid.

POURQUOI PAS
* Ajoute du cumin, du chili, de la coriandre moulue.
* Mets du confit d'oignons.
* Décore avec quelques pois chiches.
* Farcis un poivron évidé pour une boîte-repas (avec du pain ou des bâtonnets de crudités).
* Triche un peu : mixe les pois égouttés avec un peu de sauce soja, du persil, de l'huile d'olive.

# Pain à l'huile

POUR 1 · € · V · EXPRESS

Du bon pain (blanc, complet, focaccia ou ciabatta)
De la bonne huile d'olive

Prends un petit bout de pain. Trempe-le dans l'huile. Déguste-le avec des olives ou des pickles.

POURQUOI PAS

* Achète l'huile quand elle est en promo.
* Déguste avec des tomates, du fromage, une assiette de viandes froides.

# Légumes grillés

POUR 1 · € · V · EXPRESS

**Au choix :**
1 aubergine en rondelles
1 courgette en rondelles
1 poivron rouge épépiné et coupé en 4
1 gros champignon de Paris entier ou émincé
Courge musquée émincée
Huile d'olive
Sel, poivre
Jus de citron (facultatif)

1. Fais chauffer une poêle à gril à feu très vif.
2. Badigeonne les légumes d'huile d'olive.
3. Pose-les sur le gril (sans les entasser !).
4. Retourne-les dès qu'ils s'attendrissent ou se colorent. Retire-les quand ils te semblent cuits.
5. Ajoute du sel, du poivre, du jus de citron. Déguste chaud ou froid.

# Ail confit

POUR 1 · € · V

1 tête d'ail
Huile d'olive
Sel de mer

**1.** Préchauffe le four à 200 °C.
**2.** Retire le haut de la tête d'ail.
**3.** Dispose sur une plaque de cuisson. Ajoute quelques gouttes d'huile d'olive et un peu de sel de mer.
**4.** Fais rôtir 20 à 30 minutes, jusqu'à obtenir une consistance tendre.
**5.** Dispose sur une assiette. Tartine des tranches de pain ou des crackers.

# FALAFELS

**Fais-toi une soirée canapé ce soir. Compose une bonne petite assiette de délicieux falafels, c'est excellent pour la santé !**

POUR 4 € V

175 g de pois chiches secs
1 petit oignon haché très menu
2 à 3 grosses gousses d'ail écrasées
1 ½ c. à café de cumin moulu
1 c. à café de coriandre moulue
½ c. à café de sel
1 c. à café de piment en poudre, ou 1 petit piment épépiné et haché
2 c. à soupe de coriandre fraîche
1 à 2 c. à soupe d'herbes fraîches (persil ou menthe), hachées menu et séchées
Poivre noir
1 ½ c. à soupe d'eau chaude
¾ c. à café de levure chimique
Huile de tournesol (ou autre) pour la friture

## Falafels avec oignons rouges et salade de tomates

**1.** Fais tremper les pois chiches dans deux fois leur volume d'eau pendant au moins 12 heures. Égoutte. Sèche bien.
**2.** Mélange dans un robot avec l'ail, l'oignon, les herbes, les épices, le sel et le poivre. Transfère dans un saladier.
**3.** Dans une tasse, mélange l'eau et la levure. Incorpore en remuant à la préparation pour falafels.
**4.** Forme des boulettes entre tes doigts. Laisse refroidir au moins ½ heure.
**5.** Chauffe 5 cm d'huile dans une poêle ou un wok. Dès que ça commence à grésiller, mets quelques falafels à frire, en les retournant jusqu'à ce qu'ils soient cuits et dorés uniformément. Pose-les sur du papier absorbant.

POURQUOI PAS
* Ajoute un peu d'œuf battu si les falafels sont difficiles à former.
* Glisse-les dans une pita à emporter (ambiance festival).
* Enroule dans des tortillas avec de la salade et de la sauce, ou mets-les dans une boîte-repas
* Cultive tes propres herbes, c'est moins cher !

POUR 4 € V EXPRESS

Morceau de concombre de 15 cm (non épluché)
175 g de yaourt nature crémeux – si possible à la grecque, ou fait maison (page 46)
1 à 2 gousses d'ail écrasées
Sel de mer
Menthe fraîche ou séchée (facultatif)

## Tzatziki

**1.** Râpe le concombre dans un saladier.
**2.** Étale-le sur un torchon ou sur du papier absorbant. Éponge soigneusement.
**3.** Remets dans le saladier. Ajoute le yaourt, l'ail, un peu de sel (à ta convenance). Mets au frais. Parsème de menthe.

# Baba Ganoush (caviar d'aubergines)

POUR 4 | € | V

1 grosse aubergine
1 ½ c. à soupe d'huile d'olive
1 gousse d'ail
1 petit oignon
Jus de ½ gros citron
Sel
Persil

**1.** Préchauffe le four à 200 °C.

**2.** Enfourne l'aubergine 20 à 30 minutes (sa peau doit noircir et sa chair s'attendrir).

**3.** Fends-la en deux. Évide à l'aide d'une cuillère. Mixe la chair avec les autres ingrédients. Goûte et rectifie l'assaisonnement. Mets au frais.

# TEX MEX

**Chauffe l'ambiance avec des plats tex mex bien relevés. Rafraîchis et adoucis avec du guacamole. Ils sont parfaits pour une fête, tout le monde en raffole. Personnalise pour des dîners plus originaux. Fais tes propres tortillas (page 266).**

POUR 4 | € | V | EXPRESS

- 2 avocats bien mûrs coupés en deux et dénoyautés
- 2 échalotes ou 1 petit oignon rouge ou blanc
- 1 gousse d'ail
- Jus de 2 citrons verts ou de 1 citron
- Piment de Cayenne
- Sel, poivre
- 1 c. à soupe de coriandre fraîche

## Guacamole

**1.** Évide l'avocat à la cuillère.
**2.** Passe la chair au mixeur.
**3.** Ajoute l'échalote ou l'oignon, l'ail, le jus de citron, le piment de Cayenne, le sel, le poivre, la coriandre. Mixe jusqu'à consistance lisse.
**4.** Pas d'appareil ? Hache menu l'ail et l'oignon ou l'échalote. Écrase avec l'avocat et les autres ingrédients.
**5.** Transfère dans un bol à l'aide d'une cuillère. Mets le noyau dans le mélange en attendant de servir (pour retarder l'oxydation : ça noircit moins vite…).

POURQUOI PAS
* Ajoute un peu de piment rouge épépiné et mixé ou haché.

POUR 4 | € | V | EXPRESS

- 4 tomates bien mûres
- 2 échalotes ou 1 petit oignon
- 1 petit piment rouge ou vert
- 2 c. à soupe de coriandre fraîche hachée
- Jus de 1 citron vert
- Pincée de sucre en poudre
- Sel, poivre noir

## Salsa fraîche

**1.** Hache menu les tomates et les échalotes ou l'oignon.
**2.** Fends le piment en deux à l'aide d'un couteau et d'une fourchette. Épépine-le sans le toucher avec les doigts ! Hache menu.
**3.** Mélange les tomates, le piment, les échalotes, la coriandre avec le citron, le sucre, le sel et le poivre.

# Tostadas

**1. Purée de haricots :** fais fondre doucement l'ail et l'oignon dans l'huile pendant 5 minutes.
**2.** Ajoute les haricots, les épices, l'origan, le sucre. Poursuis la cuisson à feu doux jusqu'à obtention d'une purée. Écrase à l'aide d'une cuillère. Ajoute le vinaigre. Retire du feu. Laisse tel quel ou réduis en purée plus fine.
**3. Tostadas:** chauffe de l'huile dans une poêle. Fais revenir rapidement les tortillas des deux côtés (elles doivent être croustillantes).
**4.** Garnis avec la purée et les autres ingrédients. Ou présente-les à part sur la table.

POURQUOI PAS

✱ Sers le mélange enroulé dans une tortilla souple.
✱ Achète de la purée de haricots toute faite.
✱ Fais des quesadillas. Réchauffe les tortillas dans une poêle sans ajouter de matière grasse. Parsème de fromage râpé (une moitié de gruyère ou mozzarella). Plie en deux et rabats les bords. Fais cuire 1 minute de chaque côté. Coupe grossièrement. Ajoute des rondelles de piment cru si tu aimes ça.

POUR 4 · €€ · V · EXPRESS

**Pour la purée :**
1 oignon moyen haché menu
1 gousse d'ail écrasée
1 c. à soupe d'huile d'olive
1 boîte de haricots rouges (500 g) égouttés et rincés
1 pincée de cumin
1 pincée d'origan séché
1 pincée de sucre
2 c. à café de vinaigre de vin

**Pour les tostadas :**
4 à 8 tortillas de blé achetées ou maison (page 266)
Huile d'olive légère

**Servir avec :**
Du guacamole
Du fromage râpé
Du blanc de poulet cuit
De la laitue
Des piments jalapeños marinés

# Fajitas

**1.** Taille le bœuf ou le poulet en lanières de 1½ cm, le tofu en dés ou les champignons en tranches épaisses.
**2.** Mets à mariner dans un saladier avec le jus de citron, le sucre, l'origan, les épices, l'ail (½ heure au moins). Égoutte bien.
**3.** Réchauffe les tortillas au four ou dans une poêle. Réserve au chaud.
**4.** Verse l'huile dans une grande poêle ou dans un wok chauffé. Fais revenir le steak, le tofu ou les champignons (2 minutes), ou le poulet (5 minutes). Ajoute les oignons, le piment, le poivre. Remue rapidement pendant 3 à 4 minutes. C'est cuit !
**5.** Garnis les tortillas de cette préparation. Facultatif : nappe de salsa, de crème aigre, de guacamole, de fromage. Enroule.

POUR 4 · €€ · V OPTION

**Au choix :**
2 beaux blancs de poulet
2 tranches de rumsteak
2 paquets de tofu
4 gros champignons de Paris

**Pour la marinade :**
Jus de 2 citrons verts
1 c. à soupe de sucre
1 c. à soupe d'origan séché
1 pincée de cannelle ou de cumin
1 pincée de piment de Cayenne
Gousse d'ail écrasée

**Pour le wok :**
2 c. à soupe d'huile de tournesol
1 petit oignon rouge haché
1 petit piment rouge haché
2 poivrons (rouges ou jaunes) épépinés et taillés en lanières
8 tortillas de blé

# SAVEURS INDIENNES

Les beignets d'oignons (*bhaji*) qu'on trouve dans les restaus indiens un peu classe sont aussi beaux que bons. Sers-les avec les accompagnements que je propose, ou intègre-les dans une soirée curry. Quant au *dhal*, il permet de faire le plein de protéines pour trois fois rien. Déguste avec des *chapatis* faits maison (page 196).

12 € V

**Pour les bhajis :**

450 g d'oignons coupés en deux puis en fines lamelles
1 c. à café de sel
1 c. à café de cumin
1 c. à café de coriandre moulue
1 c. à café de curcuma
2 piments verts épépinés hachés très menu
Coriandre fraîche hachée
60 g de farine de pois chiches (magasins indiens ou de produits diététiques)
½ c. à café de levure
Huile de tournesol ou d'arachide

**Pour la raïta :**

Quelques c. à soupe de yaourt nature (page 46)
Tronçon de concombre pelé et taillé en dés
1 gousse d'ail écrasée

1 PORTION € V

1 mangue pelée et coupée en dés
½ oignon rouge coupé en dés
½ petit piment rouge épépiné et haché
1 c. à soupe de jus de citron vert
½ c. à café de sucre en poudre
Coriandre fraîche
Sel et poivre

## Beignets d'oignons à la raïta

**1.** Saupoudre l'oignon de sel et laisse dégorger ½ heure dans une passoire ou un tamis.

**2.** Rince sous le robinet. Presse. Sèche bien dans un torchon, puis transfère dans un saladier.

**3.** À part, mélange le cumin, la coriandre moulue, le curcuma, les piments, la coriandre fraîche, la farine, la levure. Incorpore aux oignons.

**4.** Forme les beignets. Presse bien de façon à obtenir 12 boules un peu grossières.

**5.** Chauffer 8 cm d'huile dans un wok, une poêle ou une casserole. Dès que l'huile commence à grésiller, fais frire 4 bhajis à la fois en les tournant avec précaution, jusqu'à ce qu'ils soient bien dorés. Égoutte sur du papier absorbant.

**6.** Pour faire la raïta, verse le yaourt dans un saladier, mélange avec le concombre et l'ail.

## Chutney à la mangue

**1.** Mélange le tout dans un saladier. Goûte et rectifie l'assaisonnement.

**2.** Laisse reposer 1 heure ou mange tout de suite !

POURQUOI PAS

✱ Sers avec du thon frais grillé.

✱ Triche. Achète un bocal de Sharwoods au rayon asiatique !

# Dahl pour soirée curry

**1.** Chauffe l'huile dans une casserole. Fais revenir les oignons additionnés de sel et d'ail à feu très doux pendant 5 à 10 minutes jusqu'à ce qu'ils soient tendres mais non colorés. Ajoute le gingembre, le cumin, le piment, le curcuma et, si tu aimes, l'asafoetida (facilite la digestion). Laisse cuire 1 ou 2 minutes.
**2.** Ajoute les lentilles, la cannelle, les feuilles de curry (le cas échéant) et l'eau.
**3.** Laisse mijoter 10 minutes. Ajoute le concentré de tomates, le tamarin. Poursuis la cuisson pendant 20 minutes (jusqu'à consistance tendre) ; agrémente de jus de citron et de chutney. Mange tel quel ou mixe la moitié pour obtenir une consistance plus crémeuse. Garnis de coriandre fraîche.

POURQUOI PAS

✱ Prépare ton dahl la veille. Mange-le quand il aura développé toute sa saveur. Se garde quelques jours. Se congèle bien.
✱ Parfait en complément d'un curry (de viande ou de légumes).
✱ Ajoute des dés de pommes de terre, de carottes, de haricots verts pour un repas plus complet.
✱ Dispose dessus des œufs durs. Déguste avec des chapattis.

POUR 3-4 € V

- 2 c. à soupe d'huile d'olive légère, d'arachide ou de tournesol
- 1 gros oignon haché menu
- 1 pincée de sel
- 4 gousses d'ail écrasées
- Gingembre frais râpé
- 1 c. à café de cumin en poudre
- ½ c. à café de piment (rouge ou Cayenne)
- ½ c. à café de curcuma
- 1 pincée d'asafoetida (facultatif)
- 225 g de lentilles corail
- 1 bâton de cannelle (facultatif)
- 3 à 4 feuilles de curry (facultatif)
- 850 ml d'eau
- 3 c. à café de concentré de tomates
- 2 c. à café de pâte de tamarin
- Jus de ½ à 1 citron
- Chutney à la mangue
- Coriandre fraîche hachée

# SOIRÉE TAPAS

Dès que j'en ai l'occasion, je m'en fais une. Étant accro aux saveurs corsées de l'Espagne, je craque pour cette assiette de trucs à grignoter – ma préférée. Sers avec du jambon, du chorizo et du fromage, ou avec un succulent ragoût de haricots au chorizo et à la tomate (page 180). Mets-toi aux tapas et tu verras, tu te sentiras tout de suite en vacances !

## Dattes au bacon

POUR 4-6 · € · EXPRESS

12 dattes fraîches dénoyautées
4 tranches de bacon découenné
Tabasco ou autre sauce piquante aux piments (facultatif)

**1.** Préchauffe le four à température maximale. Coupe le bacon en trois.
**2.** Enroule chaque datte dans un morceau de bacon. Maintiens serré au moyen d'une petite pique en métal, ou d'une pique en bois ayant trempé 20 minutes dans l'eau. Ou alors, enfile les dattes à la queue leu leu sur une ou deux longues brochettes.
**3.** Passe sous le gril, retourne jusqu'à ce que les dattes soient chaudes et le bacon croustillant. Ajoute quelques gouttes de sauce si tu aimes.

POURQUOI PAS
✱ Remplace les dattes par des morceaux de banane.

## Tortilla (omelette espagnole)

POUR 4-6 · € · V

100 ml d'huile d'olive
3 gros oignons hachés menu
3 ou 4 grosses pommes de terre pelées, coupées en fines lamelles
8 œufs
Sel, poivre noir

**1.** Chauffe l'huile dans une grande poêle. Fais revenir les oignons 5 à 10 minutes à feu doux, jusqu'à ce qu'ils soient tendres mais non colorés.
**2.** Ajoute les pommes de terre. Laisse cuire doucement en remuant de temps en temps de façon à cuire uniformément (environ 20 minutes).
**3.** Quand les pommes de terre sont cuites mais encore fermes, retire-les avec une cuillère et mets-les dans un tamis au-dessus d'un saladier pour éliminer l'excédent d'huile.
**4.** Casse et bats les œufs dans un saladier à l'aide d'une fourchette, sale et poivre.
**5.** Remets 2 c. à soupe d'huile filtrée dans la poêle. Fais chauffer. Ajoute le mélange pommes de terre + oignons. Recouvre avec les œufs. Cuis à feu doux. Dès que l'omelette est prise, retire-la du feu et passe-la quelques secondes sous le gril du four. Mange-la chaude ou froide.

## Pain frotté à l'ail et à la tomate

POUR 1 · € · V · EXPRESS

2 tranches de bon pain
Huile d'olive vierge extra
1 gousse d'ail
1 tomate bien mûre
Sel de mer

**1.** Fais griller le pain. Arrose d'un filet d'huile. Frotte chaque tranche avec l'ail.
**2.** Frotte en pressant la tomate sur chaque tranche de pain. Saupoudre de sel.

POURQUOI PAS
✱ Fais-toi du pain frotté au petit déjeuner ou quand tu as des tomates bien mûres.

# Patatas Bravas

1. Prépare ta sauce tomate (page 83) en ajoutant les piments hachés et le paprika.
2. Blanchis les pommes de terre puis fais-les frire à la poêle (page 214).
3. Tamise la sauce tomate épicée. Réchauffe-la.
4. Fais revenir très rapidement le piment entier.
5. Verse la sauce sur les pommes de terre chaudes. Dispose le piment dessus. Déguste avec une mayonnaise aillée.

POURQUOI PAS

* Parfait pour recycler des restes de pommes de terre bouillies : ça t'évite de te creuser la tête pour le repas suivant !

POUR 4-6 € V

Sauce tomate (page 83) plus 1 ou 2 piments rouges hachés et ½ c. à café de paprika
Pommes de terre sautées à la poêle (page 214)
1 piment rouge entier (facultatif)

POUR 2 €€

**Pour les galettes de pain :**
110 g de farine panifiable blanche
1 bonne pincée de sel
¼ c. à café de levure sèche
100 ml d'eau chaude
1 c. à soupe d'huile d'olive
(sinon, achète les galettes toutes faites ou des tortillas)

**Pour la farce :**
250 g d'agneau haché
Huile d'olive
1 petit oignon haché menu
1 gousse d'ail écrasée
2 bonnes pincées de cannelle
¾ c. à café d'épices mélangées
1 poignée de pignons
Sel, poivre noir

**Pour la salade :**
1 oignon rouge haché menu
Coriandre fraîche hachée grossièrement
Houmous (page 14) ou acheté

# Agneau à la marocaine et galettes orientales maison

**Un peu de viande enveloppée dans une délicieuse galette que tu auras faite toi-même (pas cher, rapide et facile, essaie pour voir !). À combiner avec de l'houmous – un aliment sain – et quelques crudités. Un régal croquant et épicé.**

**1. Pâte :** tamise la farine et le sel dans un grand saladier. Dans une tasse, mélange la levure et l'eau. Incorpore peu à peu à la farine en mélangeant avec les doigts ou à la fourchette pour obtenir une boule de pâte grossière. Ajoute l'huile et travaille la pâte à la main, puis sur une surface légèrement farinée, pétris-la pendant 5 minutes (page 11). Quand elle est bien lisse, laisse-la reposer dans un récipient couvert pendant 15 à 30 minutes.
**2. Farce :** fais revenir l'agneau dans une poêle très chaude sans matière grasse. Retourne rapidement pour le faire bien dorer. Égoutte sur un tamis. Essuie la poêle. Fais fondre l'oignon dans un peu d'huile, 5 minutes à feu doux. Ajoute l'ail, la cannelle, les épices. Poursuis la cuisson 2 minutes. Ajoute la viande, le sel et le poivre, les pignons. Cuis encore 1 minute en remuant. Retire du feu.
**3. Galettes :** divise la pâte en 4 boules. Couvre. Étale 1 boule à l'aide du rouleau ou d'une bouteille de vin pour former un disque très fin. Fais chauffer une poêle sans ajouter de matière grasse.
**4.** Fais cuire la galette 1 minute jusqu'à l'apparition de petites cloques brunes. Retourne-la. Laisse encore 1 minute, mais pas plus. Retire du feu. Couvre. Fais de même avec les 3 autres galettes.
**5. Garniture :** étale de l'houmous sur les galettes chaudes. Dépose un peu de farce et de salade au centre. Enroule et déguste !

POURQUOI PAS
* Ajoute un œuf au plat sur la farce avant de replier la galette.
* Déguste la galette orientale avec des keftas (page 158), de l'agneau kebab (page 159) et des légumes grillés (page 15).
* Remplace l'houmous par du yaourt à l'ail.

12 €€

**Pour la pâte (étape 1) :**
3 c. à soupe de sucre en poudre
250 ml d'eau chaude
1 sachet de levure sèche (7 g)
400 g de farine
2 c. à soupe d'huile de tournesol

**Pour la pâte (étape 2) :**
1 ½ c. à café de levure chimique
Papier sulfurisé

**Pour la garniture :**
250 g de porc laqué (page 135)
1 c. à café d'huile d'arachide
1 c. à café d'huile de sésame
2 c. à soupe de sauce aux huîtres
3 c. à café de sucre en poudre
2 c. à café de sauce soja
3 c. à café d'alcool de riz
Vinaigre de riz

# Brioches chinoises au porc laqué (Char Siu)

**D'authentiques snacks chinois. L'incroyable contraste entre la brioche sucrée et la viande juteuse est juste sublime ! Relis ta dissert' ou autre chose pendant qu'elles gonflent.**

**1. Pâte :** dissous le sucre dans de l'eau chaude (non bouillante) en remuant. Ajoute la levure. Remue. Couvre avec un torchon. Laisse reposer 10 minutes (ce doit être mousseux).
**2.** Tamise la farine dans un saladier. Ajoute la levure diluée et l'huile. Mélange vigoureusement. Confectionne une pâte souple avec tes doigts. Trop sèche ? Ajoute un peu d'eau. Elle colle aux doigts ? Rajoute de la farine.
**3.** Pétris la pâte à la main sur un plan de travail, ou au batteur électrique, (page 11) jusqu'à ce qu'elle soit bien élastique. Forme une boule. Place-la dans un grand saladier légèrement huilé. Recouvre d'un torchon. Laisse lever 3 heures. Fais cuire le porc (page 135).
**4.** Pose la pâte levée sur un plan de travail. Malaxe 2 minutes. Utilise-la tout de suite, ou enveloppe-la dans du film alimentaire et mets-la au frigo pour plus tard.
**5. Farce :** coupe le porc cuit en petits dés. Chauffe l'huile d'arachide dans un wok. Mets le porc, l'huile de sésame, la sauce aux huîtres, le sucre, la sauce soja, l'alcool de riz, le vinaigre. Fais cuire en retournant pendant 1 minute. Réserve.
**6. Brioches :** pose la pâte sur un plan de travail. Aplatis-la. Mets la levure au centre. Ramène la pâte dessus. Pétris 3 ou 4 minutes. Divise en 12 morceaux.
**Pour farcir :** forme de petits disques. Étire les bords pour les affiner un peu. Dépose 2 c. à café de farce au milieu. Rabats 2 bords de pâte, soude-les l'un à l'autre en pinçant. Rabats les 2 autres bords. Ferme bien.
**7.** Fais chauffer le cuit-vapeur (panier en bambou ou autre). Pose les brioches sur des morceaux de papier sulfurisé. Cuis-les à la vapeur pendant 10 à 15 minutes. Teste la cuisson à l'aide d'une brochette : elle doit ressortir bien chaude.

POURQUOI PAS
* Mange tel quel ou trempe dans de la sauce au piment doux ou dans une de tes sauces froides (page 193)
* Déguste le porc laqué nature ou en sauce avec du riz ou des nouilles chinoises.
* Déguste le porc laqué en utilisant des feuilles de salade comme cuillères, ou enroule-le dans une feuille de chou cuite à la vapeur et trempe dans de la sauce.
* Fabrique-toi un cuit-vapeur en insérant un tamis dans une casserole munie d'un couvercle.

# TERRINES À GOGO !

**Prépare-les le week-end, tu en auras pour toute la semaine. Les terrines, c'est pas cher, ça présente bien et c'est un vrai régal. À déguster avec des biscottes à l'ancienne faites maison.**

1 TERRINE | €

400 g de foies de volaille
1 bonne c. à soupe de beurre
3 belles échalotes ou 1 petit oignon haché(es) menu
3 gousses d'ail écrasées
3 tranches de bacon hachées
Une bonne dose de whisky, de cognac ou de jus de pomme
Thym ou origan
Sel, poivre noir
175 g de fromage frais type Kiri
Jus de ½ citron
2 ou 3 c. à soupe de beurre fondu

## Terrine de foies de volaille

**1.** Coupe grossièrement les foies. Retire les nerfs et les parties grasses.
**2.** Fais fondre doucement le beurre dans une poêle. Fais revenir l'ail et les échalotes ou l'oignon pendant 5 à 10 minutes, sans laisser colorer.
**3.** Ajoute le bacon. Fais cuire en remuant pendant 4 minutes.
**4.** Augmente le feu. Ajoute les foies. Fais-les cuire jusqu'à ce qu'ils soient bien dorés à l'extérieur, mais encore rosés à l'intérieur.
**5.** Verse le whisky ou un autre liquide et laisse frémir 2 minutes. Ajoute les herbes, le poivre, un peu de sel.
**6.** Verse dans un robot. Mets le fromage et le jus de citron. Mixe jusqu'à obtenir une consistance homogène. Goûte et rectifie en sel, poivre et citron.
**7.** Transfère dans un saladier à l'aide d'une cuillère. Laisse refroidir 5 minutes. Nappe de beurre fondu (à feu doux).
À préparer la veille de préférence. Se conserve une semaine.

POURQUOI PAS

✱ Fais de la terrine de champignons. Fais revenir à feu très doux 2 gousses d'ail écrasées et 2 échalotes ou 1 petit oignon dans 1 c. à soupe de beurre (5 minutes). Ajoute 200 g de champignons de Paris blancs ou bruns hachés grossièrement. Fais cuire doucement 10 minutes. Assaisonne avec du sel, du poivre, du thym, 2 c. à soupe de vin ou de cidre. Poursuis la cuisson 5 minutes. Laisse refroidir. Mixe avec 100 g de fromage frais et 50 g de crème fraîche.

1 TERRINE | € | EXPRESS

1 boîte de thon égoutté (180 g)
200 g de fromage frais type Kiri
Jus de 1 gros citron
3 filets d'anchois égouttés
1 c. à café de câpres égouttées
1 petite pincée de sel
Poivre noir

## Terrine de thon express

**1.** Verse tous les ingrédients dans un mixeur.
**2.** Mixe jusqu'à obtenir une consistance lisse. Goûte et rectifie l'assaisonnement. Pas d'appareil électrique ? Écrase le tout à la fourchette.
**3.** Mets au frais. Se conserve 2 ou 3 jours.

POURQUOI PAS

✱ Fais de la terrine de sardines : mixe 1 boîte de sardines (égouttées) à la place du thon.
✱ Mets de la truite ou du maquereau fumés pour changer.

# Tomates séchées et terrine de haricots blancs

**1.** Égoutte les haricots dans un tamis ou une passoire au-dessus d'un saladier.
**2.** Mets-les dans un mixeur. Ajoute l'ail, 1 c. à soupe d'huile, le miel, le vinaigre. Mixe de façon à obtenir une pâte épaisse.
**3.** Rajoute de l'huile, 2 c. à soupe d'eau ou de liquide des haricots. Mixe jusqu'à consistance légère et mousseuse.
**4.** Transfère dans un saladier à l'aide d'une cuillère. Incorpore la purée de tomates, le sel et le poivre, éventuellement les herbes. Goûte et rectifie l'assaisonnement. Mets au frais ½ heure.

1 TERRINE | € | V

1 boîte de haricots blancs (500 g)
2 gousses d'ail pelées
1 ou 2 c. à soupe d'huile d'olive
½ à 1 c. à café de miel liquide
½ c. à café de vinaigre de vin ou balsamique
1 c. à soupe de purée de tomates séchées
Herbes fraîches, coriandre ou basilic (facultatif)
Sel, poivre noir

POURQUOI PAS

* Peut servir de sauce pour tremper des bâtonnets de légumes.
* À déguster avec du pain grillé ou des biscottes, ou dans des sandwichs.
* Farcis-en des tomates cerises pour une boîte-repas.
* Si tu n'as pas de mixeur, écrase bien.

# Biscottes à l'ancienne

8 | € | V | EXPRESS

4 tranches de pain fraîchement grillées (sans la croûte)

**1.** Séparer chaque tranche de pain grillé en deux tranches d'égale épaisseur à l'aide d'un couteau bien aiguisé.
**2.** Passe le pain sous le gril pas trop chaud, face blanche vers le haut, jusqu'à ce qu'il soit légèrement doré – ou mets au four à 150°C pendant 10 minutes, jusqu'à ce qu'il croustille.
**3.** Laisse refroidir. Se conserve une éternité dans une boîte hermétique.

# HOT DOGS

**Le rêve américain sous forme de petit pain allongé. Le chili dog, ça arrache. Le hot dog confiture, c'est tout doux (voir l'option végétarienne). Mes hot dogs à moi font bonne figure, à côté des classiques que sont les hot dogs au ketchup.**

POUR 4 — €€

- 450 g de bon steak haché
- 1 lampée d'huile d'olive
- 1 oignon moyen haché menu
- 1 gousse d'ail écrasée
- 1 c. à café de poudre de piment
- 4 c. à soupe de ketchup
- 2 c. à café de moutarde
- Sel, poivre noir
- 1 pincée d'origan séché (facultatif)
- 4 traits de sauce Worcester
- 4 saucisses
- 4 petits pains allongés
- Laitue en lanières
- Fromage râpé

## Chili dog (à l'américaine)

**1.** Saisis la viande dans une poêle très chaude (sans huile) en remuant rapidement, jusqu'à ce qu'elle soit bien dorée. Égoutte sur un tamis. Laisse comme ça.
**2.** Essuie bien la poêle. Verse de l'huile. Baisse le feu. Fais revenir doucement l'oignon, l'ail, le piment en poudre pendant 5 minutes. Ajoute en remuant la viande, le ketchup, la moutarde, le sel et le poivre, éventuellement l'origan, la sauce Worcester. Laisse cuire 10 minutes. Goûte et rectifie l'assaisonnement. Ajoute quelques gouttes d'eau si ça attache, mais le mélange doit rester plutôt sec.
**3.** Pendant ce temps, fais cuire les saucisses à feu doux à la poêle, au gril ou au four (page 131). Retourne-les jusqu'à ce qu'elles soient dorées et bien cuites.
**4.** Fends les pains en deux et fais-les griller dans une poêle (à gril ou normale). Garnis de saucisse, de salade. Recouvre de viande pimentée et de fromage.

POURQUOI PAS

* Fais des « Sloppy Joes ». Réchauffe la viande hachée avec un peu d'eau, de bouillon ou de sauce tomate. Répands dans des petits pains chauds ou sur des *baked potatoes* (page 32).

## Hot dogs confiture pour 2

2 bonnes saucisses, normales ou végétariennes
2 c. à soupe de marmelade d'oranges ou de confiture d'abricots
1 lampée de vin, de cidre ou de vinaigre de vin
2 petits pains allongés ou 4 tranches de pain
Quelques feuilles de salade
Moutarde

**1.** Fais cuire les saucisses à la poêle, au gril ou au four à 200 °C.
**2.** Chauffe la marmelade ou la confiture à feu doux dans une petite casserole avec un peu de vin, de cidre ou de vinaigre pour allonger.
**3.** Fends les petits pains. Tartine une moitié de moutarde, l'autre de marmelade ou de confiture délayée. Ajoute les saucisses entières ou coupées en deux, éventuellement de la salade.

## Hot dogs au ketchup pour 4

1 c. à soupe de miel
1 c. à soupe de ketchup
2 c. à café de moutarde anglaise
4 bonnes saucisses

**1.** Fais fondre le miel dans une poêle. Ajoute le ketchup et la moutarde. Remue.
**2.** Verse ce mélange sur les saucisses dans un plat. Laisse mariner.
**3.** Préchauffe le four à 200 °C.
**4.** Tapisse un plat à rôtir d'aluminium. Mets les saucisses dedans. Enfourne 20 à 30 minutes, en badigeonnant une ou deux fois de marinade. Mange dans des petits pains chauds garnis de salade.

POURQUOI PAS

* Fais cuire les saucisses sur une grille recouverte de papier alu.
* Fais des wraps. Agrémente de confiture de piment, de chutney, de pickles et de salade.

## Hot dogs maison pour 3

225 g de hachis de porc
1 petit oignon haché menu
2 c. à soupe de chapelure fraîche
1/2 à café d'herbes séchées (sauge ou thym)
Sel, poivre noir
Un peu d'œuf ou de lait pour lier

**1.** Mélange le tout avec une fourchette. Fais des saucisses.
**2.** Mets au frais ½ heure. Fais-les revenir dans de l'huile bien chaude en les retournant, 10 à 12 minutes.

# BAKED POTATOES

POUR 1 | € | V

1 grosse pomme de terre farineuse (type bintje ou autre)
Huile d'olive (facultatif)
Beurre
Sel et poivre

## Pommes de terre garnies

**Le truc pour réussir tes pommes de terre au four ? Achète-les de bonne qualité – bio si possible. Les bintjes à chair farineuse, sont très bien pour ça. Essaie les patates douces : elles cuisent plus vite, sont plus nourrissantes et plus riches en fibres, et tu n'as pas besoin de mettre du beurre.**

**1.** Préchauffe le four à 200 °C. Brosse les pommes de terre. Pique-les avec une fourchette, ou enfile-les sur des brochettes métalliques. Frotte la peau avec de l'huile et du sel si tu l'aimes craquante. Enveloppe chaque pomme de terre dans de l'alu, sans huile, pour obtenir une peau tendre. Laisse cuire 1 heure, jusqu'à consistance moelleuse.
**2.** Coupe en deux ou trace une croix dessus pour ouvrir. Mets du beurre (de la pâte à tartiner à base de soja si tu es végétalien), du sel et du poivre et écrase le tout. Ajoute des condiments.

POURQUOI PAS

✱ Recouvre de thon mayonnaise, de fromage et de guacamole, d'houmous, de coleslaw, de cottage cheese, de fruits frais, de noix ou noisettes et de raisins secs, de pomme, de céleri en sauce, de bolognaise, de tzatziki, de fromage fondu.
✱ Garde la peau. Badigeonne-la de beurre à l'aide d'un pinceau. Sale et poivre. Saupoudre de fromage. Enfourne à 200 °C pendant 10 minutes. Farcis avec l'un des ingrédients ci-dessus ou trempe dans du guacamole ou de la salsa, etc.
✱ Recycle tes *baked potatoes* froides. Coupe-les grossièrement. Fais-les cuire à four chaud avec un peu d'huile d'olive, de l'ail émincé, des herbes jusqu'à consistance croquante. Super bon avec du jambon, du bacon, du chutney.

POUR 1 | € | V OPTION

Baked potatoes chaudes
Beurre
Sel et poivre
Moutarde anglaise ou de Dijon
Jambon ou lard fumé maison (facultatif)
Fromage râpé
Crème fraîche légère

## Pommes de terre farcies

**Passe à l'étape suivante. Évide tes pommes de terre, mélange avec plein de bons petits trucs, farcis et repasse au four. Remarque : congèle pour parer à toute éventualité…**

**1.** Coupe les pommes de terre (encore chaudes) en deux.
**2.** Évide-les au-dessus d'un saladier. Mélange avec du beurre, du sel, du poivre, de la moutarde, du jambon ou du lard fumé (sauf pour les végétariens), la moitié du fromage et la crème.
**3.** Remets dans les moitiés évidées. Nappe de fromage ou de crème fraîche. Enfourne 10 minutes.

# Pommes de terre et chili végétarien

**Ridiculement bon marché quand on pense à tout ce que ça apporte. Des bons glucides, des protéines, tout plein de vitamines. En plus, c'est savoureux et ça cale l'estomac. Un classique pour les étudiants.**

**1. Pommes de terre :** préchauffe le four à 200 °C. Prépare les pommes de terre comme tu les aimes selon la recette ci-contre (« pommes de terre garnies »). Laisse-les cuire 1 bonne heure.

**2. Chili :** chauffe l'huile dans une grande casserole. Fais revenir l'ail et les oignons à feu très doux jusqu'à ce qu'ils soient tendres. Ajoute les poivrons, et cuis encore 5 à 8 minutes pour les attendrir.

**3.** Ajoute les piments hachés, le cumin, la poudre de piment, le paprika, le sucre, les tomates, les haricots, le concentré de tomates, la coriandre, l'eau. Porte à ébullition en remuant.

**4.** Baisse le feu. Mets un couvercle. Laisse mijoter 20 minutes. Goûte et rectifie.

**5.** Sors les pommes de terre du four. Coupe-les en deux ou trace une croix dessus pour les ouvrir. Mets un peu de beurre et écrase. Recouvre de chili, de fromage, de crème aigre.

POURQUOI PAS

* Cuis les pommes de terre au micro-ondes, puis mets-les ½ heure au four jusqu'à ce qu'elles soient croustillantes.
* Enroule le chili dans une tortilla, et mets à chauffer sur une poêle à gril (voir wrap bacon-laitue-tomate page 34).
* Déguste-le sur un bol de riz.
* Nappe les pommes de terre de chili con carne (page 141).

POUR 4 €€ V

4 grosses pommes de terre farineuses
Huile d'olive
Sel de mer

**Chili végétarien :**
2 c. à soupe d'huile d'olive
1 gros oignon haché menu
2 gousses d'ail écrasées
2 poivrons (1 rouge, 1 jaune) évidés, épépinés et hachés
1 ou 2 piments rouges épépinés et hachés menu, ou ½ c. à café de piment en paillettes
1½ c. à café de cumin moulu
½ c. à café de poudre de piment
1 c. à café de paprika
1 c. à café de sucre
1 boîte de tomates en dés (400 g)
1 boîte de haricots rouges (400 g) égouttés et rincés
2 c. à soupe de concentré de tomates
2 c. à soupe de coriandre fraîche (facultatif)
125 ml d'eau
Sel et poivre
Beurre ou margarine de soja

**Servir avec :**
Gruyère ou fromage végétal râpé, ou cottage cheese
Crème aigre ou crème de soja

# SANDWICHS, TARTINES ET WRAPS...

**Fais du bien à ton porte-monnaie, à l'environnement, à ta santé et à tes papilles en confectionnant tes propres sandwiches à toute heure du jour et de la nuit.**

## Sandwich pommes de terre

**1 ou 2 pommes de terre pelées**
**Huile d'olive**
**2 tranches de pain**
**Sel**
**Vinaigre de malt**
**Ketchup ou sauce HP**

**1.** Coupe les pommes de terre en gros morceaux et fais-les bouillir 10 minutes. Égoutte bien.
**2.** Fais-les sauter dans une petite casserole avec un peu d'huile pendant 10 à 15 minutes, jusqu'à ce qu'elles soient bien dorées.
**3.** Dispose sur 1 tranche de pain avec du ketchup ou de la sauce, du sel, quelques gouttes de vinaigre, et referme le sandwich.

POURQUOI PAS

✱ Laisse tomber le sandwich. Déguste avec du pain beurré et un œuf poché ou au plat (page 60).
✱ Glisse les pommes de terre dans un pain pita chaud avec de l'houmous, des carottes râpées, des tomates, de l'oignon, du fromage râpé.

## Sandwich pour soirée club

**3 tranches de pain**
**3 tranches de bacon**
**Huile d'olive**
**1 gros œuf**
**Laitue ou roquette**
**1 tomate en fines rondelles**

**1.** Fais griller le pain. Fais frire le bacon.
**2.** Chauffe l'huile dans une petite poêle. Casse l'œuf et fais-le cuire au plat dans la poêle.
**4.** Superpose pain grillé, salade, bacon, œuf, tomate. Continue à empiler : pain, salade, bacon termine par une tranche de pain. N'oublie pas le ketchup !

POURQUOI PAS

✱ Mets du fromage à tartiner, du saumon, du cresson, des rondelles de tomate.
✱ Essaie le mariage mozzarella, jambon de Parme, olives, tomate.
✱ Des restes de poulet rôti (page 156) ? Parfait avec mayo + tomates + jambon.

## Wrap bacon-laitue-tomate

**2 tranches de bacon**
**1 tortilla maison (page 266) ou achetée**
**Mayo**
**Chutney à la mangue**
**Fromage râpé**
**Laitue**
**1 tomate**

**1. Fais chauffer le gril ou la poêle.**
**2.** Fais frire le bacon. Dépose sur du papier absorbant.
**3.** Prépare la tortilla. Réchauffe-la. Étale de la mayo et du chutney. Garnis avec le bacon, le fromage, la laitue, la tomate.
**4.** Enroule la tortilla, fixe avec un cure-dent.
**5.** Enveloppe-la dans du papier alu ou fais-la cuire telle quelle. Dépose-la le pli vers le bas sur une poêle-gril chaude. Laisse chauffer 1 ou 2 minutes de chaque côté.

POURQUOI PAS

✱ Garnis la tortilla de chili con carne (page 141) ou de chili végétarien (page 33).
✱ Enveloppe-le et va à la plage.

## Sandwich tomate express

**Baguette ou ciabatta**
**1 gousse d'ail**
**Huile d'olive**
**2 c. à soupe de passata ou de sauce tomate (page 83)**
**1 pincée d'origan**
**Gruyère râpé**

**1.** Préchauffe le four à 230 °C.
**2.** Frotte le pain avec l'ail. Verse un filet d'huile d'olive. Enfourne 5 minutes sur une plaque de cuisson.
**3.** Mélange la passata ou la sauce tomate, l'ail écrasé, l'origan. Étale sur le pain chaud. Mets du fromage dessus. Fais gratiner 5 minutes.

POURQUOI PAS

✱ Garnis de filets d'anchois, de rondelles de chorizo (ou de pepperoni), de jambon, d'olives.
✱ Fais de la crème de thon. Mélange 1 ou 2 c. à soupe de thon à la sauce tomate, ajoute un oignon rouge haché, du jus de citron. Recouvre de fromage et fais gratiner.

## Sandwich juteux aux champignons

**2 tranches de pain**
**Moutarde**
**Huile d'olive**
**Quelques champignons hachés grossièrement**
**Ail écrasé**
**Sauce soja**

**1.** Étale de la moutarde sur 1 tranche de pain.

**2.** Fais revenir rapidement les champignons dans un peu d'huile avec l'ail. Ajoute 4 gouttes de sauce soja. Dépose sur du pain. Referme le sandwich.

POURQUOI PAS

✱ Déguste les champignons sur des toasts beurrés tout chauds.

## Wrap de poulet cajun pour 2

**1 blanc de poulet coupé en lanières ou en petits morceaux**
**1 gousse d'ail écrasée**
**½ à 1 c. à café de mélange d'épices cajun, acheté ou fait maison (½ c. à soupe de grains de poivre noirs et blancs, 1 c. à café de sauge séchée, 2 c. à café d'origan et de thym séchés, 1 c. à soupe de paprika, 1 c. à café de piment de Cayenne, 2 c. à café de cassonade)**
**Huile d'olive**
**Jus de citron**
**Sel**

*Pour la salade et le wrap :*

**½ c. à café d'épices cajuns**
**Mayo aillée**
**Coriandre fraîche**
**Tortilla, baguette ou petit pain**
**Laitue**
**1 oignon rouge en rondelles**
**1 avocat ou du guacamole**

**1.** Mélange les morceaux de poulet avec l'ail, ½ à 1 c. à café d'épices cajuns, de l'huile, du jus de citron. Laisse mariner 10 minutes.

**2.** Fais revenir le poulet dans une poêle chaude jusqu'à ce qu'il ne soit plus rosé à l'intérieur. Sale. Réserve.

**3.** Mélange ½ c. à café d'épices cajuns avec la mayo, la coriandre, un peu plus de jus. Goûte et rectifie l'assaisonnement.

**4.** Fais chauffer la tortilla ou le pain. Tartine de mayonnaise cajun. Garnis avec le poulet, la salade, l'oignon, l'avocat. Coupe en deux. Déguste tout de suite ou laisse bien refroidir.

## Tartines gratinées ail et fromage

**Tranches de ciabatta ou de baguette**
**Beurre**
**1 gousse d'ail**
**Un peu de vin blanc**
**50 g de gruyère râpé**
**Laitue**
**Vinaigrette (page 211)**

**1.** Préchauffe le four à 230 °C.
**2.** Frotte le pain avec l'ail et beurre-le. Enfourne pour 5 minutes sur une plaque de cuisson.
**3.** Mets un peu de vin blanc. Recouvre de fromage râpé, émietté ou en lamelles. Fais gratiner 5 minutes au four.
**4.** Arrose la salade de vinaigrette et mélange. Sers en accompagnement.

POURQUOI PAS
* Dessine des stries sur le fromage gratiné à l'aide d'une brochette. Verse quelques gouttes de sauce Worcester.

## Croque-zozo jambon-fromage

C'est ma version perso du croque-monsieur. De quoi combler un gros creux en fin de soirée, ou bien démarrer la journée !

**2 tranches de pain**
**Beurre**
**Moutarde**
**2 fines tranches de jambon**
**Fromage en lamelles**

**1.** Fais chauffer le gril, l'appareil à croque-monsieur ou la poêle à gril.
**2.** Beurre 1 tranche de pain. Tartine l'autre de moutarde. Recouvre de jambon, de fromage, remets du jambon, termine par la tranche beurrée à l'intérieur.
**3.** Fais griller en retournant une fois, jusqu'à ce que le tout soit bien cuit et bien doré.

POURQUOI PAS
* Déguste avec un œuf à cheval (poché ou sur le plat).
* Remplace le jambon par des rondelles de tomate ou de champignons.

## Fromage grillé – salade

**1 ou 2 tranches de pain blanc, complet ou à la mélasse (p 266)**
**Fromage au goût relevé – cantal, comté, bleu ou chèvre**
**Chutney pour tartiner**
*Salade*
**Cresson ou épinards**
**1 poire ou nectarine**
**Endives (facultatif)**
**Vinaigrette (page 211)**

**1.** Enfourne le pain sous le gril du four (grille sur une seule face).
**2.** Retire du four. Tartine de chutney. Recouvre entièrement de fromage en lamelles, râpé ou émietté. Fais gratiner.
**3.** Arrose la salade de sauce et mélange. Sers en accompagnement.

## Rarebit pour 2

Avec un peu de bonne vieille bière brune !

**25 g de beurre ramolli**
**110 g de fromage fort râpé**
**1 c. à café de moutarde**
**Un trait de sauce Worcester (ou sauce piquante)**
**2 c. à soupe de bière brune, de cidre ou de lait**
**2 tranches de pain complet, blanc ou à la mélasse (p 266)**

**1.** Préchauffe le gril. Mélange tous les ingrédients de la garniture.
**2.** Grille les tranches de pain sur une seule face. Tartine l'autre face avec la garniture.
**3.** Fais gratiner sous le gril du four.

POURQUOI PAS
* Sers avec un œuf poché à cheval.
* Ajoute une fine tranche de bacon.
* Rajoute du chutney aux pommes.
* Prépare davantage de garniture. Se garde une semaine au frigo. Pratique !
* Accompagne d'une salade croquante (salade verte, tomates et oignons).

## Tartines alpines pour 3

Du fromage à fondue sur du pain grillé – c'est grandiose, et bien moins cher que le ski !

**3 grosses tranches de pain blanc ou complet**
**1 œuf**
**50 ml de vin blanc**
**175 g de gruyère râpé**
**1 petite pincée de sel**
**1 petite pincée de noix muscade**

**1.** Fais griller légèrement le pain au four, sur les deux faces.

**2.** Bats l'œuf. Mélange-le aux autres ingrédients.

**3.** Tartine copieusement chaque tranche de pain.

**4.** Fais gratiner sous le gril du four.

POURQUOI PAS

* Mets du cantal arrosé de cidre, de kirsch ou de vodka.
* Sers avec une salade de cornichons à l'aneth, de petits oignons marinés, de tomates, d'épinards, d'oignons émincés.

## Tartines œuf-jambon-fromage

**2 tranches de pain de campagne (sans la croûte)**
**2 tranches de jambon**
**Lamelles de fromage (gruyère, mozzarella)**
**1 gros œuf**
**2 c. à soupe de lait**
**Huile d'olive**
**Sel et poivre**
**Moutarde (facultatif)**

**1.** Superpose le fromage et le jambon entre les tranches de pain (tartinées de moutarde).

**2.** Coupe le sandwich en 4.

**3.** Bats l'œuf avec le lait dans une assiette creuse.

**4.** Déposes-y les petits sandwichs, retourne-les. Laisse tremper 15 à 20 minutes.

**5.** Fais-les revenir dans l'huile 4 minutes de chaque côté jusqu'à ce qu'ils soient dorés à l'extérieur et moelleux à l'intérieur.

# SANDWICHS, WRAPS, PETITS PAINS, PITAS… À DÉGUSTER FROIDS

Varie les types de pain et les garnitures pour faire de bons sandwichs, à manger à la maison ou à emporter. Essaie de faire ton pain toi-même (super facile et incroyablement bon). Tartine avec du beurre, de la mayo, diverses sauces, du fromage frais, frotte avec des tomates bien mûres. Fais-toi de la bruschetta olé olé (sensations fortes assurées).

## Concombre ou cresson « Old England »

**2 fines tranches de pain**
**Beurre ramolli**
**Concombre pelé coupé en fines rondelles, ou cresson haché**
**Sel**

**1.** Beurre légèrement chaque tranche de pain.
**2.** Dispose du concombre ou du cresson sur 1 tranche. Sale un peu, referme le sandwich et coupe-le en quatre.

POURQUOI PAS

✱ Remplace le beurre par du fromage frais acheté ou fait maison (page 47).
✱ Essaie les lamelles de courgette grillées agrémentées de citron, de sel, de piment rouge haché.
✱ Mets des rondelles d'œuf dur (page 59), du cresson et de la mayo.

## Épinards, raisin, poulet César

**2 tranches de pain**
**1 bonne c. à soupe de mayo**
**1 c. à soupe de yaourt nature**
**1 gousse d'ail écrasée**
**Du jus de citron**
**Sel, poivre noir**
**Parmesan râpé fin**
**Restes de poulet rôti (page 156)**
**Grains de raisin coupés en deux**
**Feuilles d'épinards ou de salade**

**1.** Mélange la mayo, le yaourt, l'ail, le citron, le sel et le poivre, le fromage.
**2.** Ajoute le poulet haché ou en morceaux.
**3.** Étale sur 1 tranche de pain.
**4.** Termine par les raisins et les épinards. Referme le sandwich.

POURQUOI PAS

✱ Supprime les produits laitiers. Exit le fromage, la mayo, le yaourt. Arrose le poulet de sauce à la moutarde (page 211).
✱ Fais du *coronation chicken* (« poulet à la reine ») : ajoute de la pâte de curry, du chutney à la mangue, des abricots secs hachés et du jus de citron à la mayo.
✱ Mixe le tout. Enroule dans une tortilla.

## Jambon, œuf, mayo, confiture de piment

**2 tranches de pain complet, blanc ou à la mélasse (p 266)**
**Confiture de piment**
**Fines tranches de jambon ou de lard fumé (acheté ou fait maison – page 133)**
**1 œuf dur (page 59)**
**1 c. à soupe de mayo**
**Poivre noir**

**1. Tartine de sauce ou de confiture de piment 1 tranche de pain. Pose le lard ou le jambon dessus.**

**2.** Écrase l'œuf à la fourchette en ajoutant la mayo. Poivre et répartis sur le jambon (ou le lard).

POURQUOI PAS

✱ Supprime le jambon (ou le lard). Ajoute de la tomate en dés à ton œuf mayo. Termine par des épinards ou de la roquette.

✱ Garnis un morceau de baguette croustillante d'un œuf mayo, de dés de tomate et de bacon grillé.

✱ Déguste l'œuf mayo avec du cresson… c'est plein de vitamines.

## Crevettes-laitue-tomate

**2 tranches de pain blanc (au levain) ou complet**
**Laitue croquante en lanières**
**Tomate en fines rondelles**
**Lamelles d'avocat**
*Pour la sauce aux crevettes :*
**2 c. à soupe de mayo**
**Un peu de jus de citron (ou de citron vert)**
**1 gousse d'ail écrasée**
**1 c. à café de ketchup**
**1 poignée de crevettes**

**1.** Répartis la salade, la tomate et l'avocat sur 2 tranches de pain.

**2.** Mélange les ingrédients de la sauce, ajoute les crevettes en dernier.

**3.** Dispose ce mélange sur la salade.

POURQUOI PAS

✱ Remplace les crevettes par 2 tranches de bacon croustillant. Tartine le pain de mayo. Mets le bacon en dernier.

## Ploughman's lunch à l'ancienne

**2 tranches de pain**
**1 cuillerée de chutney**
**Mayo ou demi-tomate bien mûre**
**3 ou 4 lamelles de fromage fort**
**2 ou 3 rondelles d'oignon rouge**
**3 ou 4 fines rondelles de tomate**
**1 branche de céleri en rondelles**
**Feuilles de laitue**

**1.** Étale du chutney sur 1 tranche de pain. Tartine l'autre de mayo ou de tomate écrasée.

**2.** Superpose les autres ingrédients.

POURQUOI PAS

✱ Accompagne d'une salade de fruits.

✱ Remplace par de l'houmous, des carottes et de la pomme râpées.

✱ Ajoute du jambon, du lard fumé.

## Le spécial Sam

**2 tranches de foccacia**

**Sauce aux canneberges ou pickles**
**Mayo nature ou aillée**
**6 grains de raisin blanc ou rouge**
**Lamelles de brie ou de poulet**
**Laitue en lanières**
**Fines rondelles de concombre**
**Fines rondelles de tomate**

**1.** Étale de la sauce ou des pickles sur 1 tranche de pain. Recouvre de brie ou de poulet.

**2.** Tartine l'autre tranche de mayo, ajoute les raisins et la salade.

## Bruschetta pour tous les jours

**Tranches de pain blanc**
**1 gousse d'ail coupée en deux**
**Huile d'olive**
***Pour la garniture :***
**Des tomates, du sel et du basilic**
**Une tranche de terrine (page 28)**
**De l'avocat, de la tomate et des olives noires**
**Du chèvre et des poivrons rouges**
**Du jambon de Parme, du bleu, des noix et du miel**
**Des haricots blancs (chauds), de l'ail écrasé et une goutte de vinaigre balsamique**
**De l'houmous, de la tomate et du gruyère**

**1.** Prépare les ingrédients à ajouter ou invente de nouvelles garnitures.

**2.** Coupe le pain en tranches fines, recoupe en 2 ou en 3 si elles sont trop grandes.

**3.** Fais-les griller sur les deux faces. Frotte avec de l'ail, verse un filet d'huile. Garnis.

## Sandwich-thon à l'espagnol

**1 morceau de baguette ou de ciabatta**
***Pour la sauce :***
**1 gousse d'ail écrasée**
**1 pincée de sucre**
**2 c. à soupe d'huile d'olive**
**1 c. à soupe de vinaigre de vin**
**Sel et poivre**
***Pour la garniture :***
**Rondelles d'oignon rouge**
**1 tomate en rondelles**
**Lanières de poivron rouge**
**½ boîte de thon émietté**
**1 œuf dur en rondelles**
**4 filets d'anchois**
**Olives noires dénoyautées**

**1.** Fends le pain et ouvre-le en deux.
**2.** Prépare la sauce. Étale-la sur les deux faces intérieures.
**3.** Mélange les ingrédients de la garniture. Répartis sur une des faces.
**4.** Referme le sandwich. Enveloppe serré dans de l'alu ou du film alimentaire. Pose dessus un objet lourd, laisse au moins ½ heure. Ou aplatis-le très fort en appuyant avec ta main. Retire le papier. Mange.

POURQUOI PAS
* Essaie avec des légumes grillés (page 15), du poulet, des crevettes, du saumon, du porc grillé.
* Garnis avec de la salade grecque
* Pour un pique-nique, prépare ainsi toute une miche de pain. Découpe un chapeau (retire la croûte plus une partie de la mie). Enduis la mie de sauce. Garnis. Enveloppe dans du film alimentaire et aplatis.

## Thon mayonnaise

**2 tranches de pain blanc (au levain) ou complet**
**Fines rondelles de concombre**
***Thon mayonnaise :***
**1/2 boîte de thon égoutté**
**1 ou 2 c. à soupe de mayo**
**1 bonne dose de jus de citron**
**Sel, poivre noir**
**Moutarde anglaise ou de Dijon**
**Un peu d'oignon rouge haché**

**1.** Dispose les rondelles de concombre sur 1 tranche de pain.
**2.** Mélange le thon et la mayo. Répartis sur le concombre.

## Wrap à l'œuf

**1 œuf**
**2 c. à café d'eau**
**Sel, poivre noir**

**1.** Bats l'œuf avec l'eau, le sel et le poivre dans un bol.
**2.** Fais chauffer une poêle sans huile.
**3.** Verse assez d'œuf pour couvrir le fond de la poêle. Cuire à feu doux.
**4.** Retourne l'œuf dès qu'il est pris. Cuis encore quelques secondes.
**5.** Retire du feu et mets à refroidir. Garnis selon tes goûts. Enroule.

POURQUOI PAS
* Ajoute des herbes au mélange.
* Garnis de fromage frais, de basilic, de jambon, de tomate, d'houmous, de légumes grillés ou de poulet. Trempe dans de la sauce froide.

## Wrap de pro

**1 tortilla par personne**
**Mayo, crème aigre, moutarde ou sauce au raifort**
**Restes de rosbif (page 144)**
**Laitue**
**Rondelles de cornichon**
**Rondelles de tomate**

**1.** Enduis la tortilla de mayo, moutarde, crème ou sauce au raifort.
**2.** Dépose un peu de garniture au milieu et replie le bord inférieur.
**3.** Replie un côté, puis l'autre.
**4.** Maintiens serré et replie le bord supérieur.
**5.** Presse doucement pour aplatir. Coupe en diagonale.

POURQUOI PAS
* Fais des wraps garnis de « poulet à la reine » (page 204)
* Mélange du rôti de porc chaud ou froid avec de la mayo, de la moutarde, des tomates.

## Pita chic pour 2

**1/2 avocat**
**Sel, poivre noir**
**Jus de citron**
**2 pitas au blé complet**
**3 à 4 c. à soupe de cottage cheese**
**Rondelles de concombre**
**Saumon fumé ou crevettes**

**1.** Coupe l'avocat en lamelles ou écrase-le à la fourchette. Ajoute du sel, du poivre et du citron.
**2.** Garnis la pita avec ce mélange, en ajoutant du cottage cheese, du saumon ou des crevettes, du concombre.

## Figure libre végé pour 2

**Légumes grillés (page 15) ou poivrons au four (page 210)**
**4 tranches de pain blanc**
**Houmous (page 14), fromage frais (page 47) ou mayo aillée**
**Salade épluchée**
**Feta émiettée (facultatif)**

**1.** Prépare les légumes grillés ou les poivrons.
**2.** Tartine le pain avec de l'houmous, du fromage frais ou de la mayo. Ajoute les légumes, la salade et éventuellement le fromage..

POURQUOI PAS
* Accompagne les poivrons de rondelles de mozzarella. Déguste froid ou fais griller.
* Fais griller quelques asperges.

## Rollmops pour 2

**4 tranches de pain de seigle ou à la mélasse (page 266)**
**1 grosse cuillerée de crème aigre**
**2 rondelles de pomme croquante**
**2 rondelles d'oignon rouge**
**2 rollmops égouttés**
**Rondelles de cornichons**

**1.** Enduis le pain de crème aigre
**2.** Ajoute la pomme, l'oignon, le rollmops, de la crème, des cornichons si tu aimes.

POUR 2-3 €€ V

4 à 6 tranches de ciabatta, pain de campagne ou baguette coupées en dés
1 c. à soupe d'huile d'olive
1 poignée de tomates cerises
4 à 6 tomates normales
1 oignon rouge haché menu
1 paquet de feta
Herbes fraîches (basilic, persil)
Olives noires

**Pour la sauce :**
1 gousse d'ail
1 ou 2 c. à soupe de vinaigre
2 c. à soupe de jus de tomate (facultatif)
6 c. à soupe d'huile d'olive
Sel, poivre noir

# Salade rapido au fromage

**C'est un plat malin qui nécessite peu de cuisson. Les croûtons donnent du croustillant (attention à ne pas les laisser brûler). Parfait avec du fromage salé, de la salade et de la sauce.**

**1.** Préchauffe le four à 220 °C. Mets les croûtons dans l'huile d'olive. Enfourne 5 à 10 minutes, jusqu'à ce qu'ils soient croustillants. Ne les laisse pas trop longtemps ! Verses-en la moitié dans le saladier.
**2.** À part, prépare la sauce. Goûte et rectifie l'assaisonnement. Arrose les croûtons contenus dans le saladier. Attends 10 minutes. Ajoute les croûtons restants et la salade. Mélange bien. Incorpore la feta émiettée.

POURQUOI PAS
* Remplace le pain par 2 pitas grillées coupées en petits morceaux.
* Essaie d'ajouter du concombre ou des poivrons au four (page 210).
* Tu n'as pas de feta ? Mets du chèvre, du cantal, du gouda ou de la mozzarella.

# Salade au fromage à l'anglaise

POUR 1 · €€ · V · EXPRESS

**Comble tes besoins journaliers en calcium et en fruits grâce à cette salade judicieusement équilibrée.**

1 pomme ou une poire hachée
Jus de citron
Cubes de fromage
2 branches de céleri en rondelles
2 c. à soupe de raisins
Noix ou pignons
Grains de raisin
Tomates cerises
Laitue en lanières
Carottes râpées (facultatif)
Mayo ou yaourt
Gousse d'ail écrasée (facultatif)

**1.** Arrose la pomme ou la poire de jus de citron. Mets tous les ingrédients dans un saladier ou dispose joliment sur une assiette.
**2.** Garnis de mayo ou d'un mélange mayo plus yaourt, ail et jus de citron.

POURQUOI PAS

* Râpe le fromage. Dispose les ingrédients de la salade dans une boîte-repas ou dans un bol.
* Pour alléger, prends du cottage cheese. Ajoute de l'orange hachée.
* Termine par un œuf dur décoré de mayo.

POUR 2 · €€ · V · EXPRESS

1 paquet d'halloumi (250 g)
Épinards, roquette ou laitue
1 citron vert
Vinaigrette (page 211)
1 piment rouge épépiné et haché menu
2 pains pita

# Halloumi piment-citron vert

**Ma végétarienne de sœur a survécu à ses années de fac grâce à ce plat. Le halloumi se conserve une éternité au frigo… en attendant que tu te décides à l'égayer un peu avec du piment et du citron vert. À glisser (ou non) dans une pita.**

**1.** Coupe le fromage en lamelles épaisses. Mets la salade dans un saladier ou dans une pita.

**2.** Fais chauffer la poêle ou la poêle à gril. Ou tapisse la lèchefrite de papier alu pour faire griller au four.

**3.** Pose les lamelles de fromage et fais-les dorer 1 ou 2 minutes sur chaque face.

**4.** Arrose de citron vert et de sauce, parsème de piment. Dispose avec la salade dans un saladier ou dans une pita.

POURQUOI PAS

* Fais mariner des morceaux d'halloumi dans du citron vert additionné d'ail et d'huile. Fais des brochettes en alternant avec des légumes. Fais griller jusqu'à ce que le fromage fonde.

# Tartines aux champignons du champion

**Tu cherches une idée pour un dîner végétarien un peu spécial ? Ce plat fait assez luxueux et il est drôlement savoureux.**

POUR 2 — €€ — V

- 4 tranches de baguette ou de pain de campagne
- 50 g de beurre
- 1 petit oignon haché menu
- 2 gousses d'ail écrasées
- 175 ml de vin blanc ou de cidre
- 100 ml de crème fraîche épaisse
- 400 g de champignons de Paris en fines rondelles
- Herbes fraîches hachées (persil, thym ou estragon)
- Sel et poivre
- Environ 100 g de fromage râpé

**1.** Fais griller du pain ou passe-le au four 10 minutes à 170 °C.

**2.** Dans une poêle, faire revenir doucement l'ail et l'oignon dans 25 g de beurre jusqu'à ce qu'ils soient tendres mais non colorés. Augmente le feu. Ajoute le vin ou le cidre. Fais réduire de moitié sur feu vif. Incorpore la crème et laisse réduire encore de moitié.

**3.** À part, fais fondre 25 g de beurre dans une grande poêle. Mets-y les champignons avec les herbes, le sel et le poivre. Cuis-les à feu moyen en les remuant jusqu'à ce qu'ils aient rendu leur eau. Ajoute le mélange à base de crème.

**4.** Réchauffe le tout 2 à 3 minutes à feu doux. Préchauffe le gril du four.

**5.** Dispose le pain dans un plat. Garnis de préparation aux champignons et de fromage râpé, et fais gratiner.

Ne te ruine pas à acheter des yaourts et du fromage frais. Fais-les maison, c'est bien meilleur. Ajoute et marie les parfums à ta convenance. C'est si doux…

POUR 2 PINTES · € · V

- 1 litre de lait demi-écrémé ou entier
- 3 c. à soupe de yaourt nature fermenté

## Yaourt trop bon à ma façon

**1.** Fais bouillir le lait dans une casserole profonde. Retire du feu dès qu'il monte.
**2.** Verse-le dans un saladier. Laisse-le tiédir. Ajoute le yaourt. Recouvre de film alimentaire. Laisse reposer dans un endroit chaud pendant 6 à 8 heures, jusqu'à ce qu'il épaississe. Enveloppe le saladier d'un torchon s'il fait frais.
**3.** Garde au frigo dans un récipient couvert. Réserve 3 c. à soupe de yaourt pour pouvoir faire les suivants.

POURQUOI PAS

* Fais du yaourt à la grecque : filtre-le à travers une mousseline (voir la recette du fromage frais maison, ci-contre) jusqu'à ce qu'il ait la consistance voulue.
* Utilise dans des marinades (pour attendrir le poulet, l'agneau), des currys, des smoothies, de la raïta, des sauces, de la mayonnaise.
* Ajoute de la confiture, du miel, du sucre, muesli, des fruits.

### Cocktail de vitamines

**1 orange fraîche**
**Yaourt nature**
**Un peu de miel**
**1 ou 2 biscuits au gingembre, sablés ou amarettis, ou du muesli**

**1.** Pèle l'orange et hache-la. Garde le jus.
**2.** Mélange avec le yaourt, le miel, les biscuits ou le muesli.

### Mélange détonant

**1 ou 2 bananes mûres**
**Yaourt nature**
**Un peu de miel**
**Chocolat noir**

**1.** Écrase la banane ou coupe-la en rondelles.
**2.** Mélange avec le yaourt et le miel.
**3.** Parsème de copeaux de chocolat

### Croc-croc aux fruits rouges

**Yaourt nature**
**Un peu de miel**
**2 c. à soupe de muesli ou de céréales croquantes**
**Graines, fruits secs (raisins, abricots, noix, noisettes, amandes…)**
**Fruits rouges frais ou décongelés**

**1.** Mélange le yaourt avec le miel, les céréales, les graines, les fruits secs.
**2.** Ajoute les fruits rouges.

### Croc-croc au chocolat pour 3

**300 ml de yaourt nature**
**300 ml de crème fraîche épaisse**
**50 g de chocolat noir (bien froid) râpé**
**2 c. à soupe de sucre roux**

**1.** Fouette doucement le yaourt avec la crème. Dès que le mélange commence à prendre, incorpore le chocolat.
**2.** Répartis dans des coupes ou des ramequins à l'aide d'une cuillère. Saupoudre de sucre.
**3.** Mets au frais pendant quelques heures ou toute la nuit.

# Fromage frais maison

**1.** Place au-dessus d'un saladier une passoire ou un tamis garni d'une mousseline.
**2.** Incorpore le sel au yaourt. Verse dans la mousseline. Laisse égoutter 6 heures ou toute une nuit. Tu obtiens un fromage frais divin !

POUR 1 BOL | € | V

500 g de yaourt nature (maison ou bio)
1 c. à café de sel

POURQUOI PAS

* Étale sur du pain grillé chaud, recouvre de confiture de framboises.
* Mets-en dans tes desserts.
* Mélange avec des herbes, du sel et du poivre, du piment. Ajoute un filet d'huile d'olive.
* Déguste avec du miel et des fruits rouges.
* Mets-en dans des sandwiches ou des salades.
* Se garde 1 semaine au frigo – ou dans un bocal, portionné en boules et recouvert d'huile d'olive.
* Achète la mousseline dans un magasin de tissus.

# DOSES D'ÉNERGIE JOURNALIÈRES

**Voici une belle collection d'aliments énergétiques « à effet retard », de bons sucres lents qui te donneront du tonus jusqu'au prochain repas. Parfaits comme petit déjeuner.**

## Muesli helvétique aux pommes

**Joli bol énergétique facile à préparer. Fais-le la veille, ou balance tous les ingrédients à la dernière minute dans un grand bol et à l'attaque !**

POUR 1 | € | V | EXPRESS

- 50 g de flocons d'avoine, bio de préférence
- 80 ml de jus de pomme ou d'eau
- ½–ou 1 pomme non pelée
- 3 c. à soupe de yaourt à la vanille, au miel ou nature, ou yaourt maison (page 46)
- Jus de citron (facultatif)
- Miel liquide (facultatif)

**1.** Verse les flocons d'avoine dans un bol. Ajoute le jus de pomme. Remue. Laisse reposer quelques heures ou une nuit pour obtenir une consistance moelleuse. Mélange et laisse reposer 5 minutes si tu le préfères un peu croquant.

**2.** Mets de la pomme râpée juste avant de déguster. Ajoute du yaourt, du citron, du miel si tu aimes.

POURQUOI PAS

✱ Écrase des fruits rouges dans le mélange – ou pose-les dessus, avec un peu plus de miel et de yaourt.

✱ Passe-toi de yaourt.

## Muesli maison

**Le muesli qu'on trouve dans le commerce est cher et pas toujours aussi bon qu'on le prétend. Fais-le toi-même, c'est très avantageux et ça se conserve une éternité.**

POUR 1 POT | € | V | EXPRESS

- 8 biscuits Weetabix écrasés
- 250 g de flocons de son (All-Bran ou autres)
- 250 g d'avoine en flocons ou grains écrasés
- Graines – potiron, sésame, pavot
- Fruits secs – dattes, abricots, canneberges, raisins, figues
- Noix de cajou, noisettes, amandes, noix du Brésil
- Germe de blé frais
- Cassonade bio (facultatif)

**1.** Mélange bien tous ces ingrédients. Conserve dans un bocal.

**2.** Déguste avec du lait, du soja, du yaourt, du jus de fruit. Ajoute des fruits frais, des rondelles de banane, du yaourt.

POURQUOI PAS

✱ Oublie les Weetabix. Remplace par du seigle, de l'orge.

✱ Prépare-toi un smoothie au muesli. Mixe 300 ml de lait (ou lait de soja) avec 1 banane, 2 c. à soupe de muesli, un peu de miel. Ajoute des fruits rouges si tu veux.

✱ Mets des pépites de chocolat ou de la noix de coco séchée.

# Porridge

**C'est un peu ringard mais ça se mange. Pas cher et consensuel. L'avoine, c'est plein de bonnes choses et c'est un anti-cholestérol.**

POUR 1 | € | V | EXPRESS

50 g de flocons d'avoine
300 ml d'eau, ou de lait additionné d'eau
Sel

**1.** Mets l'avoine et le liquide dans une petite casserole.
**2.** Porte à ébullition sans cesser de remuer.
**3.** Baisse le feu. Laisse mijoter en remuant pendant 4 minutes, jusqu'à consistance épaisse, lisse et crémeuse. Ne laisse pas brûler !
**4.** Ajoute le sel, mélange. C'est prêt.

POURQUOI PAS

* Agrémente de cassonade, de sirop, de miel, de lait ou de crème.
* Décore avec des myrtilles, des framboises, des mûres.
* Ajoute de la compote. Pèle 2 pommes et hache-les. Cuis-les à feu doux dans une casserole avec un peu d'eau, une pincée de sucre et un peu de cannelle. Remue jusqu'à consistance lisse. Se garde une semaine au frigo dans un récipient couvert.
* Mets de la pomme croquante râpée, remue pour bien mélanger. Ajoute du jus de citron, du miel ou du sirop d'érable.

# Salade de fruits

**Ne te prends pas la tête : coupe tout ce qu'il y a dans ta corbeille à fruits. Ça couvrira tes besoins en vitamines.**

PAR PERSONNE | €€ | V | EXPRESS

**Fruits selon la saison :**

| | |
|---|---|
| Orange | Pêche |
| Myrtilles | Kiwi |
| Banane | Pomme |
| Melon | Poire |
| Raisin | Fraises |

**1.** Épluche. Coupe en rondelles ou en petits morceaux. Mets dans un saladier, arrose avec le jus que tu auras récupéré.

POURQUOI PAS

* Ajoute du jus de pomme ou d'orange et du sirop de sureau.
* Ouvre un melon si tu n'as pas le temps d'éplucher et de couper. Facile à manger, et très énergétique.
* Coupe de la rhubarbe en petits tronçons. Cuis-la doucement dans un peu d'eau et de sucre jusqu'à ce qu'elle soit tendre. Déguste avec du yaourt : ça te fait un super petit déjeuner.

Petites douceurs insolentes qui te font voyager dans le passé… il ne te reste plus qu'à aller chercher les DVD pour la soirée !

8 € V

8 belles pommes croquantes et acidulées (Braeburn, Cox, etc.), lavées et séchées
450 g de sucre semoule
3 bonnes c. à soupe de sirop de sucre roux
150 ml d'eau froide

# Pommes d'amour

**Un classique de Halloween. Au lieu de donner des bonbons, distribue ces merveilles. Teste bien les pommes avant : il faut qu'elles soient bien croquantes, surtout pas farineuses !**

**1.** Plante une pique en bois ou un bâtonnet dans chaque pomme.
**2.** Chauffe le sucre, le sirop et l'eau à feu doux dans une grande casserole profonde.
**3.** Remue avec une cuillère en bois pour dissoudre le sucre.
**4.** Augmente le feu et porte à ébullition **sans remuer**, jusqu'à ce que le sirop se transforme en un caramel brun rouge foncé (170 °C avec un thermomètre à sucre). Cela peut prendre 10 minutes. Retire immédiatement du feu.
**5.** Trempe les pommes dans le caramel. Tourne-les pour les enrober uniformément. Attention à ne pas te brûler. Mets à refroidir, extrémité vers le bas, sur du papier sulfurisé beurré.

POURQUOI PAS
* Enveloppe de papier paraffiné ou mets dans un bocal fermé avec du papier et un élastique.
* Se conserve quelques jours en dehors du frigo.
* Trempe les pommes dans du chocolat fondu (page 11).

# Délice aux fruits secs et au chocolat

**En fait, c'est du chocolat fondu avec un peu de muesli dedans. Utilise des ingrédients de première qualité. Détaches-en un morceau chaque fois que tu as une petite envie.**

1 TABLETTE | €€ | V

2 tablettes (de 100 g) de chocolat noir ou au lait
1 ou 2 poignées de muesli maison (page 48) ou d'un muesli acheté

1. Fais fondre le chocolat au bain-marie (page 11).
2. Retire le saladier de la casserole. Incorpore le muesli.
3. Dépose sur du papier sulfurisé. Laisse prendre.

POURQUOI PAS

* Trempe des fruits frais dans le chocolat fondu : fraises, cerises, groseilles chinoises. Déguste tout de suite ou laisse prendre.
* Enrobe de chocolat des satsumas (mandarines) entières pelées. Laisse refroidir.
* Enfile des moitiés de bananes sur des brochettes. Trempe dans le chocolat fondu. Mange tout de suite ou congèle.

# Pop-corn à la cannelle

**Laisse traîner quelques saladiers de pop-corn sur tes étagères : ça te fera un délicieux petit en-cas pas cher du tout. Faible en gras et en calories – euh… si tu le manges nature !**

PLEIN | € | V | EXPRESS

Huile de tournesol ou d'arachide
Maïs à éclater (maïs à pop-corn)
Sucre glace tamisé
Quelques pincées de cannelle
Beurre fondu

1. Verse de l'huile dans une grande casserole de façon à couvrir le fond. Dépose une couche de maïs. Mets un couvercle.
2. Cuis le maïs. Dès qu'il commence à éclater, remue la casserole pour qu'il ne brûle pas. Maintiens le couvercle fermé.
3. Élimine les grains non éclatés.
4. Incorpore le sucre glace, la cannelle et le beurre. Répartis dans des saladiers.

## Pop-corn au chocolat

**50 g de chocolat bio**
**50 g de beurre**
**1 c. à soupe de miel**
**1 portion de pop-corn**

1. Mets le chocolat cassé en morceaux, le beurre et le miel dans un saladier. Fais fondre au bain-marie (page 11).
2. Remue jusqu'à consistance lisse. Mélange au pop-corn.
3. Dépose sur du papier sulfurisé et laisse prendre.

## Pop-corn au caramel collant

**35 g de cassonade**
**35 g de beurre**
**1 c. à soupe de sirop de sucre roux**
**1 portion de pop-corn**

1. Verse le sucre, le beurre et le sirop dans une casserole.
2. Fais fondre à feu très doux. Augmente le feu et porte à ébullition 1 ou 2 minutes.
3. Répartis ce caramel sur le pop-corn en remuant.

# BOISSONS

**Boissons froides, chaudes, concentrés de vitamines, cocktails, apéros : prépare les meilleurs breuvages pour toutes les occasions. Bois beaucoup d'eau mais ne gaspille pas ton argent dans de l'eau en bouteille !**

## THÉS, INFUSIONS, CAFÉS ET CHOCOLATS: CHAUDS OU FROIDS

### Excellente tasse de thé

**Eau fraîche**
**1 bonne c. à café de feuilles de thé ou un sachet par personne**
**Lait (ou lait de soja)**
**Citron (facultatif)**
**Sucre (facultatif)**

**1.** Fais chauffer la bouilloire remplie d'eau fraîche du robinet.
**2.** Réchauffe la théière : verses-y de l'eau bouillante, tourne-la et vide-la.
**3.** Dans la théière, mets 1 c. à café bien pleine de feuilles de thé (ou 1 sachet) par tasse à préparer. Remplis d'eau frémissante. Remue. Couvre.
**4.** Laisse infuser 3 à 4 minutes pour les thés de type Assam ou English Breakfast, 2 à 3 minutes pour les thés parfumés (Darjeeling, Earl Grey).
**5.** Verse un peu de lait dans chaque tasse. Ajoute le thé. Ou bien remplis la tasse de thé et agrémente d'une rondelle de citron. Tu le bois dans un mug ? Ajoute le lait après. Et éventuellement du sucre.

### Pichet de thé glacé

**4 sachets de thé noir**
**1 l d'eau bouillante**
**Menthe fraîche**
**Sucre**
**Jus de 4 grosses oranges**
**Jus de 1 citron**
**Rondelles de pomme, d'orange**
**Glaçons**

**1.** Mets les sachets de thé dans une théière ou un saladier résistant à la chaleur. Ajoute le litre d'eau bouillante, de la menthe, du sucre.
**2.** Laisse infuser 15 minutes. Retire les sachets. Mets au frais.
**3.** Ajoute du jus de fruits. Verse dans un pichet (ou directement dans des mugs ou dans des verres) avec les glaçons, les fruits en rondelles et la menthe.

### Thé à la menthe (pour 1 ou 2)

**Eau bouillante**
**4 à 6 brins de menthe fraîche**
**Sucre à ta convenance**

**1.** Mets la menthe dans la théière ou dans des mugs.
**2.** Verse l'eau bouillante dessus.
**3.** Laisse infuser 5 minutes.
**4.** Ajoute du sucre.

### Thé au gingembre

Purifie, fait passer le rhume et la gueule de bois

**5 cm de gingembre frais**
**Jus de 1 citron**
**Un peu de miel ou de sucre**
**Eau bouillante**

**1.** Épluche le gingembre et hache-le. Mets-le dans un mug. Verse de l'eau bouillante. Laisse infuser 4 minutes.
**2.** Ajoute du jus de citron, du miel ou du sucre.

### Thé épicé à la pomme

**3 c. à soupe de concentré de jus de pomme**
**600 ml d'eau**
**1 bâton de cannelle**

**1.** Dans une casserole, porte à ébullition le jus de pomme, l'eau et la cannelle. Couvre. Laisse frémir 10 minutes sur feu très doux.
**2.** Verse à travers un tamis. Sers dans des mugs.

POURQUOI PAS

* Ajoute un morceau de citron et des clous de girofle.
* Pour encore plus de peps, mets un morceau de gingembre épluché.

### Excellente tasse de café

**Café moulu ou en grains**

**1.** Fais chauffer de l'eau dans la bouilloire. Verse l'eau dans la cafetière pour la réchauffer. Fais tourner. Vide. Mets le café.
**2. Cafetière à piston :** remplis-la aux trois quarts d'eau frémissante. Remue. Laisse infuser 3 à 4 minutes. Enfonce doucement le piston.
**3.** Déguste-le noir ou avec du lait. Tu peux l'adoucir avec du sucre.

POURQUOI PAS

* Conserve le café au congélateur.
* Enterre le marc de café dans ton jardin pour fertiliser le sol et stimuler la croissance de tes légumes.

## Café glacé (pour 2)

**2 tasses de café bien fort**
**Un peu de glace vanille, ou de vanille et de chocolat**
**Glaçons**
**Un peu de lait froid**
**1 pincée de sucre**

Mixe le tout à l'aide d'un blender, ou passe au mixeur dans un bol mélangeur.

## Chocolat chaud (pour 2)

**110 g de chocolat à 70% de cacao (je fais moitié chocolat noir, moitié chocolat au lait)**
**425 ml de lait**

**1.** Fais fondre le chocolat au bain-marie (page 11).
**2.** Porte le lait à ébullition dans une autre casserole.
**3.** Retire du feu. Verse un peu de lait chaud dans le chocolat fondu. Remue pour homogénéiser. Incorpore le reste et fouette jusqu'à consistance mousseuse.

POURQUOI PAS

* Décore avec des chamallows.
* Fais-toi un chocolat chaud rapido pour 1. Additionne le lait d'eau et fais chauffer. Casse des morceaux de ton chocolat préféré et remue jusqu'à ce qu'ils aient fondu. Fais mousser.

## Milk shake chocolaté (pour 1)

**Quelques morceaux de bon chocolat noir**
**250 ml de lait froid**
**2 boules de glace au chocolat top qualité (ou 1 de chocolat et 1 de vanille)**

Fais fondre le chocolat (page 11). Mets-le avec le lait et la glace dans un blender ou dans un bol. Mixe le tout.

POURQUOI PAS

* Remplace le chocolat par 1 c. à soupe de cacao sucré.
* Ajoute 2 c. à soupe de café bien fort pour un milk shake au moka.

# BOISSONS POUR SPORTIFS, JUS DE FRUITS, SMOOTHIES

## Boisson isotonique (pour 1)

RECETTE 1

**500 ml de jus de fruit non sucré**
**500 ml d'eau**
**1/5 c. à café de sel**

Mélange le tout.

RECETTE 2

**50 g de sucre ou de glucose**
**1 l d'eau**
**1/5 c. à café de sel**

Fais chauffer un peu d'eau. Dissous le sel et le sucre (ou le glucose) dedans. Ajoute l'eau qui reste.

## Limonade maison (pour 2 ou 3)

**250 g sucre**
**500 ml d'eau**
**8 à 10 citrons**
**Glaçons**

**1.** Mets le sucre et l'eau dans une casserole. Porte à ébullition. Baisse le feu. Fais fondre le sucre en remuant.
**2.** Presse les citrons, garde leur jus.
**3.** Ajoute le jus à l'eau. Mets au frais.
**4.** Sers sur des glaçons.

POURQUOI PAS

* Essaie avec des oranges et des citrons verts

## JO : booste ton immunité ! (pour 1)

**3 ou 4 oranges coupées en deux**
**Eau**
**Glaçons (en été)**

Presse les oranges à l'aide d'un presse-citron ou à la main. Dilue le jus avec de l'eau. Ajoute des glaçons.

POURQUOI PAS

* Fais-toi un un cocktail JO en ajoutant un peu de gin ou de vodka et de grenadine.
* Déguste avec une paille pour protéger tes dents de l'acidité.

## Carotte, pomme, gingembre : anti gueule de bois ! (pour 2)

**4 carottes**
**4 pommes**
**2,5 cm de gingembre frais**

Lave les pommes et les carottes et hache-les. Passe-les à la centrifugeuse, mets le gingembre en dernier. À boire tout de suite.

## JO aux fraises (pour 2 ou 3) : fais le plein de vitamines !

**2 bananes coupées en rondelles et congelées**
**225 ml de jus d'orange**
**2 ou 3 poignées de fraises**

**1.** Mets les rondelles congelées dans un bol mélangeur.

**2.** Ajoute le jus d'orange et les fraises. Mixe le tout. Ajoute de l'eau au besoin.

## Granité d'été (pour 2)

**1 pêche ou nectarine**
**1 banane**
**1 poignée de fraises ou de framboises**
**Miel liquide**
**125 ml de jus de pomme ou d'orange**
**Jus de citron ou de citron vert (facultatif)**

**1.** Coupe les fruits. Congèle-les sur un plat couvert de papier sulfurisé.

**2.** Mixe les fruits avec le jus de fruits et un peu de miel. Ajoute éventuellement du jus de citron.

## Smoothie spécial neurones (pour 1)

**1 poignée de framboises**
**1 poignée de myrtilles**
**1 banane**
**2 boules de glace vanille ou 2 c. à soupe de yaourt à la vanille**
**100 ml de lait**

Mixe le tout au blender.

## Smoothie du matin (pour 1)

**1 ou 2 bananes**
**1 grosse poignée de fraises**
**Miel liquide**
**225 g de lait (ou lait de soja)**
**Un peu de yaourt nature ou à la vanille (facultatif)**

**1.** Coupe les bananes en rondelles. Hache les fraises au besoin.

**2.** Ajoute le miel, le lait, le yaourt. Mixe le tout..

POURQUOI PAS

* Incorpore 2 c. à soupe de muesli. Augmente la quantité de lait.

## Smoothie glacé (pour 1)

**2 ou 3 poignées de fruits rouges**
**150 ml de yaourt**
**Lait (ou lait de soja)**

Mixe les fruits rouges avec le lait et le yaourt au blender ou au mixeur jusqu'à obtenir la consistance voulue.

## Lassi à la mangue (pour 2)

**1 mangue bien mûre pelée**
**100 ml de lait**
**150 ml de yaourt nature**
**2 ou 3 c. à café de miel**
**1 pincée de sel**
**Eau**

**1.** Coupe la mangue en lamelles.

**2.** Mixe-la avec le reste des ingrédients jusqu'à consistance homogène.

**3.** Dilue avec de l'eau si nécessaire.

POURQUOI PAS

* Ajoute de la banane et des framboises pour en faire un smoothie.

## COCKTAILS ET APÉROS

### Sangria

**1 bonne bouteille de vin rouge**
**1 bouteille de limonade**
**Jus de 1 orange fraîche**
**1 c. à soupe de sucre en poudre**
**1 ou 2 oranges ou citrons en rondelles ou hachés**
**Un trait de vodka ou de Grand Marnier (facultatif)**

**1.** Verse tous les ingrédients liquides dans un pichet.

**2.** Ajoute le sucre, les fruits et des glaçons.

**3.** Sers avec une cuillère en bois pour écraser ou retenir les fruits.

**Déguste avec :** des tapas (p 22).

### Mimosa

**1/2 à 1 bouteille de champagne**
**Oranges ou bon jus d'orange**
**Glaçons (facultatif)**

**1.** Presse les oranges.

**2.** Verse dans des verres jusqu'au quart de leur hauteur.

**3.** Complète avec le champagne ou le vin pétillant. Ou mélange dans un pichet et sers !

**Déguste avec modération.**

### Bloody Mary (pour 1)

**200 ml de jus de tomate**
**2 traits de vodka**
**3 gouttes de Tabasco**
**½ c. à café de sauce Worcester**
**Jus de ½ citron ou 1 citron vert ou 1 c. à café de lime cordial**
**Pincée de sel de céleri**
**Poivre noir**
**Glaçons**
**Tige de céleri pour remuer (facultatif)**

**1.** Mélange tous ces ingrédients sauf les glaçons et le céleri.

**2.** Verse sur les glaçons. Ajoute le céleri. Tu préfères un Virgin Mary ? Mets davantage de jus de tomate, supprime la vodka.

**Déguste au brunch le we.**

### Pimm's

**Limonade (ou mélange limonade + bière au gingembre)**
**Pimm's**
**Glaçons**
**Concombre**
**Pomme**
**Fraises**
**Feuilles de menthe**

**1.** Dans un pichet, mélange deux mesures de limonade et une de Pimm's.

**2.** Ajoute quelques glaçons, les fruits, la menthe. Remue.

**Déguste avec :** des sandwiches au concombre (page 38).

### Vin chaud

**1 bouteille de vin rouge**
**75 à 110 g de sucre**
**8 clous de girofle**
**1 orange et 1 citron**
**1 bâton de cannelle**
**1 pincée de gingembre moulu**
**1 feuille de laurier (facultatif)**

**1.** Verse le vin et le sucre dans une grande casserole ou cocotte.

**2.** Pique les fruits de clous de girofle. Mets-les dans le liquide et ajoute les épices.

**3.** Fais chauffer doucement en remuant pour dissoudre le sucre. Laisse sur le feu 15 minutes sans faire bouillir.

**Déguste avec :** des *mince pies* (petites tourtes aux fruits secs).

# ŒUFS

Œufs et crêpes sont les ancêtres du fast-food.
Choisis de préférence des œufs de poules élevées
en plein air : ils sont un peu plus chers,
mais de meilleure qualité et plus faciles à cuisiner.
Ta santé et les poules t'en remercieront !

POUR 1 | € | V | EXPRESS

# Œufs à la coque et leurs mouillettes

## À déguster nature ou saupoudrés de divers ingrédients.

1 ou 2 gros œufs
à température ambiante
Sel, poivre noir
**Pour saupoudrer :**
Herbes hachées
Fromage râpé
Olives noires hachées
Tomates cerises hachées
**Pour tremper :**
Mouillettes + beurre
ou tapenade
**Pour tremper (option végétarienne) :**
2 à 4 asperges ou fleurettes
de brocoli

**1.** Prépare les condiments à ajouter. Fais cuire les asperges ou le brocoli pendant 2 minutes, jusqu'à consistance tendre. Égoutte. Réserve au chaud.

**2.** Fais bouillir de l'eau dans une petite casserole (mets-en assez pour couvrir les œufs). Ajoute une pincée de sel.

**3.** Dépose les œufs dans l'eau à l'aide d'une cuillère à soupe. Quand l'ébullition reprend, déclenche le minuteur ou le sablier.

**4.** Laisse cuire environ 4 minutes (œufs coque), 5 (œufs mollets) ou 6 (si les œufs sortent directement du frigo), moins longtemps si les œufs sont de petite taille. Fais griller le pain.

**5.** Dispose les œufs dans des coquetiers. Décalotte-les à l'aide un couteau, ou tapote la coquille pour la briser, et retire le chapeau. Trempe les asperges, le brocoli ou les mouillettes dans le jaune, et saupoudre de condiments hachés.

# Œufs brouillés

## Un plat rapide classique, à déguster à toute heure. Bourré de protéines, de vitamines et de sels minéraux.

POUR 1 · € · V · EXPRESS

2 gros œufs
Sel, poivre noir
Noix de beurre

**1.** Casse les œufs dans un bol. Bats-les à la fourchette. Sale et poivre.
**2.** Mets les œufs avec le beurre dans une poêle froide. Fais cuire à feu très doux.
**3. Pour des œufs crémeux :** remue sans arrêt à l'aide d'une cuillère en bois jusqu'à obtenir la consistance voulue. Sers-les aussitôt dans une assiette car ils continuent à cuire. **Pour une texture plus solide :** remue puis laisse les œufs prendre forme quelques secondes. Répète l'opération jusqu'à obtention d'une masse bien consistante. Déguste sur du pain grillé, des petits pains ronds, des bagels.

POURQUOI PAS

* À l'étape 2, ajoute du Tabasco ou de la sauce Worcester.
* À l'étape 1, ajoute 2 c. à soupe de lait.
* Ajoute en remuant un peu d'eau et de gruyère râpé au moment où les œufs commencent à prendre.
* Fais-toi la totale : à l'étape 3, ajoute en remuant 1 c. à café de moutarde de Dijon, 1 ou 2 c. à soupe de gruyère râpé, un peu de crème ou de mayo, des fines herbes ou de la ciboule hachée.
* À l'étape 3, rajoute en remuant tous ces ingrédients déraisonnables : bacon croustillant ou pancetta, chorizo coupé en dés et frit, estragon, persil ou basilic, dés de saumon fumé.
* Garnis d'asperges ou de brocoli, de tomates grappes grillées.

# Œufs durs

## Parfaits pour les petits déj', pique-niques, currys, salades.

POUR 1 · € · V · EXPRESS

1 ou 2 œufs

**1.** Fais bouillir de l'eau comme pour les œufs à la coque. Plonge délicatement les œufs dans l'eau. Compte 8 minutes.
**2.** Retire les œufs à l'aide d'une cuillère à soupe. Plonge-les aussitôt dans un grand bol d'eau très froide. Quand ils ont refroidi, casse l'extrémité la plus large pour percer la poche d'air.
**3.** Sous l'eau froide, retire soigneusement la coquille.

POURQUOI PAS

* Déniche un coupe-œuf à l'ancienne et fais-toi une salade rétro avec de la laitue, des tomates, du pain et du beurre (et du jambon si ça te tente).
* Fais des œufs mimosas : coupe-les en deux, enlève le jaune, mélange avec de la mayo et d'autres condiments, rebouche les deux blancs avec le tout. Un peu de curry en poudre ou quelques miettes de thon, ce n'est pas mal non plus.

POUR 1 | € | V | EXPRESS

1 pincée de sel
1 gros œuf
Pain grillé beurré
Sel, poivre noir

# Œufs pochés des héros

## Un plat classieux à consommer à toute heure ! Découpe le bord aux ciseaux pour une présentation impeccable.

**1.** Remplis une poêle ou une petite casserole d'eau aux deux tiers. Mets du sel. Porte doucement à ébullition puis baisse le feu.
**2.** Casse l'œuf dans une tasse. Remue énergiquement l'eau qui chauffe de façon à créer un tourbillon. Verse l'œuf avec précaution au centre de ce tourbillon pour qu'il prenne forme. Laisse cuire 3 ou 4 minutes à feu doux.
**3.** Quand le blanc est pris mais le jaune encore liquide, retire l'œuf délicatement à l'aide d'une écumoire ou d'une pelle à poisson. Égoutte bien. Pose sur une tranche de pain. Sale et poivre.

POURQUOI PAS
✱ À intégrer dans un petit déjeuner anglais un peu plus « light ».
✱ Sers-le à cheval sur une purée au fromage et à l'oignon (page 215).
✱ Pas mal non plus avec des röstis (page 214) ou des petits pains ronds grillés.
✱ Dispose sur une salade tiède de pommes de terre au bacon croustillant.
✱ Prépare des œufs « Florentine » : étale des épinards cuits dans un plat beurré, ajoute 2 œufs pochés, saupoudre de fromage et passe sous le gril du four. Ou bien nappe de sauce au fromage (page 90) et fais gratiner au four.

POUR 1 | € | EXPRESS

Un peu de beurre
2 fines tranches de bon jambon blanc
2 gros œufs
Sel, poivre noir

# Œufs sur le plat au jambon

## Une variante savoureuse des œufs au bacon

**1.** Fais fondre le beurre dans une poêle à feu doux.
**2.** Mets le jambon, retourne-le au bout d'une minute.
**3.** Casse les œufs dessus. Fais cuire à feu doux 1 à 2 minutes. Avec la spatule, récupère le beurre et verse-le sur les jaunes. Déguste avec du chutney, du ketchup.

POURQUOI PAS
✱ Ajoute quelques rondelles de tomates ou de champignons.
✱ Très bon avec des röstis (page 214) ou des pommes sautées croquantes (page 214)

# Œufs cocotte à la crème et leurs mouillettes

## Pour un goûter ou un petit déjeuner hors du commun

POUR 2 €€ V EXPRESS

Beurre pour le moule
4 c. à soupe de crème ou de lait
4 gros œufs
Sel, poivre noir
50 à 75 g de gruyère ou de parmesan râpés
4 tranches de pain complet beurrées et taillées en mouillettes

1. Préchauffe le four à 180 °C. Fais chauffer de l'eau dans une bouilloire.
2. Beurre 4 ramequins ou coupelles (de 7 à 8 cm de diamètre).
3. Verse un peu de crème dans chacun, casse un œuf, ajoute du sel et du poivre. Rajoute de la crème sans recouvrir totalement le jaune.
4. Dispose les ramequins dans un petit plat à rôtir. Verse de l'eau bouillante jusqu'à mi-hauteur des ramequins. Enfourne 8 à 10 minutes. Quand le blanc est pris et les jaunes encore un peu liquides (vérifie en appuyant doucement dessus), retire le plat du four.
5. Saupoudre de fromage. Glisse les ramequins sur une plaque de cuisson, puis mets à gratiner sous le gril préchauffé. Déguste avec des mouillettes.

POURQUOI PAS

* À l'étape 3, ajoute des ingrédients supplémentaires : dés de jambon blanc ou de lard fumé, chorizo, champignons, poivre, herbes hachées menu (estragon, ciboulette, basilic).

# OMELETTES

Un bon cuistot se reconnaît à la qualité et à la vitesse de réalisation de ses omelettes. Mon record, c'est 50 secondes. Essaie de le battre !

POUR 1 | € | V | EXPRESS

2 gros œufs
2 c. à soupe d'eau
20 g de beurre
Sel, poivre noir
Garniture à ta convenance

## Double omelette vite faite

**Sers-la avec du pain chaud, de la salade, des patates sautées ou un assortiment de viandes froides. Tu déjeunes dehors ? Glisse-la dans un sandwich ou une boîte-repas, et hop !**

**1.** Bats le premier œuf dans un bol avec 1 c. à soupe d'eau, du sel et du poivre.
**2.** Fais fondre la moitié du beurre à petit feu dans une poêle de 15 cm de diamètre.
**3.** Verse l'œuf, incline un peu la poêle pour en recouvrir le fond. Laisse-le prendre (mais pas frire). Penche une ou deux fois la poêle, en soulevant les bords de l'omelette avec une spatule pour que l'œuf encore liquide puisse cuire.
**4.** Retire l'omelette encore moelleuse, à peine prise. Répartis la garniture de ton choix sur une moitié, et replie doucement l'autre moitié. Répète l'opération avec le deuxième œuf et le reste des ingrédients.

POURQUOI PAS

* Garnis avec du gruyère râpé, des épinards cuits, du fromage frais, de l'ail et des herbes, du miel liquide et du citron, des dés de chorizo frits avec un peu de sauce tomate, quelques crevettes mayonnaise, des tomates en dés agrémentées de basilic, de sauce ou de pesto.
* Glisse l'omelette chaude ou froide dans un morceau de baguette ou de ciabatta avec de la salade, du chutney ou de la vinaigrette pour déjeuner dehors.
* Prépare une grande quantité d'omelette à l'avance. Elle peut se déguster froide accompagnée de diverses garnitures. C'est une idée de plat simple et pas cher.
* À l'étape 1, ajoute des fines herbes hachées.

# Frittata au jambon et aux pommes de terre

**Bonne grosse omelette des familles. Cale bien l'estomac avant une nuit de fiesta ou lors d'un savoureux petit déj' tardif. Invente les garnitures les plus folles. Mange chaud, très chaud ou laisse refroidir pour plus tard.**

POUR 2

€

350 g de pommes de terre pelées, à chair ferme de préférence (Charlotte, Roseval, Belle de Fontenay)
1 c. à soupe d'huile d'olive
Beurre
5 œufs battus
Herbes fraîches
Sel et poivre noir
4 à 6 tranches de jambon ou de lard fumé maison (page 133) haché
Gruyère en lamelles

**1.** Coupe grossièrement les pommes de terre. Sèche-les bien. Fais-les rissoler 5 minutes dans l'huile additionnée d'une noix de beurre, dans une poêle de 20 à 26 cm. Baisse le feu.

**2.** Mets un couvercle. Laisse cuire 10 minutes pour les attendrir. Secoue la poêle et remue les pommes de terre de temps en temps (elles ne doivent pas attacher).

**3.** Bats les œufs avec le sel, le poivre, les herbes et un peu de beurre. Ajoute le jambon. Verse dans la poêle.

**4.** Cuis doucement le mélange jusqu'à ce qu'il soit pris. **Soit** tu saupoudres de fromage et tu passes sous le gril du four. **Soit** tu fais glisser sur une grande assiette, tu retournes et tu refais glisser dans la poêle pour cuire l'autre face. Mais pas trop longtemps (l'omelette ne doit pas être caoutchouteuse) !

Super avec une salade de tomates à l'oignon (page 210).

POURQUOI PAS

* Ajoute de la roquette, des pousses d'épinards, des tomates séchées.
* Bats les œufs avec un peu de fromage frais.
* Mets des champignons ou des légumes grillés, ne mets pas de jambon.
* Recycle des restes de pommes de terre, de courge musquée, de pâtes.
* Tu n'as plus un radis ? Trempe 1 tranche de pain de mie dans 3 c. à soupe de lait pendant 10 minutes. Essore avec une fourchette. Mélange avec 3 œufs, du sel et du poivre, des herbes et du fromage. Fais cuire à la poêle. Délicieux chaud ou froid.

8 € V EXPRESS

110 g de farine
1 pincée de sel
1 gros œuf
300 ml de lait
Un peu d'eau
1 c. à soupe d'huile de tournesol ou de beurre fondu
Beurre pour la poêle

**Déguste avec :**
Du sucre et du jus de citron
Du sirop d'érable
De la sauce au chocolat, de la confiture, du Nutella
Des rondelles de bananes, de la glace et de la sauce au caramel (page 243)

# Crêpes mini-budget

**Avec les crêpes, tu gagnes sur tous les tableaux ! Prépare la pâte la veille si ça te chante et remue-la avant utilisation. Fais des crêpes bien fines. La première attache souvent : gratte un peu la poêle et recommence.**

**1.** Tamise la farine et le sel dans un saladier, puis creuse un puits au milieu.
**2.** Casses-y l'œuf. Ajoute une bonne rasade de lait.
**3.** Mélange vigoureusement à l'aide d'un fouet ou d'une cuillère en bois. Verse lentement le reste du lait, sans cesser de battre, jusqu'à obtention d'une consistance homogène. Incorpore en remuant l'eau ainsi que l'huile ou le beurre fondu.
**4.** Chauffe bien la poêle ou la crêpière. Mets un peu de beurre et incline la poêle pour le répartir uniformément, ou étale-le au pinceau.
**5.** Verse 2 ou 3 c. à soupe de pâte. Incline de nouveau la poêle de façon à obtenir une grande crêpe toute fine. Laisse cuire 1 minute (jusqu'à ce que la pâte soit prise). Fais-la sauter ou retourne-la à l'aide d'une spatule. Cuis l'autre face.

POURQUOI PAS
* Empile les crêpes séparées par des feuilles de papier sulfurisé. Réserve au chaud jusqu'à utilisation.
* Laisse reposer la pâte ½ heure pour plus de légèreté.
* Enroule tes crêpes, plie-les en 2 ou en 4, ou laisse-les telles quelles.
* Verse un peu de cacao dans la pâte pour une version chocolatée.
* Congèle-les.

# Crêpes farcies express

**Prépare un repas plus consistant avec une pâte plus riche. Garnis tes crêpes de petits trucs savoureux (tu as carte blanche !) et mets au four.**

8 | €€ | V OPTION | EXPRESS

- 175 g de farine
- 1 pincée de sel
- 2 œufs entiers plus un jaune
- 425 ml de lait
- 2 c. à café de beurre fondu
- 2 c. à café de graines de pavot

**Pour la garniture jambon-fromage :**
- Chutney à la mangue
- Jambon en tranches
- Fromage râpé

**Pour la garniture jambon-épinards :**
- Épinards
- 1 gousse d'ail écrasée
- Crème fraîche légère
- Fromage râpé

**1.** Prépare la pâte (voir recette de base ci-contre), en ajoutant le pavot à l'étape 3. Confectionne tes crêpes. Empile en alternant avec des feuilles de papier sulfurisé.
**2.** Préchauffe le four à 220 °C. Déroule les crêpes. Dispose un peu de garniture au milieu. Par exemple :
**Jambon-fromage :** étale du chutney à la mangue. Recouvre de jambon et de fromage râpé.
**Jambon-épinards :** fais blanchir les épinards 3 minutes dans une casserole avec ½ c. à soupe d'eau. Égoutte-les. Mélange avec l'ail écrasé, la crème légère, le fromage râpé.
**3.** Plie chaque crêpe en deux, puis encore en deux pour former un triangle. Dispose sur une plaque de cuisson graissée. Fais gratiner 10 minutes au four.

POURQUOI PAS

* Farcis les crêpes de champignons gratinés (page 45) ou de ragoût (page 180). Mets-les dans un plat et saupoudre-les de fromage ou nappe-les de sauce tomate. Enfourne un bon moment.

# Gâteau de pancakes sirop-bacon

**Une texture légère et aérée, une belle couleur cuivrée. Superpose, décore et parfume à ta guise. Un invité à chouchouter au petit déjeuner ? Divinement bon.**

POUR 4 | € | V OPTION | EXPRESS

- 2 gros œufs
- 150 ml de lait
- 50 g de beurre fondu
- 110 g de farine
- 10 g de sucre en poudre
- 1 pincée de sel
- 2 c. à café de levure
- Un peu plus de beurre fondu

**Pour la garniture :**
- Bacon grillé croustillant (facultatif)
- Fruits rouges frais
- Sirop d'érable ou de sucre roux
- Jus de citron

**1.** Sépare les blancs des jaunes (page 11). Bats les jaunes, le lait et le beurre à l'aide d'une fourchette.
**2.** Tamise la farine avec le sucre, le sel et la levure au-dessus d'un saladier à part.
**3.** Verse très lentement la préparation aux œufs sur les poudres tamisées, en mélangeant à l'aide d'une cuillère en bois ou d'un fouet jusqu'à consistance homogène. Passe le bacon sous le gril du four.
**4.** Bats les blancs en neige ferme. Incorpore-les délicatement à la pâte (page 10).
**5.** Badigeonne une poêle chaude de beurre fondu. Verse en les espaçant quelques cuillerées à soupe de pâte. Laisse cuire 1 ou 2 minutes (le dessous doit être doré et le dessus couvert de bulles). Retourne les pancakes et laisse-les cuire jusqu'à ce qu'ils soient dorés et bien aérés. Empile-les en les garnissant de bacon, de fruits rouges. Arrose de sirop d'érable et de jus de citron.

POURQUOI PAS

* Remplace le bacon par du beurre et de la confiture, ou du saumon fumé et de la crème fraîche.

# SOUPES

Savoure un bon bol de soupe, c'est très réconfortant ! Opte pour une soupe-repas à base d'ingrédients qui tiennent au corps, ou pour un en-cas vite prêt. Utilise tes restes de légumes pour leur offrir une seconde vie.

€ V OPTION

# Bouillon maison (avec ou sans viande)

**En cuisine, on a toujours besoin de bouillon… et c'est très avantageux de le faire soi-même. Recycle un poulet rôti pour concocter un bouillon qui a du goût. Pour la version végétarienne, force sur les légumes, les herbes et l'assaisonnement. Savoureux, facile à préparer, plein de qualités nutritives. C'est le moment d'investir dans un grand faitout dont tu te serviras aussi pour les pâtes.**

1 carcasse de poulet
2 oignons coupés en 4
1 branche de céleri hachée
1 carotte
1 poireau en rondelles (facultatif)
Herbes fraîches (facultatif)
2 gousses d'ail pelées
2,5 litres d'eau

**1.** Mets les morceaux de poulet (blanc, os, sauce, graisse solidifiée…) dans un grand faitout, en cassant la carcasse. Jette les restes de farce (ça trouble le bouillon) – sauf si c'est des citrons.
**2.** Ajoute les légumes lavés (sans les éplucher), les herbes, l'ail.
**3.** Verse assez d'eau pour couvrir. Porte à ébullition, retire l'écume s'il y en a. Baisse le feu. Fais mijoter 2 bonnes heures.
**4.** À l'aide d'une passoire égoutte le tout au-dessus d'un saladier. Jette la carcasse et les légumes.
**5.** Pour conserver le bouillon, couvre-le de film alimentaire et mets-le au frais, ou congèles-en une partie pour dépannage.

POURQUOI PAS
* Utilise comme base pour des risottos, ragoûts, sauces, tourtes, fonds de viande.
* Pas de carcasse sous la main ? Prends un morceau de poulet, mets moins d'eau.
* Dépiaute des restes de poulet cuit et réchauffe-les dans le bouillon pour une soupe vite faite.

# Soupe de cresson et mouillettes de pain à la mélasse

**Affreusement sain. Le cresson contient des vitamines, de l'acide folique, du fer, mais que ça ne t'empêche pas d'y goûter ! Cette soupe légère et savoureuse se marie à la perfection avec du pain à la mélasse (page 266) grillé et beurré. À savoir : c'est un aliment gagnant en période d'examens.**

POUR 4 · € · V OPTION

225 g de pousses de cresson
40 g de beurre
1 oignon haché
1 poireau émincé finement
2 gousses d'ail écrasées
1 pomme de terre pelée et coupée en dés
900 ml de bouillon de volaille ou de légumes, ou d'eau
Sel, poivre noir
50 g de fromage (gruyère, bleu ou parmesan) râpé
1 c. à soupe de jus de citron
2 c. à café de moutarde
3 c. à soupe de lait ou de crème fraîche légère (facultatif)
4 tranches de pain à la mélasse (page 266)

**1.** Lave soigneusement le cresson et hache-le grossièrement. Fais revenir très doucement les oignons, l'ail et le poireau dans le beurre jusqu'à ce qu'ils soient tendres mais non colorés (5 à 10 minutes). Remue de temps en temps.
**2.** Mets les morceaux de pomme de terre, remue. Couvre et fais cuire tout doucement pendant 4 minutes.
**3.** Ajoute en remuant la moitié du cresson. Laisse cuire 1 minute. Verse le bouillon, sale et poivre. Porte à ébullition, puis baisse le feu et laisse frémir à petits bouillons pendant 15 minutes.
**4.** Mets le reste du cresson. Remue et cuis encore 5 minutes, sans augmenter le feu. Ajoute le fromage, le jus de citron, la moutarde.
**5.** Passe au mixeur. Goûte. Ajoute de la crème fraîche si tu aimes.
**6.** Fais griller du pain. Beurre-le, taille des mouillettes. Mange-les délicatement ou trempe-les dans la soupe.

# Soupe de nouilles à ma façon

**Pourquoi l'acheter si tu peux en faire une meilleure toi-même ? Note bien cette recette de soupe aux nouilles, facile, pas chère et pleine d'ingrédients excellents pour la santé…**

POUR 1 · € · V OPTION · EXPRESS

1 nid de nouilles chinoises aux œufs, sèches ou précuites
1 bol de bouillon de volaille ou de légumes
2 ciboules émincées
Légumes verts (épinards, chou ou chou chinois, haricots mangetout)
1 petit piment rouge épépiné et haché menu (facultatif)

**1.** Mets les nouilles dans une casserole. Couvre d'eau froide (ou d'eau chauffée dans une bouilloire). Porte à ébullition. Fais cuire 4 minutes. Égoutte.
**2.** Réchauffe du bouillon maison dans la casserole. Quand il est vraiment très chaud, verses-y les nouilles, les légumes et le piment (si tu aimes). Laisse les légumes se flétrir un peu.
**3.** Verse dans un bol. Savoure !

POURQUOI PAS
* Ajoute de l'ail, du gingembre, des herbes, des germes de soja émincés.
* Ajoute des petits morceaux de poulet froid ou des dés de tofu.
* Prends des nouilles précuites (un peu plus cher).
* Triche en prenant du bouillon (cube ou en poudre) reconstitué.
* Sers les nouilles et les légumes cuits dans une soupe miso bio.

POUR 4 | € | V OPTION

3 c. à soupe de beurre
4 ou 5 gros oignons bruns pelés et taillés en rondelles fines
2 ou 3 gousses d'ail écrasées
2 c. à café de sucre
300 ml de vin blanc, de cidre ou de jus de pomme
1,8 litre de bouillon (de volaille ou de légumes) ou d'eau
Sel, poivre noir

**Pour les croûtons :**
6 tranches de baguette ou de pain de campagne
110 g de comté ou de gruyère râpé

# Soupe à l'oignon et croûtons au fromage

**Un classique très frenchy… excellent pour la santé (les oignons sont riches en vitamine C, acide folique, fibres, fer, calcium). N'essaie pas de hâter la première partie de la cuisson : les oignons doivent caraméliser lentement pour développer toute leur saveur. Prépare cette soupe le week-end, tu en auras pour toute la semaine.**

**1.** Fais fondre le beurre dans une grande casserole. Ajoute l'ail et les oignons. Couvre et laisse cuire à feu très doux 15 minutes, en remuant de temps en temps.
**2.** Ajoute le sucre. Poursuis la cuisson ½ heure à feu doux, jusqu'à ce que les oignons soient fondants et bien dorés. Attention : ne les laisse pas brûler !
**3.** Augmente le feu. Verse le vin, le cidre ou le jus de pomme. Fais bouillir 2 minutes. Ajoute le bouillon, le sel et le poivre. Relance l'ébullition.
**4.** Baisse le feu. Laisse mijoter à couvert pendant 20 minutes environ. Goûte.
**5.** Fais griller le pain ou glisse-le quelques minutes dans le four chaud. Saupoudre de fromage râpé. Passe sous le gril. Répartis dans des bols à l'aide d'une louche. Par ici les toasts croustillants !

# Champignon, ail et romarin

**Dès que le bouillon aux herbes et à l'ail commencera à cuire, tout le monde déboulera dans ta cuisine ! Ça sent divinement bon, et c'est un vrai régal… À savoir : inutile de laver les champignons (contente-toi de les brosser un peu).**

POUR 4 | € | V OPTION

3 échalotes ou 1 petit oignon haché menu
2 gousses d'ail écrasées
50 g de beurre
Un filet d'huile de tournesol (ou autre)
350 g de gros champignons de Paris
Quelques feuilles de romarin hachées
2 tranches de pain blanc (sans la croûte et grossièrement émiettées)
1 à 1,5 litre de bouillon (de volaille ou de légumes) ou d'eau
Noix muscade râpée (facultatif)
Sel, poivre noir
150 ml de lait

**1.** Fais fondre doucement l'ail et les échalotes (ou l'oignon) additionnés d'une pincée de sel dans de l'huile et du beurre pendant 2 minutes, sans laisser colorer.
**2.** Coupe les champignons. Mets-les ainsi que le romarin dans la casserole. Remue. Couvre et laisse cuire tout doucement 10 minutes.
**3.** Ajoute le pain, le bouillon, la muscade. Porte à ébullition puis baisse le feu. Laisse cuire doucement à couvert pendant 10 minutes (ce n'est pas très ragoûtant mais c'est normal !). Sale et poivre.
**4.** Passe au mixeur pour homogénéiser. Ajoute le lait. Réchauffe à feu doux. Goûte. Sers avec des mouillettes de pain grillé beurré (encore chaud).

POURQUOI PAS

* Déguste avec de longues pailles au fromage : décongèle une pâte feuilletée pur beurre et déroule-la sur ton plan de travail. Badigeonne de lait ou d'œuf battu. Taille en lanières de 1,5 cm de large. Torsade chaque lanière en la maintenant aux deux extrémités. Dépose sur une plaque de cuisson. Saupoudre de fromage râpé, de graines de sésame ou de pavot, ou badigeonne de pesto. Enfourne 10 minutes à 220°C.

# Mulligatawny (soupe au curry)

**Tous les avantages d'une soirée curry réunis dans un même bol. Pendant que ça mijote, confectionne une kyrielle de chapatis (page 196) pour épater la galerie !**

POUR 4-6 | € | V

1 c. à soupe de beurre ou d'huile d'arachide
1 gros oignon haché menu
1 pincée de sel
2 ou 3 gousses d'ail écrasées
2,5 cm de gingembre râpé
2 c. à café d'une bonne pâte de curry (korma ou autre)
50 g de lentilles corail rincées
1 boîte de tomates en dés (500 g)
450 g de courgettes hachées
1 grosse patate douce pelée et hachée
1,2 litre de bouillon de légumes ou d'eau
1 ou 2 c. à café de chutney à la mangue
Coriandre fraîche (facultatif)
Un peu de jus de citron

**1.** Fais revenir doucement l'oignon additionné de sel dans la matière grasse.
**2.** Ajoute l'ail, le gingembre, la pâte de curry. Remue bien le tout. Fais cuire 6 minutes.
**3.** Mets les lentilles. Ajoute en remuant les tomates, les courgettes, la pomme de terre. Baisse le feu. Couvre et laisse cuire doucement pendant 15 minutes.
**4.** Ajoute le bouillon, le chutney et un peu de coriandre. Cuis à couvert 10 à 15 minutes. Goûte et rectifie avec du jus de citron ou du chutney.
**5.** Mélange directement dans la casserole à l'aide d'un mixeur. Ajoute de l'eau si c'est trop épais.

POUR 4 | €

Un peu de beurre ou d'huile
1 gros oignon haché menu
1 pincée de sel
1 gousse d'ail écrasée
1 poireau taillé en rondelles
2 pommes de terre coupées en dés
3 carottes taillées en dés
1 branche de céleri en rondelles
Herbes fraîches (persil, estragon, sauge, romarin)
1,5 litre de bouillon de volaille
Jus de citron
Sel, poivre noir

# Bouillon de poule miracle

**Non seulement c'est délicieux et faible en calories, mais c'est vraiment efficace quand on a besoin de se requinquer. Avec ça, ton rhume ou ta gueule de bois disparaîtront en moins de deux ! Pour bien faire ressortir le goût, fais cuire les légumes à feu doux jusqu'à ce qu'ils soient fondants. Personnalise ce bouillon pour qu'il soit exactement à ton goût…**

**1.** Chauffe le beurre et l'huile dans une grande casserole. Mets l'oignon, sale et fais cuire 5 minutes à feu très doux sans laisser colorer.
**2.** Ajoute l'ail, les autres légumes, les herbes. Remue. Recouvre d'une feuille de papier sulfurisé et mets un couvercle. Fais fondre doucement pendant 10 minutes.
**3.** Mets le bouillon. Porte à ébullition, puis baisse le feu. Laisse cuire doucement 20 à 30 minutes. Goûte. Ajoute le jus de citron. Rectifie l'assaisonnement. Déguste avec du bon pain.

POURQUOI PAS

* Ajoute du riz ou des pâtes 10 à 15 minutes avant la fin de la cuisson.
* À l'étape 2, ajoute des dés de bacon. Complète par 1 boîte de tomates en dés, de la purée de tomate, une pincée de sucre à l'étape 3. Saupoudre de parmesan. Déguste avec du pain à l'ail.

POUR 2-3 | €€ | EXPRESS

850 ml de bouillon de volaille
7,5 cm de gingembre épluché et finement émincé
2 gousses d'ail écrasées
2 piments rouges hachés menu
1 c. à café de purée de citronnelle ou 1 brin écrasé et finement émincé
4 feuilles de citron vert
110 g de champignons blancs
225 ml de lait de coco
2 c. à soupe de Nuoc Mam
1 c. à café de sucre
225 g de blanc de poulet taillé en petites lamelles
Jus de 2 citrons verts ou de 1 citron
Coriandre fraîche hachée

# Divine soupe de poulet thaï

**Marre du sempiternel blanc de poulet grillé ? Relooke-le : quelques coups de couteau par-ci par-là, des ingrédients venus d'ailleurs et hop, tu obtiens cette soupe qui s'inspire de la cuisine thaïe. Légère et renversante…**

**1.** Dans une casserole, porte le bouillon à ébullition avec le gingembre, l'ail, le piment, la citronnelle et les feuilles de citron vert.
**2.** Baisse le feu, couvre et laisse cuire doucement pendant 10 minutes.
**3.** Verse les champignons hachés menu dans la casserole avec le lait de coco, le Nuoc Mam, le sucre. Relance l'ébullition. Ajoute le poulet. Fais cuire 2 minutes à gros bouillons, jusqu'à ce que la viande ait perdu sa teinte rosée (tout en étant encore tendre). Arrose de jus de citron.
**4.** Goûte et rectifie l'assaisonnement. Répartis dans des bols. Parsème de coriandre.

# Râmen au poulet (soupe japonaise)

**Je suis accro à cette soupe. Comme tous ceux à qui je l'ai fait découvrir ! C'est une sorte de plat unique d'origine japonaise. Ah, quand je pense aux nouilles hyper zen, au bouillon parfumé, à la viande savoureuse, à la sauce au piment qui vient parfaire le tout...**

**1.** Mets le bouillon dans une casserole avec l'ail et le gingembre, et laisse-le chauffer 20 à 30 minutes à feu doux pour qu'il s'imprègne bien de leurs arômes.
**2.** Entre-temps, aplatis les filets de poulet du plat de la main ou à l'aide d'un rouleau à pâtisserie. Dépose-les sur une poêle (à gril ou normale) légèrement huilée et fais-les cuire 4 à 5 minutes de chaque côté, jusqu'à ce qu'ils perdent leur teinte rosée. Réserve.
**3.** Mélange les ingrédients de la sauce dans un petit saladier. Réserve.
**4.** Ébouillante les nouilles pendant 4 minutes. Égoutte et réserve.
**5.** Finis de préparer la soupe. Jette les germes de soja et les feuilles de chou dans le bouillon parfumé. Cuis à feu doux pendant 1 minute. Répartis les nouilles dans des bols. Verse la soupe. Ajoute la ciboule, le piment, la coriandre, le citron vert, le poulet. Arrose avec ta sauce. Bienvenue au paradis !

POURQUOI PAS

* Garnis avec des morceaux de porc laqué (page 135) ou de steak grillé, des crevettes ou du saumon.
* Prépare un râmen végétarien : prends du bouillon de légumes, termine par du tofu frit (page 199).

POUR 4 €€

850 ml de bouillon de volaille
6 gousses d'ail écrasées
10 cm de gingembre émincé
2 filets de poulet
350 g de nouilles chinoises aux œufs
110 g de germes de soja
4 à 6 ciboules hachées menu
Quelques feuilles de chou chinois taillées en lanières
1 ou 2 piments rouges épépinés et finement émincés
½ oignon rouge en rondelles
Coriandre fraîche
Morceaux de citron vert

**Pour la sauce**
1 c. à café de sucre en poudre
1 c. à soupe d'alcool de riz, ou de vinaigre de malt ou de vin blanc
1 ½ c. à soupe de sauce au piment doux
2 ½ c. à soupe de Nuoc Mam

POUR 2-3 | € | V OPTION

# Soupe du pauvre patates-oignons (avec ou sans miettes de bacon)

**Moins chère que les frites et d'une autre qualité gustative ! Tu obtiens un mets très subtil à partir d'ingrédients très simples. Utilise la recette de base pour concocter plein d'autres soupes de légumes. Pas trop ric-rac en ce moment ? Ajoute des petits trucs pour l'agrémenter.**

- 450 g de pommes de terre farineuses (type bintje ou autre)
- 110 g d'oignons
- 50 g de beurre
- 850 ml de bouillon maison (légumes ou volaille), de bouillon de légumes bio reconstitué ou d'eau
- Quelques brins de persil frais
- 3 c. à soupe de lait
- Sel, poivre noir
- 2 fines tranches de bacon entrelardé grillé (facultatif)

**1.** Coupe les pommes de terre en petits morceaux. Hache les oignons très menu.
**2.** Fais fondre du beurre dans une casserole. Ajoute l'oignon et le sel. Fais cuire en remuant pendant 1 minute. Mets les pommes de terre.
**3.** Fais-les fondre un peu. Couvre-les de papier sulfurisé puis mets le couvercle. Laisse revenir tout doucement pendant 10 minutes sans laisser colorer.
**4.** Retire le papier. Ajoute le bouillon ou l'eau. Porte à ébullition puis baisse le feu. Laisse cuire à feu très doux pendant 10 minutes.
**5.** Ajoute le persil. Passe au mixeur. Ajoute le lait en remuant. Remets à chauffer. Sale et poivre. Sers cette soupe telle quelle ou parsemée de bacon émietté.

POURQUOI PAS

* Écrase à la fourchette ou au presse-purée si tu n'as pas de mixeur.
* Fais de la soupe poireaux-pommes de terre : à l'étape 2, ajoute 1 autre pomme de terre et à l'étape 4, 350 g de poireaux finement émincés. Augmente la quantité de liquide.
* Utilise d'autres herbes : l'estragon, le thym et la sauge se marient bien avec le mélange pommes de terre + oignons.

# Soupe vitaminée carottes-oranges

**Cette soupe te redonnera la pêche, et pas seulement à cause de sa couleur pétante. Elle est bourrée de vitamines et d'autres choses excellentes pour la santé, et sa saveur te surprendra. S'il en reste, mets-la dans une bouteille plastique pour déjeuner dehors… c'est toujours ça d'économisé !**

POUR 3 € V

1 oignon moyen haché menu
1 c. à soupe d'huile d'olive ou de tournesol
6 cosses de cardamome (facultatif)
110 g de lentilles corail
2 ou 3 belles carottes pelées et taillées en dés
200 g de tomates en dés (fraîches ou en boîte)
700 ml de bouillon de légumes
Jus de 2 belles oranges (+ zeste d'une demie) ou 150 ml de jus avec pulpe
Sel et poivre noir

**1.** Chauffe l'huile à feu doux dans une grande casserole. Fais fondre tout doucement l'oignon pendant 10 minutes sans le laisser colorer.

**2.** Ouvre les cosses de cardamome pour libérer les graines. Écrase-les un peu à l'aide d'un pilon et d'un mortier ou avec l'extrémité d'un rouleau à pâtisserie.

**3.** Mets la cardamome, les lentilles et les carottes dans la casserole contenant les oignons. Fais cuire en remuant pendant 2 minutes. Ajoute les tomates, le bouillon, le jus d'orange, le zeste. Porte à ébullition. Baisse le feu. Laisse cuire tout doucement à couvert pendant ½ heure, jusqu'à ce que les carottes soient tendres.

**4.** Passe au mixeur. Rajoute de l'eau si nécessaire. Sale et poivre.

POURQUOI PAS

* Déguste cette soupe froide en été.
* Prépare-la pour un copain qui a besoin de se requinquer.
* À l'étape 4, incorpore les herbes de ton choix – basilic, persil ou coriandre par exemple.
* Termine par un peu de yaourt ou de pesto.

POUR 2-3 | € | V OPTION | EXPRESS

# Soupe de petits pois servie avec œuf, toasts et bacon

**OK, pas la peine d'empiler tout un petit déjeuner anglais sur cette soupe, mais rien ne t'en empêche si tu en as envie. Tu peux la faire toute l'année puisque les petits pois sont surgelés. Sans le bacon, tu as une soupe végétarienne d'excellente qualité.**

- Un peu de beurre et d'huile d'olive
- 1 petit oignon haché finement
- 1 gousse d'ail écrasée
- 2 fines tranches de bacon haché menu (facultatif)
- 450 g de petits pois surgelés
- 1 brin de menthe fraîche ou une pincée de menthe séchée
- ½ litre de bouillon de légumes ou d'eau
- Un peu de jus de citron
- Un peu de parmesan ou de gruyère râpé (facultatif)
- Sel, poivre noir

**Ajouter par personne (facultatif) :**

- 1 œuf (poché ou au plat)
- 1 tranche de pain grillé ou des croûtons au four
- 2 fines tranches de bacon

**1.** Fais chauffer la matière grasse dans une casserole. Fais fondre doucement l'ail et l'oignon en remuant, sans laisser colorer.

**2.** Ajoute le bacon si tu en mets. Laisse-le cuire jusqu'à ce qu'il commence à croustiller. Puis ajoute en remuant les petits pois, la menthe et le bouillon de légumes (liquide) ou l'eau.

**3.** Porte à ébullition, puis baisse le feu. Laisse frémir doucement pendant 5 minutes, jusqu'à ce que les petits pois soient cuits.

**4.** Ajoute le jus de citron et éventuellement le fromage. À l'aide d'un mixeur, mélange directement dans la casserole jusqu'à consistance lisse, ou laisse comme ça. Sale et poivre.

**5.** Entre-temps, cuis l'œuf (page 60), toaste le pain ou prépare les croûtons (page 203). Répartis la soupe dans des bols. Ajoute des croûtons, un œuf ou le bacon grillé, ou déguste avec du fromage râpé et du pain chaud.

# Superbe soupe de tomates pour tous les jours

**Éblouis tes amis sans te fatiguer. Quand ils auront goûté à cette petite merveille, ils jureront que tu as passé des heures à la préparer. En fait, il te suffit d'avoir une boîte de tomates et du bouillon cube… quelques gestes et emballez, c'est pesé !**

POUR 3-4 | € | V

1 c. à soupe d'huile
1 oignon moyen haché fin
1 gousse d'ail écrasée
1 boîte de tomates (500 g)
600 ml de bouillon de légumes
1 c. à soupe de concentré de tomates
35 g de pain (sans la croûte)
Feuilles de basilic frais ou pincée d'origan
Sel, poivre noir

**Servir avec (facultatif) :**
Un poivron rouge ou un concombre coupés en petits dés, un œuf dur, des croûtons, du basilic déchiré à la main.

**1.** Chauffe l'huile dans une casserole. Ajoute l'ail et l'oignon. Fais fondre doucement pendant 5 minutes, sans laisser colorer. Émiette le pain et ajoute-le avec tous les ingrédients restants. Porte à ébullition 1 minute.
**2.** Baisse le feu. Laisse mijoter 20 minutes à feu doux. Goûte et rectifie l'assaisonnement.
**3.** Passe au mixeur, ou laisse comme ça. Réchauffe doucement.
**4.** Sers les dés de poivrons, les croûtons, et les autres garnitures avec la soupe ou à part, joliment disposés dans des assiettes.

POURQUOI PAS
* Fais de la soupe Bloody Mary : ajoute en remuant un peu de vodka et un trait de sauce Worcester.
* Ajoute en remuant du pesto acheté ou fait maison (page 89).
* Mets quelques dés de fromage pour avoir ta dose de protéines et de calcium.

POUR 3-4 | € | V OPTION

# Soupe de pâtes et de haricots pour les fins de mois

**Super pour nettoyer les placards. Utilise les pâtes cassées qui se planquent au fond des paquets pour cette soupe légère mais nourrissante. Si tu y mets les herbes que tu fais pousser sur ton balcon, elle sera encore plus économique.**

1 belle tomate
1 branche de céleri taillée émincée finement
1 carotte taillée en petits dés
2 pommes de terre en dés
2 c. à soupe d'huile d'olive
3 belles gousses d'ail
1 échalote ou un oignon
1 pincée de poudre de piment
1,2 litre de bouillon de volaille ou de légumes
1 poignée de pâtes mélangées (spaghetti, tagliatelle, macaroni, penne, morceaux de lasagne...)
1 boîte de 500 g de haricots blancs
Un peu de jus de citron
Poivre noir
Persil frais
Parmesan ou gruyère râpé

**1.** Pour peler la tomate : entaille-la en croix à l'aide d'un couteau, mets-la dans un saladier et recouvre d'eau bouillante. Attends 1 ou 2 minutes, égoutte, et enlève la peau. Coupe en deux. Ôte les pépins. Hache la pulpe.
**2.** Nettoie les légumes et coupe-les en tout petits dés.
**3.** Chauffe l'huile dans une casserole. Fais fondre l'ail et l'échalote à feu très doux sans laisser colorer. Mets le céleri, la carotte, les pommes de terre, la pulpe de tomate, le piment. Ajoute le bouillon. Laisse mijoter 10 minutes.
**4.** Ajoute une poignée de pâtes et de haricots. Fais-les cuire al dente. Ajoute le jus de citron, le poivre, les herbes. Goûte. Sers avec du fromage râpé et du pain à l'ail (page 206).

POURQUOI PAS

- Prends des petits haricots blancs.
- Achète-les secs pour faire des économies (voir page 7).

# Soupe olé ! (chorizo-pommes de terre)

**Qui a dit que la soupe, ça ne nourrissait pas son homme ? Cette soupe de voyou constitue un repas à elle toute seule. Le chorizo piquant réchauffe et donne un coup de fouet. La pomme de terre et les légumes diffusent leurs arômes peu à peu…**

**1.** Dans une casserole de taille moyenne, fais revenir doucement le chorizo dans un peu d'huile. Pas plus de 2 ou 3 minutes. Retire-le et réserve.
**2.** Garde cette casserole, et mets-y l'ail et l'oignon avec un peu de sel. Fais fondre doucement 5 à 10 minutes, sans laisser colorer. Ajoute les pommes de terre et mets assez d'eau pour les couvrir (sans les noyer !). Augmente le feu et porte à ébullition pendant 30 secondes.
**3.** Baisse le feu. Cuis le tout à feu très doux pendant 10 minutes.
**4.** Mets le chou, le chorizo, les tomates égouttées et rajoute juste ce qu'il faut d'eau pour couvrir le tout. Laisse mijoter tout doucement pendant 15 minutes, jusqu'à ce que les pommes de terre soient bien tendres et le bouillon bien parfumé.
**5.** Ajoute un peu d'eau si nécessaire. Goûte et rectifie l'assaisonnement.

POURQUOI PAS

* Ajoute quelques haricots blancs ou pois chiches.
* Arrose d'un filet d'huile d'olive.
* Ajoute une pincée de paprika fumé et de persil haché.

POUR 3-4

€€

110 g de chorizo pelé et coupé en rondelles
Filet d'huile d'olive
1 gros oignon haché menu
2 ou 3 gousses d'ail écrasées
2 grosses pommes de terre farineuses pelées et coupées en petits morceaux
Eau
4 ou 5 feuilles de chou taillées en fines lanières
1 boîte de tomates olivettes égouttées
Sel, poivre noir

# PÂTES ET PIZZAS

Transforme le plat étudiant par excellence en un instant de gloire. Les pâtes sont bon marché, faciles à préparer et ces sauces de bac boy vont en réveiller le goût. Quant aux pizzas à ma façon, elles sont plus rapides, meilleures pour la santé et moins chères que celles à emporter.

# LA CUISSON DES PÂTES

**1**. Achète des pâtes sèches, moins chères que les fraîches, elles se conservent un an. Calcule la quantité nécessaire (compte environ 110 g par personne).

**2**. Fais bouillir un grand volume d'eau avec 1 c. à café de sel dans un faitout de bonne taille. Quand l'eau bout furieusement, jette-les dedans. Remue bien…

**3**. Fais cuire tes pâtes en respectant le temps indiqué mais goûte-les un peu avant la fin de la cuisson. Croque dedans : à toi de voir si tu les préfères al dente – légèrement fermes – ou un peu plus tendres. Ne les laisse jamais cuire trop longtemps ! Égoutte-les.

**4**. Sers-les avec une sauce chaude ou froide (en salade), ou incorpore-les immédiatement dans une recette (évite de les laisser refroidir, elles perdraient une partie de leurs qualités !). Si tu as du rab, ajoute quelques gouttes d'huile, remue bien et mets au frais. Tu pourras les incorporer dans des frittatas ou dans un gratin à la bolognaise (page 97), ou encore les enrober de sauce tomate (page 83).

POUR 2 · € · V · EXPRESS

220 g de linguine ou spaghettis
50 g de parmesan
½ c. à café de poivre noir
Un peu d'eau de cuisson
Sel

## Pâtes ric-rac au poivre et au fromage

Impossible de faire plus simple et plus savoureux en même temps. Les pâtes sont une excellente source de glucides complexes, à consommer avant un effort sportif (pour ne pas avoir de coup de barre !) et après (pour reconstituer les réserves entamées…).

**1.** Fais cuire les pâtes (voir ci-dessus).
**2.** Écrase grossièrement le poivre ou achète-le déjà concassé !
**3.** Égoutte les pâtes mais ne jette pas toute l'eau. Remets-les dans la casserole. Ajoute le fromage, le poivre, un peu d'eau de cuisson (ou d'huile d'olive). Remue bien avant de servir.

POURQUOI PAS

* Ajoute un peu de crème fraîche, de moutarde, de petits pois, de bacon croustillant.
* Pas de poivre. Mets un peu plus de fromage râpé et une noix de beurre.

# Pâtes de survie à la tomate (avec ou sans vodka)

**Une recette basique pour étudiants. Elle a évolué au fil des années de fac de mon frère et de mes sœurs. Se prête à de multiples et exquises variations. Tu peux même y ajouter une goutte de vodka si tes potes en ont laissé !**

POUR 3-4 · € · V

**Sauce tomate de base :**
2 c. à soupe d'huile d'olive
1 oignon moyen finement ciselé
2 gousses d'ail écrasées ou ciselées
Pincée de sel
2 boîtes de 400 g de tomates en dés
Pincée de sucre
Sel de mer et poivre noir
Un filet de jus de citron
Basilic, thym ou origan, frais ou séchés (facultatif)
Vodka (facultatif)

350 g de penne
Beurre ou huile (en plus)
Parmesan ou gruyère fraîchement râpé (facultatif)
Pesto (facultatif)

**1.** Fais la sauce : chauffe doucement l'huile dans une casserole. Ajoute en remuant l'ail, l'oignon et le sel. Attendris 5 à 10 minutes à feu doux sans laisser colorer.

**2.** Ajoute en remuant les tomates et le sucre. Laisse cuire à feu très doux pendant 15 à 20 minutes. Touille de temps en temps. Sale et poivre, goûte et affine en ajoutant du citron, des herbes, de la vodka si tu aimes. Laisse refroidir la sauce pour plus tard ou utilise-la sans plus attendre.

**3.** Entre-temps, fais cuire les pâtes. Égoutte-les, remets-les dans la casserole et ajoute un peu de beurre ou d'huile et éventuellement de la vodka, si tu ne l'as pas mise dans la sauce.

**4.** Verse la sauce sur les pâtes et mélange bien. Ou ne mélange pas ! Ou alors répartis dans des petits plats garnis de fromage et de pesto et fais gratiner au four.

POURQUOI PAS

* Mixe la sauce au blender pour obtenir une version plus liquide.
* Petite touche de luxe : ajoute en remuant 2 c. à soupe de crème épaisse, de mascarpone ou de fromage frais à l'étape 3.
* Laisse tomber l'oignon. Utilisé seul, l'ail donne une saveur plus douce.
* À l'étape 1, hache du bacon et du piment pour des pâtes qui déménagent !
* Ajoute 1 ou 2 poivrons rouges ou oranges épépinés et hachés à l'étape 1.
* À l'étape 1, râpe un peu de gingembre frais pour rehausser la saveur.
* Coupe un morceau de mozzarella en dés et ajoute à la sauce fumante juste au moment de servir.
* Fais un gratin. Superpose des restes de pâtes, de la sauce, du fromage râpé, des tranches d'aubergine frites. Saupoudre de fromage râpé ou nappe de sauce au fromage (page 90). Enfourne ½ heure à 200 °C.

POUR 2 | € | EXPRESS

250 g de spaghettis normaux ou complets
2 ou 3 c. à soupe d'huile d'olive
3 gousses d'ail émincées
50 g d'anchois en boîte, égouttés et hachés
½ piment séché émietté
Un peu de zeste de citron (facultatif)
Persil haché menu (facultatif)
Poivre noir

# Ose les anchois

**C'est une sauce qui a du chien ! Des anchois qu'on fait fondre dans de l'huile relevée d'ail et de piment pour donner du tonus à des pâtes un peu tristounettes.**

**1.** Fais cuire les pâtes. Quatre minutes avant qu'elles soient prêtes, chauffe l'huile à feu doux dans une petite poêle. Ajoute l'ail. Remue et attendris sans laisser colorer.

**2.** Ajoute les anchois, le piment, le citron, le persil et le poivre. Fais fondre le tout en remuant (ça ne doit pas bouillir !).

**3.** Verse sur les pâtes égouttées. Mélange bien. Régale-toi !

POURQUOI PAS

✱ Ose le piment : à l'étape 2, mets 1 ou 2 piments épépinés et hachés menu à la place des anchois.

# Sauce froide pour pâtes chaudes

**Plat parfait pour déjeuner en terrasse ou sur le balcon. Assieds-toi au soleil, mets de la musique, sors les bières et fais travailler tes mandibules. Simplissime…**

POUR 2 · € · V · EXPRESS

2 poignées de tomates (cerises, en grappe, etc.)
250 g de spaghettis ou de penne

**Pour la marinade :**
2 c. à soupe d'huile d'olive vierge extra
Un peu de vinaigre balsamique ou de vin blanc
1 pincée de sucre
Sel, poivre noir
Basilic frais
Olives noires

**1.** Coupe les tomates en deux. Retire les pépins à l'aide d'une cuillère. Hache grossièrement la pulpe. Tomates cerises : coupe-les en deux.
**2.** Mélange les ingrédients de la marinade. Verse sur les tomates.
**3.** Fais cuire les pâtes et égoutte-les. Remets-les dans la casserole. Répands la sauce dessus. Sers dans des assiettes et ne te retiens surtout pas !

POURQUOI PAS
* Mets un peu d'échalote émincée, d'oignon rouge, d'ail haché dans la sauce.
* Ajoute une boîte de thon ou des haricots égouttés, ou de l'oignon rouge ciselé.
* Prépare des bébés croûtons pour une texture plus croustillante.

# Salade de pâtes customisable

**C'est juste un « kit de démarrage » auquel ajouter tes ingrédients de prédilection (ou ce que tu as dans ton frigo). Réalise tes propres compositions – en testant la compatibilité des différents ingrédients. Mais, le plus souvent, mieux vaut ne pas trop en rajouter…**

POUR 2 · €€ · V OPTION · EXPRESS

175 g de penne ou autres
3 c. à soupe de ma sauce pêchue (page 211) ou de pesto (page 89)
2 ou 3 tomates concassées ou une poignée de tomates cerises
Un peu de concombre haché
Un peu d'oignon rouge pelé et taillé en rondelles
Quelques olives noires
Persil, coriandre ou basilic
Sel, poivre noir

**1.** Mets les pâtes à cuire. Prépare la sauce, puis les autres ingrédients.
**2.** Égoutte les pâtes. Verse-les dans un saladier, mets la sauce ou le pesto.
**3.** Laisse refroidir un peu. Ajoute tes petits trucs perso et remue bien. À table !

POURQUOI PAS
* Tu peux manger ce plat en accompagnement ou en plat principal, en ajoutant un ou plusieurs des ingrédients suivants :

* des cubes de fromage
* de l'halloumi grillé (page 124)
* de la feta
* des poivrons au four (page 210)
* un œuf dur (page 59)
* du thon (frais ou en boîte)
* du jambon
* des morceaux de bacon ou de pancetta croustillants
* des haricots verts cuits
* des haricots blancs ou des pois chiches
* du chorizo
* salami
* du poulet cuit
* des pommes de terre grenaille
* des épinards
* du cresson
* des tomates séchées
* des croûtons (page 203)

POUR 1 · € · V · EXPRESS

- 110 g de tagliatelles, de pappardelles ou de spaghettis
- 1 c. à soupe d'huile d'olive
- 1 c. à café de beurre
- 1 gousse d'ail finement émincée
- 1 ou 2 gros œufs
- Paillettes de piments rouges séchés ou un trait de sauce piquante (Tabasco ou autre)
- Sel, poivre noir
- Parmesan ou gruyère fraîchement râpé
- Fines herbes du balcon

# Œuf à l'ail sur pâtes aïe aïe aïe

**Soirée au pub ? Clubbing ? Examens à réviser une partie de la nuit ? Ce joli casse-croûte t'aidera à tenir le coup. Ne zappe pas le piment : c'est lui qui donne à cette recette toute sa personnalité.**

**1.** Mets les pâtes à cuire. Quatre minutes avant qu'elles soient prêtes, fais chauffer l'huile et le beurre dans une petite poêle. Ajoute l'ail en remuant. Attendris sans laisser colorer.

**2.** Casse l'œuf dans la poêle. Fais-le frire 2 minutes. Récupère l'huile aillée et répands-la sur le jaune à l'aide d'une spatule.

**3.** Égoutte les pâtes. Remets-les dans la casserole en ajoutant le piment, le fromage, le sel et le poivre, les herbes. Sers sur les assiettes. Dispose l'œuf sur le dessus, arrosé d'un peu d'huile aillée. Encore un peu de piment. C'est prêt !

# Spaghettis malins au thon...

**Un plat vite fait à partir d'ingrédients du placard, mais néanmoins vivant, plein de saveurs et bien équilibré. Tu vas adorer...**

POUR 3 | € | EXPRESS

350 g de spaghettis ou linguine
185 g de thon en boîte
3 c. à soupe de concentré de tomates
2 ou 3 c. à soupe d'eau
1 gousse d'ail
2 ou 3 c. à soupe d'huile d'olive
1 piment rouge épépiné et haché menu (ou 1 pincée de paillettes de piment)

**Ingrédients facultatifs :**
Persil ou basilic frais
2 c. à café de câpres égouttées
Olives noires hâchées

1. Mets les pâtes à cuire.
2. Mélange le thon, la purée de tomates et l'eau dans un saladier.
3. Écrase l'ail avec le plat d'un couteau jusqu'à ce que la peau se décolle.
4. Chauffe l'huile dans une petite poêle. Fais-y revenir l'ail jusqu'à ce qu'il soit doré, puis jette-le (c'est juste pour parfumer). Ajoute en remuant le mélange thon plus piment.
5. Fais cuire sans cesser de remuer 10 minutes à feu très doux. Rajoute un peu d'eau ou d'huile si nécessaire. Réchauffe les autres ingrédients si tu en mets. Goûte et rectifie. Mélange avec les pâtes égouttées.

# Spaghettis frondeurs aux moules

**N'aie pas peur de ce plat (ni de faire cuire des moules). Ce n'est vraiment pas sorcier ! En revanche, ces saveurs audacieuses sont dignes d'une cuisine de pro...**

POUR 2 | €€ | EXPRESS

250 g de spaghettis ou linguine
20 moules parées (page 172)
Huile ou beurre
1 petit oignon
2 ou 3 gousses d'ail émincées
1 verre de vin blanc
Persil haché

1. Trie et nettoie les moules (page 172). Mets les pâtes à cuire.
2. Fais fondre le beurre et l'huile dans une grande cocotte.
3. Fais revenir rapidement l'ail et l'oignon en remuant, sans laisser colorer.
4. Ajoute le vin. Couvre et porte à ébullition 2 à 3 minutes.
5. Jette les moules dans la cocotte. Remets le couvercle. Porte à ébullition durant 4 à 5 minutes, jusqu'à ce que les coquilles soient bien ouvertes. Secoue la casserole pour qu'elles cuisent toutes. Ne laisse pas trop longtemps sur le feu. Élimine toutes les coquilles fermées ou abîmées.
6. Égoutte les pâtes. Remets-les dans la casserole. Mets les moules, le jus et le persil dessus. Mange avec du pain que tu tremperas dans le jus !

POUR 1 · € · V

4 ou 5 petites pommes de terre
1 ou 2 nids de tagliatelles
1 poignée de haricots verts fins équeutés (frais)
Un peu de pesto maison (page 89) ou acheté
Sel, poivre noir

**Pour la chapelure aillée :**
1 tranche de pain blanc (sans la croûte), frais ou rassis
1 gousse d'ail écrasée
1 noix de beurre
Parmesan ou équivalent végétarien (facultatif)

# Pâtes à l'ail croustillant et légumes en vrac

**Dans cette super recette, pâtes et légumes cuisent dans le même récipient : ça fait moins de vaisselle, c'est toujours appréciable. La chapelure aillée confère à ce plat une texture extraordinaire. Les Italiens ont inventé cette astuce pour économiser sur le parmesan. À toi de voir ce que tu préfères.**

**1.** Fais cuire les pommes de terre dans une grande casserole d'eau bouillante légèrement salée.
**2.** Entre-temps, réduis le pain en chapelure à l'aide d'un mixeur.
**3.** Fais fondre le beurre dans une poêle. Ajoute l'ail et la chapelure. Fais rissoler à feu doux en remuant jusqu'à ce que ce soit bien croustillant. Retire du feu.
**4.** Quand les pommes de terre sont juste tendres (vérifie avec la pointe d'un couteau), ajoute les pâtes dans la casserole. Enfin, 3 minutes avant que ces dernières soient prêtes, mets les haricots.
**5.** Égoutte bien le contenu de la casserole puis remets-le dedans. Poivre. Ajoute en remuant 1 à 2 c. à café de pesto. Sers saupoudré de chapelure, et mets du fromage râpé sur la table pour ceux qui ne se refusent rien !

# Gratin de pâtes fromage-moutarde

**OK, je ne mangerais pas ça tous les jours mais, de temps en temps, j'en ai vraiment furieusement envie. Pense luxe, glandouille et volupté…**

POUR 2 | € | V

175 g de penne
Un peu d'huile d'olive
10 g de beurre
1 gousse d'ail coupée en deux
200 g de crème fraîche
½ c. à café de moutarde (lisse ou en grains)
50 g de gruyère ou de comté râpés
Sel, poivre noir
10 g de chapelure (voir ci-contre)

1. Fais cuire les pâtes. Préchauffe le four à 200 °C.
2. Égoutte les penne. Mets-les dans un saladier, additionnées de quelques gouttes d'huile d'olive.
3. Beurre un plat. Frotte l'intérieur avec l'ail. Répartis les penne sur une faible épaisseur.
4. Mélange la crème fraîche, la moutarde, le fromage, le sel et le poivre. Verse cette préparation sur les penne. Saupoudre de chapelure. Ajoute quelques petits morceaux de beurre.
5. Fais gratiner 10 à 15 minutes au four. Ou passe sous le gril pas trop chaud.

# Pesto maison (à tomber par terre)

**Le parfum, la saveur et l'aspect de cette petite sauce aux fines herbes sont fantastiques. Fais pousser tes propres herbes sur le balcon ou sur le rebord de la fenêtre : ça ne coûte rien et c'est très utile. Il se marie avec tout !**

POUR 1 JAR | €€ | V | EXPRESS

100 g de basilic frais
150 ml d'huile d'olive
25 g de pignons (facultatif)
2 belles gousses d'ail
50 g de parmesan ou d'équivalent végétarien, râpé

1. Mélange le basilic, l'huile, l'ail et les pignons dans un robot ou à l'aide d'un mixeur, ou écrase-les dans un mortier avec un pilon.
2. Ajoute le fromage et mets au frais. Incorpore dans des pâtes cuites.

POURQUOI PAS

* Fais du pesto à la coriandre.
* Mélanges-en à de la purée, des pommes de terre au four, de la soupe à la tomate, des salades de riz ou de pâtes. Mets-en plein sur des fusillis, prépare un peu de salade ou quelques crudités : ça te fera une super boîte-repas.
* Tartines-en des fonds de tarte.
* Badigeonnes-en du poulet ou du poisson à chair blanche.
* Se conserve 1 semaine au frigo.

POUR 2-3 € V

1 c. à café d'huile
225 g de macaronis
50 g de beurre
50 g de farine
600 ml de lait demi-écrémé
200 g de fromage râpé (gruyère ou comté)
1 c. à café de moutarde
1 c. à soupe de jus de citron
Sel, poivre noir
Un peu de fromage pour gratiner

# Bons vieux macaronis au fromage

**Ici, c'est la sauce au fromage qui prime. Apprends à bien la réussir, et tu maîtriseras des dizaines d'autres plats.**

**1.** Fais cuire les macaronis 15 minutes (al dente) ou prolonge un peu la cuisson si tu les aimes plus tendres. Égoutte. Préchauffe le four à 200 °C.
**2.** Pour la sauce au fromage : fais fondre le beurre dans une casserole. Verse la farine. À feu doux, remue à l'aide d'une cuillère en bois pour obtenir un roux, un mélange un peu épais qui servira à lier la sauce. Veille à ne pas le laisser brûler. Remue encore pendant 2 minutes. Retire du feu.
**3.** Incorpore le lait à ce roux en mélangeant jusqu'à consistance lisse. Si ça fait des grumeaux, filtre à travers un tamis ou passe au mixeur.
**4.** Remets la casserole sur feu doux, sans cesser de remuer, jusqu'à ce que le mélange épaississe et bouillonne. Rajoute un peu de lait si ça te paraît nécessaire. Baisse le feu.

**5.** Fais cuire la sauce à feu doux pendant 5 à 10 minutes. Incorpore en battant vigoureusement le fromage, la moutarde, le jus de citron, le sel et le poivre. Goûte et rectifie.
**6.** Enrobe les pâtes de cette sauce. Verse le tout dans un plat beurré. Parsème de fromage râpé et enfourne pour 20 à 30 minutes.

POURQUOI PAS

* Saupoudre de 2 c. à soupe de chapelure fraîche ou arrose de beurre à l'ail.
* Tapisse le fond du plat d'épinards cuits et égouttés, puis recouvre de macaronis au fromage.
* Ajoute du jambon ou du bacon hachés, des champignons cuits ou un oignon.
* Remplace les macaronis par des penne.
* Mets du chou-fleur ou du brocoli bouillis ou étuvés à la place des pâtes.

# Orecchiette et brocoli croquant

**Une chapelure aillée croquante rissolée dans du beurre se niche dans de minuscules oreilles et s'acoquine avec du brocoli aux multiples vertus. Une association très réussie…**

POUR 2 | €€ | V | EXPRESS

- 1 c. à café d'huile
- 175 g d'orecchiette (pâtes)
- 2 gousses d'ail écrasées
- 4 c. à soupe de chapelure
- 175 g de fleurettes de brocoli
- 2 ou 3 c. à soupe d'huile d'olive ou mélange huile + beurre
- Un peu de zeste de citron râpé (facultatif)
- Sel, poivre noir
- 1 poignée de parmesan ou de gruyère fraîchement râpé

**1.** Mets les pâtes à cuire. Prépare la chapelure aillée (page 88) et fais-la rissoler dans du beurre.

**2.** Ébouillante le brocoli 4 à 5 minutes avant que les pâtes soient prêtes, de façon à l'attendrir légèrement (il doit garder sa couleur et sa fermeté). Égoutte.

**3.** Égoutte les pâtes. Remets-les dans la casserole chaude. Ajoute le brocoli, un peu plus de beurre et d'huile, le zeste de citron, le sel et le poivre, les 3/4 de la chapelure croustillante. Remue bien.

**4.** Répartis dans des bols. Saupoudre avec le reste de chapelure et le fromage.

POURQUOI PAS

* Ajoute un peu de bacon croustillant ou de feta émiettée, une ou deux cuillerées de crème fraîche.

POUR 2 €€

4 saucisses d'excellente qualité
175 g de penne
10 g de beurre
150 ml de crème fraîche (allégée ou pas) ou de crème aigre
Sel, poivre noir
2 c. à café de moutarde (lisse ou en grains)
50 à 75 g de parmesan râpé
Persil, coriandre, sauge ou estragon frais hachés menu (facultatif)

# Penne à la crème et à la saucisse

**Tout le monde meurt de faim et c'est toi qui fais à manger aujourd'hui ? Essaie ce truc pour subjuguer et rassasier tes potes. C'est du solide, très bien pour l'hiver.**

**1.** Préchauffe le four à 220 °C. Dispose les saucisses sur une plaque de cuisson. Enfourne 15 à 20 minutes, retourne-les à mi-cuisson (tu peux aussi les faire cuire à la poêle sur feu doux). Coupe-les en rondelles.
**2.** Entre-temps, fais cuire les pâtes et égoutte-les. Garde 2 c. à soupe d'eau de cuisson.
**3.** Remets les pâtes dans la casserole chaude avec la crème, le beurre, la moutarde, le poivre. Remue le tout à feu très doux pour réchauffer. Ajoute les rondelles de saucisse, la moitié du fromage, les herbes, l'eau de cuisson si c'est trop sec. Répartis dans des bols et saupoudre avec le fromage restant.

POURQUOI PAS

* Épluche du chorizo et fais revenir sur feu doux. En remplacement des bonnes vieilles saucisses…
* Fais griller 2 ou 3 gros champignons de Paris avec de l'huile, de l'ail et des herbes. Coupe-les en rondelles et mets-les dans la sauce à la place des saucisses.

# Pâtes charcutières du tonnerre

**Pour tous ceux qui ont un solide appétit ! La fragmentation des saucisses et l'association avec du fenouil en font un plat très original. À servir avec du pain complet à l'ail et une salade croquante arrosée de vinaigrette.**

**1.** Dans une grande poêle, fais revenir l'ail, l'oignon, le piment et les graines de fenouil 5 minutes à feu doux, jusqu'à ce que l'oignon soit tendre.

**2.** Enlève la peau des saucisses. Émiette la chair et fais-la dorer à feu vif avec l'oignon. Ajoute les champignons.

**3.** Baisse le feu. Fais cuire en remuant pendant 5 à 10 minutes.

**4.** Augmente le feu. Mets le vin, l'eau ou le bouillon. Fais bouillir 3 minutes.

**5.** Ajoute les tomates, la purée, le sucre, le jus de citron, les herbes. Porte à ébullition.

**6.** Baisse le feu. Laisse cuire doucement 15 à 20 minutes.

**7.** Fais cuire les pâtes. Égoutte-les. Remets-les dans la casserole en ajoutant un peu de beurre ou d'huile. Incorpore le ragoût à la saucisse ou répands-le sur les pâtes directement dans les assiettes. Saupoudre de fromage râpé.

POURQUOI PAS

* Utilise les restes de sauce pour napper des pommes de terre au four.
* Farcis-en des crêpes, parsème de fromage râpé et fais gratiner (page 65).

POUR 4 €€

- 1 c. à soupe d'huile d'olive
- 1 oignon moyen haché menu
- 3 gousses d'ail pelées et écrasées
- 1 petit piment rouge épépiné et haché menu (ou 1 pincée de paillettes de piment)
- ½ c. à café de graines de fenouil
- 6 saucisses italiennes épicées ou autres (pur porc)
- 225 g de champignons bruns hachés grossièrement
- 150 ml de vin, d'eau ou de bouillon
- 1 boîte de tomates en dés (400 g)
- 1 c. à café de purée de tomates
- 1 pincée de sucre
- Jus de citron
- Un peu de persil, de thym ou de basilic frais hachés menu
- 350 g de tagliatelles, de penne ou d'autres pâtes
- Parmesan ou gruyère râpé

POUR 2 | €€ | EXPRESS

- 225 g de spaghettis, de linguine ou de penne
- 225 g d'excellent bacon (filet ou entrelardé) coupé en bouchées
- 2 c. à café d'huile d'olive
- 2 ou 3 gros œufs
- Des tonnes de parmesan râpé
- Sel, poivre noir
- Un peu de beurre
- 1 gousse d'ail écrasée

# Petit déjeuner aux pâtes carbonara

**Regarde comme la sauce adhère aux pâtes fumantes. Fais-la bien crémeuse, ne la laisse pas se brouiller ! Tu peux mettre des filets de harengs fumés ou de la pancetta à la place du bacon, ou bien ajouter des petits pois et un peu de crème fraîche. Réalise ta propre version – éclate-toi !**

**1.** Mets les pâtes à cuire. Entre-temps, chauffe l'huile dans une poêle.
**2.** Fais frire le bacon jusqu'à ce qu'il croustille. Retire du feu et réserve au chaud.
**3.** Bats les œufs, la moitié du parmesan, le poivre et le sel dans un bol.
**4.** Égoutte les pâtes. Remets-les dans la casserole chaude. Ajoute le bacon, un peu de beurre, l'ail écrasé, puis verse les œufs battus et mélange bien.
**5.** Remets la casserole à chauffer à feu doux pendant quelques secondes. Remue pour bien enrober les pâtes et les réchauffer dans la sauce – veille à ne pas la laisser retomber. Rajoute plein de fromage. Miam…

# Tagliatelles citron-fromage-épinards

**Les pâtes favorisent la production d'hormones de bien-être. Elles sont donc particulièrement indiquées en période de stress intense (examen, peine de cœur ou autre !). Marie-les avec du citron et des épinards, aliments aux saveurs contrastées et aux nombreux atouts nutritionnels.**

POUR 2 | € | V | EXPRESS

175 g de tagliatelles ou de spaghettis
1 citron
1 ou 2 c. à soupe de crème fraîche
Sel et poivre
Quelques pousses d'épinards
Parmesan râpé

**1.** Mets les pâtes à cuire. Râpe le zeste du citron dans un bol. Mélange avec la crème fraîche, le sel et le poivre.
**2.** Égoutte bien les pâtes. Remets-les dans la casserole chaude avec les épinards (pour les flétrir) et ajoute un peu de parmesan.
**3.** Complète la sauce à la crème fraîche avec du jus de citron, puis enrobes-en les pâtes chaudes. Sers dans des bols saupoudrés de parmesan.

POUR 4 €€

400 g de spaghettis

**Pour les boulettes de viande :**

1 tranche épaisse de pain blanc (sans la croûte)

2 ou 3 c. à soupe de lait

450 g de bonne viande hachée (bœuf, porc, agneau ou mélangé)

2 ou 3 gousses d'ail écrasées

1 petit oignon haché menu ou râpé

1 c. à soupe de persil, de coriandre ou de thym frais, ou 2 pincées d'herbes séchées

Zeste de citron (facultatif)

Cubes de gruyère ou de mozzarella (facultatif)

Farine avec du sel et du poivre noir

Huile d'olive ou de tournesol pour la cuisson

**Pour la sauce :**

Sauce tomate (page 83)

**Pour saupoudrer :**

Parmesan ou gruyère fraîchement râpé

# Spaghettis, boulettes et sauce tomate

## Invite tes potes à regarder un match et prépare-leur ça. Quand l'odeur leur titillera les narines, tu ne pourras plus les retenir…

**1.** Prépare la farce pour les boulettes. Fais tremper le pain dans du lait (5 minutes), puis essore-le bien. À l'aide d'une fourchette, mélange-le avec la viande, l'ail, l'oignon, le sel et le poivre, les herbes et le zeste de citron. Mets au frais, le temps que les saveurs se développent.

**2.** Fais la sauce tomate (page 83). Réserve.

**3.** Sors la farce du frigo et façonne des boulettes de la taille d'une balle de golf, ou forme des espèces de galettes si tu les farcis. Dans ce cas, dépose un cube de fromage au milieu, puis replie les bords et scelle-les en pinçant avec les doigts. Roule dans la farine salée et poivrée. Réserve.

**4.** Mets les pâtes à cuire.

**5.** Entre-temps, fais dorer les boulettes dans l'huile à feu doux, en les retournant fréquemment. Ou mets-les dans la sauce tomate et fais-les cuire doucement dans une casserole couverte.

**6.** Dispose la sauce chaude et les boulettes sur les spaghettis. Saupoudre de parmesan. Déguste avec une salade verte.

POURQUOI PAS

✱ Ajoute un peu de cannelle à la sauce tomate et à la farce.

✱ Incorpore du gingembre râpé et de la coriandre dans la farce.

✱ Fais un pain de viande : mets la farce des boulettes dans un petit moule à cake graissé ou tapissé de papier alu. Enfourne à 190 °C pendant 60 à 75 minutes. Déguste ce plat chaud nappé de sauce tomate ou froid, accompagné d'une salade et de pommes de terre au four.

# Spaghettis bolognaise

**Cette sauce doit obligatoirement figurer à ton répertoire. Associée à des spaghettis, c'est vraiment LE plat idéal pour étudiants. Fais-la avec des ingrédients de première qualité, assaisonne-la bien. La bolognaise révélera toute sa saveur si tu prends ton temps.**

**1.** Fais revenir le bacon dans de l'huile, 2 ou 3 minutes à feu doux. Ajoute l'oignon, la carotte, l'ail, le laurier.

**2.** Fais cuire 5 minutes, jusqu'à ce que l'oignon soit tendre mais non coloré.

**3.** Mets la viande hachée. Fais-la dorer à feu plus vif pendant 4 ou 5 minutes, en l'émiettant avec une cuillère en bois.

**4.** Ajoute le vin, l'eau ou le bouillon, les herbes, la purée de tomates, le jus de citron, le sucre, le poivre. Porte à ébullition en remuant pendant 2 minutes. Baisse le feu au minimum.

**5.** Laisse mijoter 30 à 40 minutes à couvert, en remuant et en goûtant de temps en temps. Rectifie l'assaisonnement au fur et à mesure. Rajoute de l'eau (pour allonger) ou de la purée de tomates (pour épaissir).

**6.** Entre-temps, fais cuire les pâtes et égoutte-les (mets l'eau à chauffer 20 minutes avant que la sauce soit prête). Remets-les dans la casserole en ajoutant un peu d'huile ou de beurre. Mélange la sauce avec les pâtes ou dépose-la dessus à l'aide d'une cuillère. Sers avec du parmesan ou du gruyère râpé.

POURQUOI PAS

* Force sur la tomate : remplace le bouillon par une boîte de tomates en dés ou de passata.
* Mélange la bolognaise avec du riz cuit, puis farcis-en des aubergines, des tomates (page 191) ou des poivrons (page 190) et mets au four.
* Sers les restes de sauce réchauffés sur de la purée, des pommes de terre au four ou des crêpes.
* Fais un gratin : répands la bolognaise sur des restes de pâtes cuites, nappe de sauce au fromage (page 90) ou de yaourt mélangé à 2 œufs battus, parsème de 225 g de gruyère râpé et enfourne 30 à 40 minutes à 180 °C.
* Remplis-en de grosses pâtes coquillages cuites, pose sur une couche de sauce tomate (page 83), saupoudre de fromage râpé ou nappe de sauce au fromage. Enfourne ½ heure à 200 °C.

POUR 4 €€

**Pour la sauce bolognaise :**

3 ou 4 tranches de bacon ou de pancetta hachés menu
1 ou 2 c. à soupe d'huile d'olive
1 oignon haché menu
1 carotte râpée
3 gousses d'ail écrasées
1 feuille de laurier
450 g de steak haché
150 ml de vin rouge
100 ml d'eau ou de bouillon de volaille ou de légumes
Thym, origan ou persil frais ou séchés
3 c. à soupe de purée de tomates
Jus de citron
½ c. à café de sucre
Sel, poivre noir

350 g de spaghettis ou de tagliatelles
Parmesan ou gruyère râpé

POUR 6-8 €€€

- Sauce bolognaise (page 97)
- Sauce au fromage (page 90)
- 9 à 12 feuilles de lasagnes (fraîches, sèches, précuites ou non)
- Un peu de fromage (gruyère, parmesan, mozzarella) pour gratiner

# Lasagnes haut de gamme

**Des couches d'une exquise sauce à la viande séparées par des feuilles de pâte grandes comme des cartes postales, le tout surmonté d'une sauce fondante au fromage. Parfait avec du pain à l'ail (page 206). Un grand classique.**

**1.** Prépare la bolognaise (page 97), puis la sauce au fromage (page 90).
**2.** Si tes lasagnes ne sont pas précuites, fais-les tremper 10 minutes dans de l'eau froide. Égoutte-les.
**3.** Préchauffe le four à 200 °C. Graisse un plat à four ou à gratin rectangulaire d'au moins 5 cm de profondeur.
**4.** Prépare le gratin de lasagnes : répands un peu de bolognaise au fond du plat. Saupoudre d'un peu de fromage râpé. Couvre avec des feuilles de lasagnes (sans les superposer : casse-les si nécessaire). Verse un peu de sauce au fromage. Répète ces opérations. Termine par une couche de lasagnes et nappe généreusement de sauce au fromage. Parsème le dessus de fromage râpé.
**5.** Enfourne 40 minutes. Couvre d'une feuille d'alu pendant la première demi-heure. Laisse reposer 10 minutes avant de servir.

POURQUOI PAS

* Prépare-les quelques jours à l'avance pour une fête.
* Remplace la bolognaise par de la ratatouille aux légumes rôtis (page 185).
* Congèle.

# Lasagnes végétariennes

**Ne te gêne pas pour personnaliser cette version végétarienne raffinée. Mélange plusieurs variétés de pâtes (penne, macaronis, restes de spaghettis) et de légumes.**

POUR 6-8 | €€ | V

**Pour la sauce :**

Sauce tomate (page 83) additionnée d'un bel oignon et d'une boîte de 400 g de tomates en dés ou de tomates olivettes écrasées

**Pour la garniture :**

1 grosse poignée de feuilles d'épinards
2 pots de ricotta de 250 g
50 g de parmesan râpé
1 œuf
1 ou 2 belles gousses d'ail écrasées
Sel, poivre noir
Un peu de zeste de citron râpé (facultatif)
Un peu de basilic frais haché
1 pincée de noix muscade (facultatif)
Pâtes
9 à 12 feuilles de lasagnes

**Pour saupoudrer :**

225 g de mozzarella râpé
Parmesan râpé

**1.** Fais la sauce tomate (page 83) en ajoutant un oignon et des tomates.
**2.** Si tu prends des lasagnes non précuites, fais-les tremper 10 minutes dans de l'eau froide.
**3.** Jette les épinards dans une casserole avec un peu d'eau. Chauffe quelques secondes pour les flétrir. Égoutte-les dans une passoire en écrasant bien avec le dos d'une cuillère.
**4.** À l'aide d'une fourchette, mélange les épinards, la ricotta, le parmesan, l'œuf, l'ail, le sel et le poivre, le zeste de citron, le basilic, la muscade. Goûte et rectifie. Ajoute un peu de mozzarella râpée.
**5.** Préchauffe le four à 200 °C.
**6.** Graisse un plat à four ou à gratin d'au moins 5 cm d'épaisseur.
**7.** Confectionne ton gratin en alternant les couches : sauce tomate, feuilles de lasagnes (cassées au besoin, égouttées si elles ont trempé au préalable), épinards additionnés de fromage, mozzarella râpée. Répète l'opération à deux reprises.
**8.** Termine par une couche de pâtes. Parsème de mozzarella et de parmesan.
**9.** Fais cuire ½ heure au four, jusqu'à ce que ce soit bien doré. Laisse reposer 10 minutes avant de servir.

POURQUOI PAS

* Nappe de sauce au fromage (page 90) pour une finition plus crémeuse.
* Ajoute des couches de courgettes et d'aubergines grillées.
* Additionne la ricotta d'un peu de gruyère râpé ou de feta.

# LE SYSTÈME PIZZA

**1**. Prépare une pâte super facile. La technique de pétrissage est décrite page 11.

**2**. Avant de laisser lever, prélèves-en un morceau pour faire de la Turbopizza grillée.

**3**. Laisse lever le reste pour des pizzas des grands jours.

**4**. Prépare une plus grande quantité de pâte, ramasse-la en boule et congèle-la pour de futures urgences pizza. Perds du temps pour en gagner plus tard…

## Pâte à pizza irrésistible

**Une pâte à l'huile d'olive, exquise et facile à travailler.**

POUR 2-4 | € | V

450 g de farine panifiable blanche (type 55 ou 65)
1 c. à café de sel
1 c. à café de sucre en poudre
2 sachets de 7 g de levure sèche instantanée (type Briochin)
300 ml d'eau chaude
2 c. à soupe d'huile d'olive

**1.** Tamise la farine avec le sel dans un grand saladier. Ajoute le sucre, la levure, l'eau et l'huile. Amalgame à la main de façon à obtenir une pâte souple. Rajoute de l'eau si elle est trop sèche, de la farine si elle colle.
**2.** Pose-la sur une surface farinée, et malaxe-la 10 minutes (page 11) jusqu'à ce qu'elle soit bien lisse et élastique. Tu as un robot ? Allez hop, pétris pendant 8 minutes.
**3.** Mets la boule de pâte dans un saladier. Couvre avec un torchon. Laisse-la lever dans un endroit chaud : elle doit doubler de volume. Cela peut prendre 1 heure ou plus, vérifie de temps en temps.
**4.** Pétris de nouveau pendant 2 minutes. C'est bon ! Tu peux maintenant l'abaisser et la garnir d'à peu près tout ce qui te passe par la tête…

POURQUOI PAS

* Fais des « boules de pâte » : À l'étape 1, ajoute 3 gousses d'ail hachées et du romarin. Ramasse en boules à la fin de l'étape 4. Badigeonne avec du lait. Enfourne 15 minutes à 220 °C. Trempe dans du beurre à l'ail ou de la salsa.

## Turbopizza… pâte non levée cuite à la poêle !

**Option ultra rapide et croustillante. Légèrement carbonisée, genre pizza au feu de bois. Terriblement savoureuse.**

POUR 1 | € | V OPTION | EXPRESS

1 morceau de pâte à pizza
Huile d'olive pour la poêle à gril
2 ou 3 c. à soupe de sauce tomate (page 83) ou de tomates crues concassées avec de l'huile et de l'ail
Quelques olives noires
Quelques feuilles de basilic ou origan séché
Parmesan ou mozzarella coupée en lamelles
Jambon, salami ou pepperoni (facultatif)
Huile d'olive

**1.** Détache un morceau de pâte fraîchement pétrie (à la fin de l'étape 2).
**2.** Étale-la en un disque très fin sur une surface légèrement farinée.

**3.** Badigeonne la poêle d'huile à l'aide d'un pinceau. Quand elle est très chaude, dépose le fin disque de pâte dessus et fais-le cuire 1 minute. Pique-le avec la pointe d'un couteau s'il gonfle. Retourne et cuis encore 1 minute.

**4.** Étale un peu de sauce tomate aillée. Dispose les ingrédients dessus et arrose d'un filet d'huile d'olive.

**5.** Passe la pizza 1 à 2 minutes sous le gril préchauffé du four, jusqu'à ce qu'elle soit croustillante, parsemée de cloques brunes et qu'elle grésille.

# Pizzas des grands jours

**De belles pizzas bien épaisses. Mets les ingrédients classiques d'une margherita ou décline à ta guise. C'est bien plus savoureux que des pizzas à emporter (et plus rapide si tu prends des fonds congelés).**

POUR 2-4 · €€ · V

Pâte à pizza ou fonds de pizza congelés

**Garniture de base :**

8 à 12 c. à soupe de sauce tomate (page 83)
2 gousses d'ail écrasées
Quelques olives noires
Feuilles de basilic frais
1 bloc de mozzarella coupé en lamelles
Parmesan fraîchement râpé
Filet d'huile d'olive

**Autres ingrédients au choix :**

Jambon, chorizo, pepperoni, épinards, fruits de mer, thon, légumes grillés, roquette, œuf

**1.** Fais la pâte en suivant ma recette. Préchauffe le four à 230°C.

**2.** Abaisse la pâte en 4 disques. Pose-les sur des plaques de cuisson légèrement huilées, couvre-les (moi, je mets des sacs en plastique) et laisse-les lever 10 minutes dans un endroit chaud.

**3.** Mélange l'ail à la sauce ou à la passata, puis étale sur les fonds de pâte. Parsème d'olives, de basilic, de mozzarella, de parmesan. Ajoute un filet d'huile d'olive.

**4.** Enfourne 15 à 20 minutes, jusqu'à ce que la base soit croustillante et que le dessus bouillonne. Peut se manger chaud ou froid.

POUR 2 | € | V

Pâte à pizza (page 100), ou fond de pizza acheté ou congelé
2 pommes de terre pelées
Thym frais, romarin haché menu ou origan séché
Sel de mer
Fromage râpé (facultatif)
Huile d'olive

# Pizza « dauphinoise »

**Fabrique une pizza somptueuse avec trois fois rien. Cette recette s'inspire du classique gratin dauphinois, la crème fraîche en moins, les fines herbes en plus.**

**1.** Fais la pâte en suivant ma recette. Préchauffe le four à 230 °C.
**2.** Abaisse la pâte sur une plaque de cuisson et laisse-la lever 10 minutes. Ou alors, sors un fond déjà prêt du frigo ou du congélateur.
**3.** Taille les pommes de terre en rondelles ultra fines. Dispose-les sur la pâte en les superposant légèrement. Parsème d'herbes, de sel, de fromage si tu en mets. Mets un filet d'huile d'olive.
**4.** Fais cuire 20 minutes, jusqu'à ce que la pâte soit croustillante. C'est aussi très bon froid.

POURQUOI PAS

✱ Frotte la pâte avec une gousse d'ail coupée en deux avant d'y mettre les pommes de terre.
✱ Laisse tomber les patates. Garnis ta pizza avec de fines lamelles de mozzarella et sers-la avec des tomates et des olives à part (tu auras une margherita en kit).

POUR 4 | €€ | V OPTION

Pâte à pizza (page 100)
Huile d'olive

**Garniture 1 :**
Sauce tomate (page 83) ou passata additionnée d'ail
Jambon ou salami haché
Quelques olives
Fromage (en lamelles, râpé)
Feuilles de basilic

**Garniture 2 :**
Sauce tomate (page 83) ou passata additionnée d'ail
Plein de champignons émincés et frits
Ail émincé ou écrasé
Basilic ou thym
Fromage (en lamelles, râpé)

# Petits pâtés à picorer à la plage (ou ailleurs !)

**Parfaits pour manger sur le pouce. Pas besoin de couteau ni de fourchette. C'est un peu à mi-chemin entre la calzone et le pâté de viande.**

**1.** Abaisse la pâte en un rectangle grand comme deux fois la plaque de cuisson.
**2.** Disposes-en la moitié sur la plaque, laisse dépasser l'autre moitié.
**3.** Étale la sauce tomate sur la première moitié, puis répartis les autres ingrédients dessus.
**4.** Replie l'autre moitié comme si tu refermais un livre. Pince les bords pour les sceller, en les humidifiant au besoin avec un peu de lait. Laisse lever 20 minutes. Badigeonne le couvercle avec l'huile d'olive, sale un peu.
**5.** Enfourne 10 à 15 minutes à 220 °C.
**6.** Laisse refroidir. Coupe en tranches. Emballe-les et bon appétit !

# Pizzas au kilomètre pour mégateuf

**Tu fais une grosse fête chez toi ? Fais le bonheur de TOUS tes invités en leur proposant quelques spécimens de ces délicieuses pizzas XXL. Ou « comment régaler un maximum de potes sans se ruiner » !**

**1.** Fais la pâte en suivant ma recette (page 100).
**2.** Abaisse-la sur 1 ou 2 plaques de cuisson graissées d'au moins 32 x 32 cm.
**3.** Laisse-la lever 1 heure environ, jusqu'à ce qu'elle ait doublé de volume.
**4.** Prépare la garniture 1 : fais revenir doucement l'ail et les oignons dans l'huile d'olive pendant 15 à 20 minutes, jusqu'à ce qu'ils soient fondants.
**5.** Prépare la garniture 2 : fais de la sauce tomate (page 83).
**6.** Préchauffe le four à 220 °C. Répartis les oignons et les olives sur la 1re pizza, dispose les anchois en croisillons si tu en mets. Garnis la 2e pizza avec la sauce tomate, les olives, les herbes et le fromage.
**7.** Enfourne 20 minutes, jusqu'à ce que la pâte soit croustillante.

POUR 8–10 | €€ | V OPTION

1 ou 2 pâtes à pizza (page 100)

**Pour la garniture 1 :**
700 g d'oignons émincés
2 ou 3 gousses d'ail écrasées
2 c. à soupe d'huile d'olive
12 olives noires
1 petite boîte d'anchois (facultatif)

**Pour la garniture 2 :**
Sauce tomate (page 83) ou passata relevée d'ail
Origan séché ou basilic frais
12 olives noires
Parmesan ou gruyère fraîchement râpé
Mozzarella coupée en lamelles

# NOUILLES, RIZ, COUSCOUS ET LENTILLES

Des plats asiatiques, italiens et orientaux aux saveurs incomparables, faits avec des ingrédients tout simples. Bourrés de protéines et de glucides, pas chers et très faciles à cuisiner !

# LA CUISSON DES NOUILLES CHINOISES

**1.** Prends des nouilles (de riz ou aux œufs) fines, moyennes ou épaisses. Regarde le temps de cuisson indiqué sur le paquet.

**2. Nouilles aux œufs :** fais bouillir de l'eau dans une grande casserole. Mesure la quantité dont tu as besoin (compte environ 75 g par personne ou lis la recette). Jette-les dans l'eau. Attends la reprise de l'ébullition et compte 3 à 4 minutes environ. Remue de temps en temps pour les empêcher de coller. Égoutte-les. Plonge-les directement dans la soupe. Ou fais-les dorer dans un wok bien chaud avec un peu d'huile de tournesol et de sésame en les remuant et en les retournant à l'aide d'une spatule ou d'une grande cuillère, avant d'ajouter les autres ingrédients de la recette.

**3. Nouilles de riz :** mets-les dans un bol. Couvre d'eau bouillante, chaude ou froide selon les indications du paquet. Égoutte bien. Fais-les sauter dans un wok ou prépare-les en salade.

POUR 2 | € | V | EXPRESS

150 g de nouilles sèches aux œufs

**Pour la sauce :**
¾ c. à soupe de sauce soja
½ c. à café d'huile de sésame
2½ c. à soupe d'eau chaude ou de bouillon

**Pour le wok :**
¾ c. à soupe d'huile d'arachide ou de tournesol, plus un peu d'huile de sésame
½ c. à soupe de gingembre râpé ou haché menu
3 ou 4 gousses d'ail finement émincées
110 g de germes de soja
4 ciboules finement émincées

## Nouilles chop suey

La cuisine au wok pour les débutants. Quand tu sauras faire ce plat, tu pourras t'attaquer à tous les autres… À déguster comme plat principal ou à intégrer dans un véritable festin.

**1.** Cuis les nouilles selon les indications du paquet. Égoutte bien.
**2.** Prépare la sauce dans un petit bol.
**3.** Fais chauffer le wok (ou la poêle). Verse l'huile. Fais revenir l'ail et le gingembre pendant quelques secondes, en remuant à l'aide d'une grande cuillère.
**4.** Ajoute les germes de soja, puis les oignons. Fais dorer pendant 1 minute.
**5.** Mets la sauce puis les nouilles. Fais sauter le tout jusqu'à ce que ce soit bien cuit (mais pas trop) sans cesser de remuer.
**6.** Répartis dans des bols et mange avec des baguettes.

POURQUOI PAS

* Ajoute une boîte de champignons chinois ou de pousses de bambou.
* Fais des nouilles à l'ail. À l'étape 2, hache finement 8 gousses d'ail. Fais légèrement dorer dans le wok. Supprime le gingembre, les germes de soja et les oignons. Mets les nouilles et fais-les sauter 2 minutes. Ajoute la sauce ainsi qu'un peu de sauce aux huîtres et une ciboule émincée.
* Les germes de soja se conservent 2 ou 3 jours au frigo, enveloppés dans un sachet de congélation ou dans du papier absorbant.

# Poulet et nouilles à la sauce aux huîtres (mon chouchou!)

**Cette recette s'inspire d'un super petit plat que j'ai mangé une fois à Amsterdam à 2 heures du matin, alors que je n'étais plus très frais. Riche en saveurs, il contient aussi plein de choses excellentes pour la santé. Il m'a remis d'aplomb…**

POUR 2 — €€ — EXPRESS

175 g de nouilles chinoises

**Pour la sauce :**

1 c. à soupe de sauce soja
1 c. à café de sucre
1 c. à soupe d'alcool de riz
1 c. à soupe de sauce aux huîtres

**Pour le wok :**

2 c. à soupe d'huile de tournesol mélangée à un peu d'huile de sésame
2 gousses d'ail émincées
Un peu de gingembre frais râpé
Un peu de piment rouge
1 ou 2 ciboules
1 grand ou 2 blancs de poulet
Un morceau de chorizo en rondelles (facultatif)
1 chou chinois émincé (pak choi), ou 1 brocoli haché
1 poignée de germes de soja

**1.** Cuis les nouilles selon les indications du paquet. Égoutte bien.
**2.** Mélange la sauce soja, le sucre, l'alcool de riz et la sauce aux huîtres dans un bol.
**3.** Fais chauffer un wok ou une poêle. Verse 1 c. à soupe d'huile. Quand elle est bien chaude, fais sauter l'ail, le gingembre, le piment et les ciboules en remuant pendant 30 secondes. Mets l'huile restante. Jettes-y le poulet coupé en petits morceaux, le chorizo si tu en mets, le pak choi ou le brocoli. Fais revenir 3 à 4 minutes en remuant et en retournant rapidement, jusqu'à ce que le poulet soit cuit (il n'est plus rosé à l'intérieur) et bien imprégné de sauce.
**4.** Ajoute le mélange à base de sauce aux huîtres, les nouilles et les germes de soja. Réchauffe bien.

POURQUOI PAS

* Fais sauter des épis de maïs nain et des mange-tout coupés en morceaux.
* Mets de la sauce aux haricots noirs pour obtenir un goût légèrement terreux, ou de la sauce hoisin pour une saveur plus douce.

POUR 2 | € | V OPTION | EXPRESS

200 g de nouilles de riz
4 c. à café d'huile d'arachide
2 œufs battus
1 c. à soupe de pâte de tamarin
1 c. à soupe de cassonade
Jus de ½ citron vert
2 c. à soupe de Nuoc Mam
1 échalote ou 1 petit oignon hachés menu
2 gousses d'ail écrasées
1 piment rouge épépiné et haché (ou 1 pincée de paillettes de piment)
1 poignée de crevettes cuites (facultatif)
1 poignée de germes de soja
Coriandre fraîche hachée
3 c. à soupe de cacahouètes grillées salées, concassées
Un peu de sauce soja

# Divin pad thaï comme là-bas

**La pâte de tamarin donne à ce plat au wok une note riche et acidulée. Tu trouveras ça dans les épiceries et les supermarchés asiatiques – à défaut, prends du jus de citron. Lance-toi au retour de tes vacances en Thaïlande, ou avant d'entamer ton tour du monde post-bac !**

**1.** Cuis les nouilles selon les indications du paquet. Égoutte bien.
**2.** Fais chauffer le wok. Mets 2 c. à café d'huile. Verse l'œuf battu et incline un peu pour former une fine omelette. Laisse prendre 1 minute, puis retire du feu. Enroule et découpe en fines lanières.
**3.** Mélange le tamarin, le sucre, le jus de citron, le Nuoc Mam et un peu d'eau.
**4.** Remets le wok sur le feu. Verse l'huile restante. Ajoute l'échalote (ou l'oignon), l'ail, le piment. Fais dorer en remuant pendant 30 à 60 secondes. Mets les crevettes. Touille pendant 30 secondes.
**5.** Ajoute les nouilles et le mélange à base de tamarin. Remue bien. Mets les germes de soja. Parsème de coriandre, de cacahouètes et de lanières d'omelette et arrose de quelques gouttes de sauce soja. C'est prêt !

POURQUOI PAS
* Remplace les crevettes par du poulet cuit, du porc laqué (page 135) ou du tofu.
* Tu as acheté des crevettes crues ? Mets-les au début de l'étape 4.

POUR 2-3 | € | V | EXPRESS

225 g de vermicelles de riz
4 c. à café d'huile d'arachide ou de tournesol
2 œufs battus
1 oignon finement émincé
2 gousses d'ail écrasées
Un peu de gingembre frais râpé
2 piments rouges épépinés et hachés
Porc laqué (page 135, facultatif) taillé en dés
Quelques crevettes cuites (facultatif)
225 g de germes de soja
1 pincée de poudre de curry
2 c. à soupe de sauce soja

# Vermicelles sautés au curry

**Les nouilles sont au cœur de ce plat chinois auquel le curry apporte une note indienne. Prépare tous les petits trucs à ajouter, c'est prêt dans deux minutes. Trop bon !**

**1.** Cuis les vermicelles. Égoutte bien.
**2.** Fais chauffer le wok sur feu vif. Mets 2 c. à café d'huile Ajoute les œufs pour faire une omelette. Retire du feu, enroule et taille en fines lanières. Remets le wok sur le feu. Verse l'huile restante.
**3.** Ajoute l'oignon, l'ail, le gingembre, le piment, le porc, les crevettes. Fais revenir 1 minute. Jette les germes de soja, laisse 30 secondes. Mets les nouilles, le curry, la sauce soja et fais sauter pendant 1 minute.
**4.** Agrémente de lanières d'omelette. Régale-toi !

POUR 2 | €€ | V | EXPRESS

225 g de nouilles chinoises

**Pour la sauce :**
2 c. à soupe de sauce soja
1 c. à café de sucre ou de miel
Un peu de gingembre frais

**Pour le wok :**
1 poivron rouge épépiné et finement émincé
Mange-tout émincés
Germes de soja
2 ou 3 gousses d'ail finement émincées
1 oignon rouge taillé en fines rondelles
6 ciboules finement émincées
Quelques champignons de Paris brossés et finement émincés
2 gros œufs battus
2 c. à soupe d'huile de tournesol et 1 c. à café d'huile de sésame (facultatif) pour la cuisson

# Wok de légumes aux œufs

Ultra simple. Mets tous les morceaux dans un saladier, et hop, au wok ! Essaie de varier les légumes (haricots verts, pak choi, pois gourmands). Avec ça, tu as déjà la moitié de tes « 5 fruits et légumes par jour »…

1. Cuis les nouilles selon les indications du paquet. Égoutte bien.
2. Mélange les ingrédients de la sauce.
3. Mets la sauce, les nouilles et tout le reste dans un grand saladier. Remue bien.
4. Fais chauffer un wok (ou une poêle). Verse l'huile. Vide le saladier dedans.
5. Fais revenir 3 minutes à feu vif en retournant rapidement, jusqu'à ce que les légumes soient cuits. Sers dans des bols. Mange avec des baguettes.

# Salade de nouilles au poulet

**C'est super rafraîchissant. À savoir : fais-les tremper assez longtemps. Et si le temps indiqué sur le paquet ne suffit pas, porte-les à ébullition pendant 1 ou 2 minutes.**

POUR 2 — €€ — EXPRESS

2 poignées de nouilles de riz

**Pour la salade :**
1 poignée de germes de soja
1 ou 2 blancs de poulet cuits ou restes de poulet rôti (page 156) taillés en lanières
1 oignon rouge en rondelles
6 ciboules finement émincées
1 ou 2 piments rouges hachés
1 poivron rouge épépiné et taillé en fines lanières
Un peu de coriandre ou de menthe fraîche

**Pour la sauce :**
1 gousse d'ail écrasée
1 c. à soupe de Nuoc Mam
1 c. à soupe de jus de citron vert
1 c. à café de sucre en poudre
Un peu de vinaigre de riz

1. Cuis les nouilles selon les indications du paquet. Égoutte-les bien.
2. Mets-les dans un saladier avec la salade préparée et le poulet.
3. Fais la sauce. Verse sur la salade et remue longuement.

POURQUOI PAS
* Ajoute des cacahouètes grillées hachées.
* Fais pocher un blanc de poulet (en le couvrant d'eau) à feu doux pendant 10 minutes. Laisse refroidir dans le liquide. Effiloche-le et rajoute-le dans la salade.

# Nouilles sautées au porc laqué

**Un classique de la cuisine chinoise à la sauce occidentale. Fais rôtir un filet de porc dans une marinade un peu sucrée. Les végétariens choisiront l'option tofu : plus de protéines que la viande et beaucoup moins calorique.**

1. Fais mariner le porc et cuis-le au four (page 135) ou cuisine-le directement.
2. Cuis les nouilles selon les indications du paquet. Réserve.
3. Mélange les ingrédients de la sauce. Réserve. Prépare les légumes à cuire au wok.
4. Fais chauffer le wok ou une grande poêle, et verses-y les huiles après les avoir mélangées.
5. Ajoute l'ail, la ciboule et le gingembre et fais-les revenir pendant 1 minute en remuant. Ajoute la carotte et les champignons. Touille 1 à 2 minutes. Mets les germes de soja, les légumes verts et la sauce. Porte à ébullition.
6. Réchauffe les nouilles dans le wok avec les légumes, ou bien retire ceux-ci du wok et garde-les au chaud, puis fais sauter les nouilles brièvement dans un peu d'huile. Coupe le porc en tranches. Dispose sur les nouilles et les légumes. Arrose de quelques gouttes de sauce hoisin diluée avec un peu d'eau.

POURQUOI PAS
* Égoutte le tofu. Presse-le en laissant un poids dessus (planche ou assiette) pendant ½ heure. Égoutte à nouveau. Détaille-le en cubes et mets-le à mariner dans la sauce char siu (page 135). Fais-le revenir à la poêle avec l'ail émincé. Dispose sur les nouilles sautées.
* Prépare des nouilles sautées aux champignons : fais revenir brièvement 170 g de shiitakés (champignons chinois) découpés avec quelques champignons bruns émincés. Ajoute du maïs nain et des pois gourmands pour la consistance.

**Tuyau :** confectionne un gâteau de nouilles. Fais cuire des nouilles aux œufs. Ajoute en remuant un peu d'huile de sésame. Fais revenir le « gâteau » des deux côtés dans de l'huile très chaude jusqu'à ce qu'il soit croustillant. Garnis de porc laqué.

POUR 3-4 €€€

450 g de porc laqué (page 135)
225 g de nouilles aux œufs

**Pour la sauce :**
6 c. à soupe d'eau
2 c. à soupe de sauce soja
2 c. à soupe d'alcool de riz
2 c. à café d'huile de sésame
2 c. à café de maïzena
Un peu de sucre ou de miel

**Pour le wok :**
2 c. à soupe d'huile d'arachide
Un peu d'huile de sésame
2 gousses d'ail émincées
4 à 6 ciboules
Un peu de gingembre râpé
Carotte taillée en bâtonnets ou en lanières
Quelques champignons émincés
75 g de germes de soja
Quelques mange-tout émincés
Chou ou chou chinois (pak choi) taillés en fines lanières

**Pour arroser :**
2 ou 3 c. à soupe de sauce hoisin
Eau pour diluer

# LA CUISSON DU RIZ

**1.** Prends du riz long : **basmati** (grains fins, cuisson plus rapide), **jasmin** (devient collant à la cuisson, peut se manger avec des baguettes !), **brun** (complet, conserve ses nutriments) ou autre. Compte 50 g par personne ou prends la quantité indiquée dans la recette.

**2.** Rince bien sous l'eau du robinet pour éliminer l'excès d'amidon, ou il risque de coller.

**3**. Jette en remuant dans une casserole d'eau bouillante. Fais cuire en respectant les indications portées sur le paquet. En règle générale, il faut 10 minutes pour du riz blanc, 30 pour du brun. Croque un ou deux grains pour vérifier. Égoutte bien.

**4**. Tu peux consommer le riz jasmin directement après cuisson. S'il s'agit d'une autre variété, mets-le une fois cuit dans une passoire ou un tamis et rince-le à l'eau bouillante jusqu'à ce que l'eau soit claire. Égoutte-le et laisse-le reposer 3 minutes, couvert d'un torchon. Sépare les grains à l'aide d'une fourchette. Maintenant, tu peux le déguster ou l'incorporer dans une recette.

**5**. Attention : le riz cuit fermente rapidement. Fais-le refroidir sur une grille et mets-le sans plus attendre au frigo.

## Somptueux riz au poulet citronné

POUR 2 — € — EXPRESS

2 blancs de poulet émincés
110 g de basmati ou autre riz long

**Pour la marinade :**
2 gousses d'ail émincées
1 ½ c. à soupe de jus de citron
1 c. à soupe de maïzena
6 gouttes de sauce soja
Un peu de blanc d'œuf

**Pour le wok :**
½ c. à soupe d'huile d'arachide
4 gouttes d'huile de sésame
1 gousse d'ail émincée
1 c. à soupe de jus de citron
2 ou 3 ciboules hachées

**Utilise du basmati pour ce plat de poulet léger et citronné cuit au wok. Vraiment succulent.**

**1.** Prépare la marinade et mélange-la au poulet finement émincé.
**2.** Cuis le riz selon la méthode habituelle (ci-dessus). Égoutte. Couvre et laisse reposer 3 minutes.
**3.** Mets le wok ou la poêle à chauffer, et verse l'huile dedans. Quand elle est bien chaude, fais revenir l'ail pendant 20 secondes en remuant, sans le laisser colorer.
**4.** Ajoute le poulet. Fais-le revenir en touillant pendant 3 minutes, jusqu'à ce qu'il soit bien cuit. Baisse le feu. Mets le jus de citron et la ciboule. Fais cuire 1 minute. Goûte et rectifie l'assaisonnement. Sers le riz dans des bols, et dispose le poulet au citron dessus.

POURQUOI PAS
✱ Remplace le riz par des nouilles chinoises.
✱ Tu déjeunes dehors ? Déguste le poulet froid sur une salade de riz ou de nouilles.

# Riz au poulet chaud et collant

**Parfume ton poulet à la sauce teriyaki. C'est super pour s'en mettre plein les doigts ! Sors tes baguettes pour manger le riz. Délicieux également froid, sur une salade de nouilles ou de riz.**

POUR 3-4 €€

**Pour la sauce teriyaki :**
4 c. à soupe de sauce soja
1 ½ c. à soupe d'alcool de riz
2 c. à soupe de vinaigre de riz
1 c. à soupe de sucre
Du gingembre frais râpé ou haché
Quelques gouttes d'huile de sésame

**Ou alors :**
Sauce Teriyaki achetée
8 cuisses de poulet
225 g de riz basmati ou autre riz long
1 pincée de sel

**1.** Préchauffe le four à 220 °C. Mélange les ingrédients de la sauce teriyaki.
**2.** Fais cuire la sauce doucement 5 à 10 minutes dans une petite casserole. Retire du feu. Verse les deux tiers dans un bol pour la marinade. Garde ce qui reste pour arroser le plat à la fin.
**3.** Prépare le poulet : ôte la peau, mais laisse les os (le poulet se désagrège moins et cela donne une saveur plus douce).
**4.** Tapisse de papier alu une plaque de cuisson ou un plat à rôtir pas trop profond (pour empêcher la sauce d'adhérer au fond). Espace bien les cuisses de poulet et enduis-les de marinade. Enfourne.
**5.** Badigeonne de marinade toutes les 5 minutes pendant 20 à 25 minutes. Retire du four.
**6.** Entre-temps, fais cuire le riz selon la méthode habituelle. Commence un peu plus tôt si tu prends du riz brun.
**7.** Préchauffe le gril à température moyenne. Fais griller le poulet pendant 5 minutes, jusqu'à ce qu'il soit bien doré et collant, et bien cuit à l'intérieur. Laisse reposer. Égoutte le riz. Recouvre-le d'un torchon pendant 3 minutes. Égrène-le à la fourchette.
**8.** Sers-le dans des bols, dispose le poulet dessus et arrose avec le reste de marinade.

POURQUOI PAS

✱ Fais mariner du poulet coupé en petits morceaux dans la sauce teriyaki pendant ½ heure. Pique sur des brochettes. Fais-les griller pendant 5 à 7 minutes, en les retournant et en les badigeonnant de marinade, jusqu'à ce qu'elles soient bien cuites. Sers sur un bol de riz. Régale-toi !

POUR 2-3 €

175 g de riz basmati

**Pour la sauce :**

1 c. à soupe de vinaigre de malt
2 c. à café de sucre ou de miel
1 c. à soupe de ketchup
1 ½ c. à soupe de sauce soja

**Pour le wok :**

4 à 6 tranches de bacon
1 oignon moyen en lamelles
1 poivron rouge ou orange épépiné et taillé en lanières
Huile de tournesol ou autre
3 œufs battus légèrement
Basilic ou persil frais

# *Bacon and eggs... au riz*

**Tous les avantages d'un petit déjeuner à l'anglaise avec un petit quelque chose d'asiatique... et un riz ô combien savoureux !**

**1.** Fais cuire le riz selon la méthode habituelle (page 112). Égoutte. Laisse refroidir sur une assiette, et mets au frigo.
**2.** Mélange le vinaigre, le sucre ou le miel, le ketchup et la sauce soja dans un bol.
**3.** Fais chauffer le wok ou, à défaut, une grande poêle. Hache le bacon. Fais-le revenir doucement sans ajouter de matière grasse et en remuant pendant 5 minutes. Attention à ne pas le laisser brunir !
**4.** Ajoute l'oignon, le poivre, quelques gouttes d'huile (uniquement si le bacon n'a pas rendu de graisse). Fais revenir tout doucement pendant 5 minutes. Ajoute les œufs. Remue jusqu'à ce qu'ils soient presque pris.
**5.** Rajoute une goutte d'huile et augmente le feu. Mets le riz. Remue très rapidement jusqu'à ce que le tout soit bien chaud et croustillant.
**6.** Parsème de basilic ou de persil frais. Dispose sur les assiettes. Nappe de sauce.

POUR 2 € V

110 g de riz gluant thaï
1½ c. à soupe de sauce soja
1 c. à café de miel ou de sucre
5 gousses d'ail émincées
2 c. à soupe d'huile d'arachide ou de tournesol
2 belles échalotes ou 1 petit oignon haché menu
1 piment rouge épépiné et haché menu
110 g de champignons bruns coupés en quatre
110 g de haricots verts fins équeutés et hachés
½ à 1 poivron rouge épépiné et coupé en fines lanières
2 ou 3 feuilles de chou taillées en fines lanières (facultatif)
1 poignée de noix de cajou (facultatif)
Coriandre fraîche hachée
Quelques feuilles de basilic frais (facultatif)

# Bol de riz gluant aïe aïe aïe !

**Attention, en voilà un qui arrache ! Le riz n'a pas l'air méchant, comme ça, mais il conserve au piment tout son pouvoir incendiaire. Un plat complet délicieusement gluant.**

**1.** Cuis le riz selon la méthode habituelle (page 112). Égoutte. Laisse refroidir sur une assiette, et mets au frigo.
**2.** Mélange la sauce soja et le miel ou le sucre (pour la sauce).
**3.** Dans une petite poêle, verse quelques gouttes d'huile et fais revenir tout doucement trois gousses d'ail émincées jusqu'à ce qu'elles commencent à dorer. Réserve pour la garniture.
**4.** Fais chauffer le wok. Verse l'huile. Quand elle est bien chaude, ajoute en remuant l'ail restant, les échalotes et le piment (2 minutes). Mets les champignons, les haricots, le poivron, le chou éventuellement, et fais cuire en touillant 2 ou 3 minutes.
**5.** Ajoute le riz et les noix de cajou, si tu aimes. Mélange sur le feu jusqu'à ce que ce soit très très chaud. Verse la sauce et parsème de coriandre.
**6.** Répartis dans des bols. Garnis d'ail émincé et éventuellement de basilic.

POURQUOI PAS

* Pour calmer le feu du piment dans ta bouche, avale une boisson à base de lait ou de yaourt. L'eau ou la bière ne marchent pas !

# Riz sauté aux œufs, sauce gingembre et citron vert

**Tu as fait cuire trop de riz ? Laisse-le refroidir et mets-le au frigo, pour pouvoir concocter d'un coup de baguette magique ce plat culotté. Quand tu es un peu plus « en fonds », ajoute des crevettes, des dés de poulet, du lard fumé. Très bon pour les neurones, un plat idéal en période d'examens.**

**1.** Sors ton reste de riz du frigo.
**2.** Mélange les ingrédients de la sauce dans un bol.
**3.** Ébouillante les petits pois pour les décongeler. Égoutte.
**4.** Bats les œufs dans un saladier. Ajoute la moitié de la ciboule.
**5.** Fais chauffer un wok. Verse les deux huiles. Baisse le feu. Ajoute les œufs, remue en les laissant à peine chauffer, et mets le riz avant qu'ils aient eu le temps de prendre.
**6.** Augmente le feu. Touille le mélange avec une fourchette pour le fractionner. Mets les petits pois et la ciboule restante. Laisse chauffer 1 minute encore. Saupoudre de coriandre si tu aimes.
**7.** Sers dans un bol. Arrose avec la sauce ou de la sauce soja ou du ketchup.

POUR 1 | € | V | EXPRESS

**Pour le riz sauté :**
200 à 225 g de riz basmati ou long cuit
50 g de petits pois surgelés
2 œufs
1 ciboule hachée
2 c. à soupe d'huile de tournesol
Une goutte d'huile de sésame
Coriandre fraîche (facultatif)

**Pour la sauce gingembre-citron vert :**
1 c. à café de sucre en poudre
2 ½ c. à soupe de sauce soja
1 ½ c. à soupe de vinaigre de riz
Du gingembre frais râpé
Un filet de jus de citron vert

POUR 1 · € · V · EXPRESS

50 g de riz basmati ou brun

**Pour la sauce :**
Sauce soja
1 pincée de sucre ou de miel
Eau, alcool de riz ou jus de citron

**Pour le wok :**
½ c. à soupe d'huile d'arachide ou de tournesol
1 c. à café d'huile de sésame
2 ou 3 gousses d'ail émincées
1 chou chinois (pak choi) paré, feuilles détachées et coupées en larges lanières

**Pour le thé :**
1 pincée de thé au jasmin ou d'un autre thé vert
Eau bouillante

# Riz, pak choi à l'ail et thé vert pour clubbers fatigués

**Décompresse en sirotant un petit bol de thé vert (aux mille vertus…) et en dégustant ce superbe plat de riz. Le pak choi est un légume étonnant – d'une saveur délicate, et très copain avec l'ail. Essaie plein de nouvelles sortes de thé vert.**

**1.** Cuis le riz selon la méthode habituelle (page 112).
**2.** Entre-temps, mélange les ingrédients de la sauce.
**3.** Égoutte le riz cuit, remets-le dans la casserole, couvre d'un torchon et laisse reposer.
**4.** Fais chauffer le wok. Verse l'huile. Fais revenir l'ail en le remuant pendant quelques secondes sans le laisser dorer. Ajoute le pak choi. Poursuis la cuisson 1 à 2 minutes.
**5.** Verse la sauce. Réchauffe-la 1 minute.
**6.** Sers le riz dans un bol. Garnis avec les légumes cuits au wok.
**7.** Mets une pincée de thé dans une tasse, verse de l'eau bouillante dessus.

POURQUOI PAS

* Garnis le riz de brocoli et de tofu cuit au wok pour des soirées plus zen.

# Bol de nasi goreng pour se régaler

POUR 2 · € · V OPTION

**Un mélange bien épais de riz et d'oignon agrémenté de petits trucs sympas. La première fois que j'ai goûté ça, c'était sur un tournage. J'ai adoré et essayé de refaire la même chose à la maison. Sors ton wok dès que tu entends l'appel du nasi goreng – pourquoi pas au petit déjeuner ?**

Restes de riz (ou fais cuire 75 à 110 g de riz sec, basmati ou thaï)
1 ½ c. à soupe d'huile d'arachide
½ c. à café d'huile de sésame
1 oignon moyen pelé et taillé en lamelles demi-lune
1 gousse d'ail écrasée
Un peu de gingembre râpé
1 bonne pincée de piment en poudre
½ c. à café de pâte de crevettes ou ½ c. à soupe de sauce aux huîtres
Sauce soja
1 à 2 c. à café de cassonade (facultatif)
Quelques crevettes cuites (facultatif)

**Servir avec :**
2 œufs
Coriandre fraîche hachée
Beignets de crevettes
Un peu de concombre pelé, épépiné et taillé en demi-lunes (facultatif)

**1.** Utilise un reste de riz ou fais-en cuire et laisse-le refroidir. Prépare le concombre, ainsi que les condiments pour le wok.
**2.** Fais chauffer le wok. Verse la moitié de l'huile. Quand elle est bien chaude, ajoute l'ail, l'oignon, le gingembre, la poudre de piment et la pâte de crevettes (si tu en mets). Fais revenir 2 minutes en remuant, jusqu'à ce que l'oignon soit tendre.
**3.** Ajoute l'huile restante, et jettes-y le riz 5 secondes plus tard. Fais cuire en touillant pendant 3 minutes. Mets la sauce soja, celle aux huîtres (si tu n'as pas mis de pâte de crevettes), la cassonade si tu veux un riz doré et un peu sucré. Ajoute éventuellement les crevettes. Remue pour bien les réchauffer.

**4.** Fais cuire les œufs dans une poêle à part, ou répartis le riz dans les assiettes et réutilise le wok après l'avoir essuyé.
**5.** Sers avec des œufs au plat, de la coriandre, des beignets de crevettes, du concombre.

POURQUOI PAS
✱ Supprime les crevettes, et mets de la sauce d'huître végétarienne.
✱ Ajoute des petits morceaux de porc laqué froid.
✱ Remplace l'œuf au plat par des lanières d'omelette (page 108).

POUR 4 € V

1,2 litre de bouillon (de volaille, de légumes, ou de bouillon cube reconstitué)
50 g de beurre
1 oignon haché menu
1 gousse d'ail écrasée
350 g de riz pour risotto (Arborio par exemple), non rincé
1 petit verre de vin blanc
50 g de parmesan fraîchement râpé (+ un peu pour la finition)
1 noix de beurre
Sel, poivre noir

# Risotto au parmesan

**Semblable à une soupe de riz épaisse et crémeuse, ce plat italien est riche en saveurs. Les risottos les plus élémentaires requièrent un ingrédient essentiel : la patience ! Pour la garniture, improvise : fines herbes, citron, poulet rôti…**

**1.** Porte le bouillon à ébullition dans une casserole pendant quelques minutes, puis baisse le feu.
**2.** Fais fondre le beurre dans une casserole à part. Fais-y revenir l'oignon pendant 7 à 10 minutes jusqu'à ce qu'il soit tendre mais non coloré. Ajoute l'ail si tu en mets.
**3.** Mets le riz (sans le rincer), en remuant avec une cuillère en bois pendant 1 minute. Augmente le feu. Mouille avec le vin, en remuant jusqu'à absorption.
**4.** Baisse à feu moyen. Ajoute une louche de bouillon chaud. Quand elle est absorbée, ajoutes-en une autre. Continue jusqu'à ce que le bouillon soit épuisé, le riz tendre et crémeux, et le risotto bien épais (cela peut prendre 10 à 15 minutes). Rajoute un peu de liquide au besoin.
**5.** Mets le parmesan et une noix de beurre. Sale et poivre. Remue bien et mets un couvercle. Laisse reposer 3 minutes, puis répartis dans des bols, et mets du rab de parmesan sur la table.

POURQUOI PAS
Fais du risotto :
* à la saucisse : à l'étape 2, ajoute la chair de 4 saucisses pelées et ½ c. à café de graines de fenouil. Mouille avec du vin rouge plutôt que du blanc.
* aux fèves et aux petits pois : à l'étape 4, ajoute une poignée de petits pois et de fèves.

✱ aux crevettes et au saumon : à l'étape 5, mets des crevettes ou du saumon fumé (à chaud ou non).
✱ bolognaise : incorpore un reste de sauce bolognaise (page 97) au début de l'étape 4.
✱ Fais des *suppli* (boulettes de riz) : sors des restes de risotto du frigo, incorpore un peu d'œuf dedans, fais des espèces de galettes. Dispose un cube de mozzarella au centre, et ramène les bords dessus de façon à former des boulettes. Roule-les dans de l'œuf battu puis de la chapelure, et fais-les frire.

# Risotto royal aux champignons

**Super idée pour un dîner hors du commun. Pendant que tu touilles, tu peux discuter avec tes invités – demande-leur de verser le bouillon au fur et à mesure. Les champignons séchés donnent du peps à la recette. D'accord, ils coûtent un peu plus cher, mais ils ont beaucoup plus de goût !**

POUR 4 | €€ | V OPTION

1,2 litre de bouillon de volaille ou de légumes
10 g de champignons séchés hachés
50 g de beurre ou 2 c. à soupe d'huile
1 oignon moyen émincé
2 ou 3 gousses d'ail écrasées
350 g de riz Arborio (non rincé)
150 ml de vin blanc
350 g de champignons hachés grossièrement
Estragon, thym ou persil frais haché
Jus de ½ à 1 citron
60 g de parmesan fraîchement râpé
1 c. à café de sauce soja
Sel et poivre
Rab de beurre ou 1 c. à soupe de crème fraîche (facultatif)

**1.** Porte le bouillon à ébullition puis baisse le feu comme dans la recette précédente.
**2.** Réhydrate les champignons dans un bol avec 3 c. à soupe de bouillon chaud.
**3.** Fais fondre le beurre à feu doux dans une grande casserole. Ajoute l'oignon additionné d'une pincée de sel. Cuis 5 minutes sans laisser colorer. Mets l'ail.
**4.** Augmente le feu. Jette le riz (sans le rincer), mélange pour bien l'enrober. Fais cuire 1 minute. Mouille avec le vin. Remue le riz qui crépite. Quand le liquide est presque entièrement absorbé, ajoute les champignons réhydratés ainsi que leur liquide de trempage, les champignons frais, les herbes de ton choix, et une louche de bouillon fumant.
**5.** Remue jusqu'à absorption quasi complète du liquide. Verse encore une louche. Poursuis la cuisson 10 à 15 minutes, jusqu'à épuisement du bouillon : le riz doit alors être bien crémeux, le risotto bien épais. Mouille avec le jus de citron, rajoute un peu de vin ou de bouillon si nécessaire.
**6.** Retire du feu. Ajoute en remuant la moitié du fromage, la sauce soja, le sel et le poivre, le beurre ou la crème le cas échéant. Couvre et laisse reposer 3 minutes. Parsème d'herbes et d'un peu de parmesan.

POURQUOI PAS
✱ Remplace ton bouillon de volaille maison par du bouillon cube, ou par un mélange des deux.
✱ Fais du risotto au saumon-fromage-épinards : supprime les champignons et, à la fin de l'étape 5, ajoute 225 g de saumon fumé à chaud coupé grossièrement, plus une poignée d'épinards.

# LA CUISSON DES LENTILLES

**1.** Prends la quantité de lentilles indiquée dans la recette. Rince-les à l'eau courante pour éliminer les impuretés, les petits cailloux, etc.

**2.** Porte à ébullition dans un grand volume d'eau, le temps de cuisson dépendant du type de lentilles (regarde sur le paquet). En règle générale :

**Lentilles brunes :** cuisent en 25 à 30 minutes (ça va plus vite si tu les fais tremper au préalable 1 heure dans l'eau froide).

**Lentilles vertes :** cuisent en 20 minutes.

**Lentilles vertes du Puy :** verse-les dans la casserole d'eau froide et porte à ébullition. Fais-les cuire 10 à 15 minutes.

**Lentilles corail et blondes :** respecte les indications de la recette.

**3.** Les lentilles sont plus digestes si tu les fais cuire à gros bouillons pendant les 5 premières minutes. Égoutte-les puis suis la recette. Remplace une partie de la viande par des lentilles cuites dans les plats de type ragoût, hachis Parmentier, chili con carne… pour faire des économies, et incorpore des lentilles dans tes sauces aux légumes car elles constituent une excellente source de protéines.

POUR 2-3

€€

- 1 c. à café d'huile d'olive
- 1 oignon finement ciselé
- 1 gousse d'ail écrasée
- 2 tranches de bacon en dés
- Quelques champignons hachés
- 4 saucisses de bonne qualité
- 110 g de lentilles vertes (du Puy de préférence)
- 200 ml de bouillon ou d'eau
- 100 ml de vin rouge, de cidre ou de bouillon
- Thym ou origan frais ou séché
- Sel, poivre noir
- Crème fraîche, liquide ou non (facultatif)

## Saucisses aux lentilles

Pour moi, il n'y a rien de tel qu'un bon vieux plat fumant de saucisses aux lentilles. Essaie pour voir, ça te permettra de varier tes menus. Bon à savoir : les lentilles sont une très bonne source de protéines et de glucides, donc excellentes pour la santé. De plus elles sont très bon marché.

**1.** Chauffe l'huile dans une grande casserole à feu doux.
**2.** Fais revenir l'oignon, l'ail et le bacon pendant 5 minutes jusqu'à ce qu'ils soient tendres. Ajoute les champignons. Cuis encore 5 minutes. Augmente le feu.
**3.** Mets les saucisses en les retournant pour les dorer uniformément. Ajoute les lentilles, remue pour bien les enrober d'huile. Puis verse le bouillon, le vin ou le cidre et les herbes. Porte brièvement à ébullition avant de baisser le feu. Fais cuire tout doucement durant 20 à 25 minutes.
**4.** Surveille la cuisson et remue régulièrement, en versant un peu plus de liquide au besoin. Sale et poivre. Tu peux ajouter un peu de crème fraîche pour affiner.

# Lentilles, riz et oignons collants (miam miam !)

**Il suffisait d'y penser : les oignons caramélisés propulsent le goût légèrement terreux des lentilles et du riz dans une autre dimension. Étonnamment savoureux… et économique ! Tu peux garnir de rondelles d'œuf dur et napper de yaourt, et servir avec une salade de tomates à l'oignon (page 210).**

POUR 3-4 | € | V

1 très gros oignon pelé et émincé très finement
1 ou 2 c. à soupe d'huile d'olive
1,2 litre d'eau
225 g de lentilles brunes
50 g de riz long, basmati ou autre
Sel, poivre noir

**1.** Fais revenir l'oignon très doucement dans l'huile d'olive jusqu'à ce qu'il caramélise (attention à ne pas le laisser brûler !). Cela peut prendre 20 à 30 minutes.
**2.** Entre-temps, porte l'eau à ébullition dans une casserole. Jettes-y les lentilles. Laisse-les cuire 20 à 25 minutes jusqu'à ce qu'elles soient presque tendres. Ajoute le riz rincé.
**3.** Poursuis la cuisson du riz et des lentilles pendant 10 minutes, jusqu'à ce qu'ils soient tendres et qu'ils aient absorbé toute l'eau (égoutte-les dans une passoire s'il reste du liquide).
**4.** Couvre d'un torchon et laisse reposer 5 minutes. Dispose sur un plat de service. Incorpore en remuant la plupart des oignons, gardes-en quelques-uns pour mettre dessus. Sale et poivre.

POURQUOI PAS
* Prends des lentilles vertes, ajoute le riz plus tôt, car elles cuisent plus vite.

POUR 3-4 € V

225 g de lentilles vertes du Puy
850 ml d'eau
4 à 6 ciboules émincées
1 oignon rouge moyen haché
1 poignée de tomates cerises coupées en deux ou 4 à 6 grosses tomates concassées
Fines herbes hachées : persil, menthe, coriandre ou basilic
Sel, poivre noir

**Pour la vinaigrette :**
½ c. à café de sucre ou de miel
½ c. à café de moutarde
1 c. à soupe de vinaigre (de vin rouge ou blanc, de cidre ou balsamique)
5 c. à soupe d'une bonne huile d'olive

# Salade de lentilles idoine

**Les lentilles du Puy coûtent bonbon, mais elles ont une saveur délicate, un look très classe et plein de qualités nutritionnelles. Prépare-les en salade, en y ajoutant toutes sortes d'ingrédients colorés. Déguste avec une assiette de viandes froides ou de fromages, des légumes grillés, un œuf dur mayonnaise.**

**1.** Trie les lentilles et rince-les. Mets l'eau et les lentilles dans une casserole et porte à ébullition. Laisse-les cuire 15 minutes, jusqu'à ce qu'elles soient cuites mais fermes sous la dent. Égoutte-les. Verse-les dans un saladier.
**2.** Mets tous les ingrédients de la vinaigrette dans un bocal, ferme et secoue.
**3.** Mélange les ciboules, les tomates, les herbes, les lentilles, le sel et le poivre. Verse la vinaigrette dessus. Laisse refroidir.

POURQUOI PAS

* Ajoute des olives ou des tomates séchées hachées.
* Mets des morceaux de jambon blanc, du lard fumé, des dés de cantal, de mozzarella ou de gruyère, de la feta émiettée.
* Prends d'autre lentilles (vertes ou brunes) – mais veille à ce qu'elles n'éclatent pas lors de l'ébullition !

# Salade de boulgour aux graines de grenade (explosif !)

POUR 2-3 €€ V

**Une véritable explosion de goûts et de couleurs – en plus, c'est méchamment bon pour la santé. Les herbes ne sont pas là uniquement pour faire joli : elles ont des vertus médicinales. Le boulgour est riche en fer, protéines, vitamines B et zinc. Un peu de grenade là-dessus pour faire le plein d'antioxydants, et à l'attaque !**

110 g de boulgour
600 ml d'eau bouillante
2 ou 3 c. à soupe d'huile d'olive vierge extra
Jus de ½ à 1 citron
Sel, poivre noir
1 gousse d'ail écrasée
1 poignée de menthe hachée
1 poignée de persil haché
3 tomates coupées en dés
1 morceau de concombre coupé en petits dés
1 oignon rouge ciselé
1 grenade fraîche, 1 paquet de graines de grenade séchées

**Servir avec :** du pain plat oriental ; des mezzés ; des brochettes de kebab ; du fromage frais (page 47).

**1.** Verse la graine de boulgour dans un saladier et ajoute de l'eau bouillante. Couvre et laisse gonfler 15 à 30 minutes, jusqu'à consistance tendre. Égoutte bien. Essore dans un torchon, ou étale et laisse sécher un peu.
**2.** Mets le boulgour dans un saladier avec l'huile, le jus de citron, le sel et le poivre, l'ail et les herbes. Égrène à l'aide d'une fourchette. Ajoute les crudités et mélange le tout, ou dispose le boulgour sur un plat, entouré de petits tas de salade.
**3.** Parsème de graines de grenade.

POURQUOI PAS

* Oublie la grenade. Mets des petits morceaux de mandarine.
* Tu n'as pas de fines herbes ? Mets des feuilles de roquette ou de cresson, ou des pousses d'épinards hachées.
* Émiette un peu de feta dessus.
* Fais-toi une boîte-repas pour déjeuner sainement.
* Fais cuire le boulgour 10 minutes dans une casserole d'eau frémissante si tu es pressé.

POUR 2 | €€ | V OPTION

**Pour la semoule :**
225 g de graine de couscous
300 ml d'eau bouillante
Sel, poivre noir
4 ou 5 c. à soupe d'huile d'olive
1 c. à soupe de jus de citron

**Pour la salade :**
2 belles tomates bien mûres hachées menu (ou plein de tomates cerises)
1 poivron rouge épépiné et haché menu
3 ciboules émincées ou 1 petit oignon rouge ciselé, ou les deux
Quelques olives noires dénoyautées et hachées (facultatif)
Fines herbes hachées menu : persil, menthe ou coriandre

**Pour la marinade :**
Ail écrasé
Jus de citron
Huile d'olive

**Pour les grillades (au choix) :**
6 tranches épaisses d'halloumi
4 à 6 côtelettes d'agneau
2 petits filets de poulet coupés en dés

# Taboulé et grillades citronnées express

**La fine graine de couscous est une merveille qui fait le lien entre toutes les autres saveurs représentées ici. Déguste ce taboulé avec tes grillades préférées – ou fais-en une tonne pour une mégateuf.**

**1.** Mets la graine de couscous dans un saladier résistant à la chaleur. Couvre d'eau bouillante puis mets un torchon dessus. Laisse gonfler 5 minutes. Verse dans un grand plat. Égrène à l'aide d'une fourchette. Laisse refroidir 2 minutes. Sale et poivre. Arrose d'un filet d'huile et de jus de citron.
**2.** Mélange les ingrédients de la salade, ou dispose-les sur le tas de couscous.
**3.** Prépare les grillades : mélange l'ail, l'huile et le citron. Verse sur le fromage, le poulet ou l'agneau, et laisse mariner.
**4.** Fais chauffer la poêle à gril sur feu vif. **Fromage :** mets-le sur le gril et laisse-le grésiller. Retourne-le 1 à 2 minutes plus tard. Fais cuire l'autre face jusqu'à ce qu'elle soit bien dorée et fondante. **Poulet :** mets les dés de poulet sur le gril 2 à 3 minutes en remuant rapidement, jusqu'à ce qu'ils soient dorés à l'extérieur. **Agneau :** fais cuire les côtelettes 2 à 3 minutes de chaque côté, jusqu'à ce qu'elles soient dorées et croustillantes à l'extérieur, rosées et tendres à l'intérieur. Sale et poivre.
**5.** Sers la viande ou le fromage sur le couscous. Accompagne de salade verte et de pain plat oriental.

POURQUOI PAS
* Relève le poulet de cumin, de piment en poudre ou de coriandre.
* Ajoute le piment et le citron vert à l'halloumi.
* Agrémente l'agneau de menthe, de romarin ou d'origan.
* Accentue le goût de tomate : mélange 150 ml de jus de tomate, 50 ml d'huile d'olive, le jus de 1 citron, 2 c. à soupe d'eau bouillante. Verse sur la semoule. Laisse reposer au moins 1 heure.
* Cuis le poulet à la poêle dans un peu d'huile. Fais griller l'agneau et l'halloumi.
* Fais-toi une boîte-repas bien équilibrée avec du taboulé et du poulet grillé.

# Couscous croquant (et brochettes de légumes)

POUR 3-4 · € · V · EXPRESS

**Sans la harissa, le couscous ne serait rien ! C'est elle qui donne du relief à cette petite graine timide. Enfile les légumes sur des brochettes : c'est une super idée pour les cuire.**

300 ml d'eau
225 g de couscous

**Pour la sauce :**
50 ml d'huile d'olive
2 c. à soupe de jus de citron
2 c. à café de harissa
1 zeste de citron
2 c. à soupe de persil ou de coriandre
25 g de raisins secs hachés
25 g d'abricots secs hachés
Sel, poivre noir

**Pour les brochettes :**
Tomates cerises
Oignon rouge coupé en gros morceaux
Courgettes en rondelles
Champignons de Paris
Huile d'olive
Ail
Jus de citron
Sel et poivre

**1.** Recouvre la graine de couscous d'eau bouillante et laisse-la gonfler 5 minutes, couverte d'un torchon. Bascule sur un plat de service. Égrène à la fourchette. Sale et poivre.
**2.** Mélange tous les ingrédients de la sauce dans un bol. Réserve.
**3.** Mets les légumes préparés dans un saladier. Tourne-les dans un mélange d'huile d'olive, d'ail et de citron. Si tu utilises des brochettes en bois, mets-les à tremper dans de l'eau.
**4.** Préchauffe le gril. Pique les légumes sur des brochettes en bois ou en métal. Retourne-les régulièrement jusqu'à ce qu'ils soient dorés et juste tendres.
**5.** Verse la sauce sur le couscous, mélange. Pose les brochettes dessus. Sale et poivre.

POURQUOI PAS

* Fais des brochettes de poulet ou d'agneau (page 159) plutôt que de légumes.
* Fais dorer des bâtonnets de courgette, de poivron et d'aubergine sur une poêle à gril. Dispose-les sur le couscous et arrose de sauce.

POUR 6 €€ V

3 c. à soupe d'huile d'olive
110 g d'oignon haché menu
2 gousses d'ail pelées et écrasées
1 petit piment rouge séché et émietté
1 c. à café de cumin moulu
1 c. à café de coriandre moulue
¼ c. à café de curcuma
1 c. à café de pâte de citronnelle ou ½ tige fraîche hachée menu
200 g de champignons bruns hachés menu
Jus de 1 citron vert
400 g de pois chiches en boîte, égouttés
75 g de chapelure fraîche
Quelques traits de Tabasco
2 c. à soupe de coriandre fraîche hachée menu
Sel et poivre
Farine pour enrober
Huile d'olive pour la cuisson

**Servir avec :**
Des petits pains ronds ou ciabatta, grillés ou réchauffés au four
Du guacamole (page 18)
De fines rondelles de tomate
Un mélange mayo + sauce au piment doux
De la roquette
Des lanières de ciboule

# Hamburgers aux pois chiches

**Les pois chiches sont riches en fibres et en protéines, faibles en matière grasse, et ils coûtent une misère. Mets-en dans ce délicieux hamburger qui séduira même les carnivores invétérés. Fortement recommandé avant le sport et en période d'intense activité intellectuelle. Superpose à ta guise les ingrédients les plus saugrenus.**

**1.** Fais chauffer l'huile d'olive dans une poêle. Attendris tout doucement l'ail et l'oignon pendant 5 minutes sans les laisser colorer.
**2.** Ajoute le piment, le cumin, la coriandre, le curcuma, la citronnelle. Fais cuire en remuant 3 minutes. Ajoute les champignons, le jus de citron vert. Cuis encore 5 minutes. Retire du feu.
**3.** Écrase grossièrement les pois chiches à la fourchette ou au mixeur. Incorpore-les aux légumes frits ainsi que la chapelure, le Tabasco, la coriandre, le sel et le poivre.
**4.** Répands la farine sur une assiette. Mets-en un peu sur tes mains. Avec des gestes délicats, façonne 6 hamburgers à partir du mélange précédent. Roule-les dans la farine. Réserve au moins 15 minutes au frais.
**5.** Fais revenir ces hamburgers dans un peu d'huile d'olive, 5 minutes de chaque côté, jusqu'à ce qu'ils soient bien cuits. Sers sur un lit de salade ou entre deux moitiés de pain (avec plein d'autres trucs…).

# Haricots à la tomate et polenta

**Fais-toi de bons vieux haricots blancs à la tomate et déguste-les avec des bâtonnets de polenta grillée. Ce plat italien à base de semoule de maïs est vite prêt et très polyvalent.**

POUR 2 · €€ · V

**Pour la polenta :**
1,2 litre d'eau
½ c. à café de sel
200 g de polenta précuite
50 g de beurre
2 grosses poignées de parmesan ou de gruyère râpé (facultatif)
2 gousses d'ail écrasées
Fines herbes (facultatif)
Huile pour la cuisson

**Pour les haricots :**
1 c. à soupe d'huile d'olive
1 petit oignon haché menu
1 gousse d'ail écrasée
1 boîte de tomates (200 g)
150 ml d'eau chaude + 2 pincées de bouillon de légumes en poudre
2 traits de sauce soja
1 ou 2 c. à café de moutarde
1 trait de sauce Worcester
1 c. à soupe de cassonade
1 boîte de haricots blancs (400 g)

**1. Polenta :** fais bouillir l'eau salée dans une grande casserole. Verse progressivement la polenta. Remue sur feu doux pendant 5 minutes : la polenta bouillonne et épaissit. Ajoute le beurre, le fromage si tu en mets, l'ail, éventuellement les fines herbes. Verse dans un plat légèrement huilé ou tapissé de papier sulfurisé. Laisse refroidir puis mets au frais. Découpe en bâtonnets.
**2. Haricots :** fais revenir l'oignon à feu très doux dans de l'huile bien chaude (5 minutes). Ajoute l'ail. Poursuis la cuisson 2 minutes. Mets les tomates, le bouillon, la sauce soja. Laisse cuire tout doucement pendant 10 à 15 minutes. Ajoute la moutarde, la sauce Worcester, le sucre, les haricots. Cuis encore 5 minutes. Goûte et rectifie l'assaisonnement.
**3. Pour la finition :** badigeonne d'huile d'olive les bâtonnets de polenta. Fais dorer quelques minutes de chaque côté sur une poêle à gril très chaude, ou passe sous le gril du four jusqu'à ce que ce soit chaud et croustillant. Sers.

POURQUOI PAS

* S'il te reste de la polenta, trempe-la dans de la bolognaise (page 97). Ou garnis-la de légumes cuits au four – tranches de champignons ou demi-tomates cœur de bœuf.

AEG

# VIANDES

Irremplaçable (à moins que tu ne sois végétarien, bien sûr). Prépare-toi des plats de qualité sans te ruiner. Je t'ai sélectionné de bons vieux classiques mais aussi de savoureuses nouveautés.

POUR 2 €€

4 à 6 saucisses d'excellente qualité

**Pour la sauce à l'oignon :**

1 noix de beurre
1 gros oignon en très fines rondelles
1 pincée de sel
1 pincée de sucre
1 gousse d'ail écrasée
½ c. à soupe de farine
300 ml de bouillon de volaille ou de légumes (maison, ou bouillon reconstitué)
1 bonne lampée de sauce Worcester
Un peu de vinaigre balsamique
Sauge fraîche hachée (ou 1 pincée de sauge séchée)
Sel, poivre noir

**Pour la purée :**

450 g de pommes de terre farineuses (type bintje, agata...) pelées et coupées en 4
50 à 75 ml de lait écrémé chaud
Un peu de moutarde
1 bon morceau de beurre
Sel et poivre

# Saucisses-purée et sauce sucrée à l'oignon

Un classique somptueux – à condition de se donner un peu de mal. Achète quelques saucisses chez ton charcutier ou sur un marché. Fais une belle purée bien crémeuse. Creuse un volcan dedans et remplis de sauce au jus relevée d'oignon...

**1. Prépare la sauce :** fais fondre le beurre dans une casserole. Ajoute l'oignon, le sel, le sucre, l'ail. Fais revenir tout doucement sans coloration pendant 10 minutes.

**2.** Mets la farine et remue 2 minutes pour en neutraliser le goût. Verse le bouillon peu à peu, sans cesser de remuer. Ajoute la sauce Worcester, le vinaigre, la sauge. Sale et poivre.

**4. Prépare la purée :** fais bouillir les pommes de terre jusqu'à ce qu'elles soient tendres. Égoutte-les. Remets-les sur le feu 1 minute pour les sécher. Incorpore le lait, la moutarde et le beurre, et écrase le tout. Ou rajoute des ingrédients (page 215). Assaisonne bien.
**5. Fais cuire lentement les saucisses :** au gril (baisse au minimum et retourne régulièrement), au four (20 minutes à 200 °C) ou à la poêle (20 minutes dans un peu d'huile à feu très très doux) pour qu'elles soient bien savoureuses. Déguste-les avec de la sauce HP, du chutney aux pommes, du chou rouge (page 213).

POURQUOI PAS

* Fais la sauce avec des oignons rouges. Remplace une partie du bouillon par de la Guinness et ajoute du ketchup. Ou garnis d'un peu de confiture d'oignons chaude.

# Cocotte de saucisses

**L'odeur de ce plat me met toujours l'eau à la bouche. Réunis quelques-uns de tes ingrédients préférés dans une cocotte et laisse-les mijoter jusqu'à ce qu'ils développent toutes leurs saveurs. Un plat exquis à partager avec des potes – pour réchauffer les longues soirées d'hiver.**

POUR 4 €€

1 c. à soupe d'huile de tournesol
½ c. à soupe de beurre
8 bonnes saucisses bien grasses
8 tranches de bacon non fumé coupées grossièrement
3 gros oignons en rondelles
700 g de pommes de terre farineuses en fines rondelles
Fines herbes hachées (ou pincée d'herbes séchées)
850 ml de bouillon maison ou acheté, de cidre, d'eau ou de liquide mélangé
Sel, poivre noir

**1.** Préchauffe le four à 190 °C.
**2.** Chauffe l'huile et le beurre dans une poêle. Fais-y revenir les saucisses pendant quelques minutes en les retournant jusqu'à ce qu'elles soient bien dorées. Réserve sur une assiette.
**3.** Répète l'opération avec les morceaux de bacon. Fais-les juste dorer. Transfère-les sur une assiette. Mets les oignons dans la poêle. Attendris-les légèrement pendant 5 minutes.
**4.** Prends une cocotte allant au four. Couvre le fond avec un tiers des rondelles d'oignons et de pommes de terre. Parsème de fines herbes. Sale et poivre légèrement. Ajoute la moitié du bacon et 4 saucisses.
**5.** Mets un autre tiers d'oignons et de pommes de terre, des fines herbes, le reste du bacon, les saucisses. Termine par une couche d'oignons, puis de pommes de terre.
**6.** Mouille avec du bouillon ou de l'eau. Mets un couvercle ou recouvre de papier alu. Enfourne 50 minutes. Retire le couvercle ou le papier alu. Prolonge la cuisson de 15 minutes, jusqu'à ce que ça soit bien doré. Délicieux.

POURQUOI PAS

Tu peux ajouter :

* des champignons à l'étape 3
* quelques haricots blancs sauce tomate à l'étape 5
* une pomme coupée en rondelles avec les pommes de terre
* quelques morceaux de boudin.

POUR 4 €€

**Pâte à *Yorkshire pudding* :**
4 œufs
300 ml de lait ou de lait additionné d'eau
Sel et poivre
225 g de farine

1 c. à soupe d'huile
8 saucisses d'excellente qualité

# Saucisses en croûte à l'anglaise

**Ces saucisses cuites au four sont un classique de la cuisine anglaise. Pour réussir ce plat, une seule règle de base : fais bien chauffer le plat et l'huile avant d'y verser la pâte. C'est tout ! Déguste avec une purée bien crémeuse (page 215) et du chou (sauté au wok dans du beurre et de l'ail).**

**1.** Commence la pâte : à l'aide d'un fouet ou d'un mixeur, travaille les œufs avec le lait, le sel et le poivre jusqu'à ce que le mélange soit mousseux. Laisse reposer 20 minutes. Allume le four à 220 °C.

**2.** Fais chauffer l'huile 5 minutes dans un plat. Mets les saucisses, glisse-les au four 10 minutes.

**3.** Finis la pâte : si tu disposes d'un appareil électrique, ajoute la farine tamisée au mélange œufs + lait et bats le tout jusqu'à consistance lisse. Dans le cas contraire, tamise la farine dans un saladier, creuse un puits au milieu, puis verses-y très progressivement le mélange œufs + lait, en remuant jusqu'à consistance lisse.

**4.** Verse la pâte sur les saucisses. Enfourne 20 à 40 minutes jusqu'à ce qu'elle soit levée et bien dorée. Un délice !

POURQUOI PAS

* Fais cuire 20 minutes dans 4 moules (mets 1 saucisse par moule).
* Enroule les saucisses dans du bacon avant de les faire dorer.
* Option végétarienne : remplace-les par de la courge musquée, de l'oignon rouge ou de gros champignons de Paris grillés.

# Jambon laqué au cidre

**Ce superbe plat a accompagné mon frère Tom pendant ses années de fac. OK, c'est un peu long à préparer mais le résultat en vaut la peine ! Génial quand on a plein d'invités, sinon tu as de quoi manger pendant une semaine avec ça. Recyclable de mille façons, chaud ou froid.**

POUR 8 €€

2 kg de jambon frais maintenu par de la ficelle à rôtir
Eau pour couvrir
330 ml de cidre, de Canada Dry, de jus d'orange ou de pomme
1 oignon pelé et coupé en deux

**Pour le laquage :**
1 c. à soupe de moutarde anglaise (type Savora)
1 à 2 c. à soupe de marmelade d'orange, de confiture d'abricot ou de miel liquide
1 c. à soupe de cassonade
Plein de clous de girofle

**Accompagner de :** pommes de terre rôties ou de baked potatoes
chou-fleur au fromage (p. 212)
chou rouge au four (p. 213)

1. **La veille (ou l'avant-veille) :** mets le jambon dans un grand saladier. Couvre-le d'eau froide et laisse-le dessaler au frigo.
2. **Avant utilisation :** égoutte-le. Mets-le dans une casserole avec le cidre, le jus de fruits ou le Canada Dry. Couvre d'eau. Ajoute l'oignon.
3. Laisse cuire à petits bouillons pendant 1 heure. Entre-temps, mélange les ingrédients du laquage (sans les clous de girofle).
4. Préchauffe le four à 200 °C. Égoutte le jambon au-dessus d'un saladier (garde le bouillon de cuisson pour faire une soupe s'il n'est pas trop salé).
5. Retire la couenne du jambon. À l'aide d'un couteau bien aiguisé, taille le gras en losanges, et plante un clou de girofle à chaque intersection.
6. Mets le jambon dans un plat, rajoute un peu de cidre ou de jus de pomme. À l'aide d'un pinceau, enduis-le avec les deux tiers du laquage. Enfourne 45 minutes. Badigeonne de temps en temps avec le laquage restant. Laisse reposer 10 à 15 minutes après la cuisson, puis découpe.
7. Fais une sauce avec le jus de cuisson : verse un peu de cidre ou de jus de fruits dans le fond du plat pour dissoudre les sucs, porte à ébullition et laisse réduire un peu.

POURQUOI PAS

* Le jambon sous vide se conserve des semaines au frigo. Achète-le quand tu as de l'argent, cuisine-le dans les périodes de dèche !
* Utilise ce jambon dans des plats au wok, des crêpes, des omelettes, des salades, des sandwichs.

POUR 2 €€

**Pour les travers de porc :**
8 travers de porc
½ canette de coca
2 gousses d'ail
Un peu de gingembre haché
Eau

**Marinade :**
5 c. à soupe de ketchup
2 ½ c. à soupe de sauce soja
2 ½ c. à soupe de vinaigre de riz
50 g de cassonade
2 gousses d'ail écrasées
Un peu de gingembre frais râpé
½ c. à café de piment rouge en paillettes ou un trait de Tabasco
Un peu de coca

# Travers de porc pétillants au coca

**Enfin un bon usage du coca : mets-le dans une marinade. Laisse-le attendrir tes travers de porc puis glisse-les dans le four. Un délice qui ne peut se manger qu'avec les doigts !**

**1.** Mets les travers de porc dans une grande casserole avec le coca, l'ail et le gingembre, assez d'eau pour couvrir.
**2.** Porte à ébullition. Baisse le feu. Laisse cuire à feu doux 20 minutes. Retire la mousse à l'aide d'une cuillère ou d'une écumoire.
**3.** Retire du feu. Laisse refroidir les travers dans l'eau pendant 10 minutes. Égoutte.
**4.** Prépare la marinade, ajoute du coca mais pas trop. Verse sur les travers de porc, retourne-les. Laisse mariner le temps que tu peux.
**5.** Allume le four à 200°C. Tapisse le plat de papier alu. Dispose les côtes sans les chevaucher. Badigeonne-les de marinade. Fais-les cuire 15 minutes d'un côté puis15 minutes de l'autre. Mais pas plus – les travers se dessèchent rapidement !

POURQUOI PAS
* À l'étape 4, puis fais griller les travers au barbecue.
* Applique cette marinade sur des côtes de porc avant de les cuire à la poêle.
* Prépare une demi-dose de marinade supplémentaire pour servir avec les travers.
* Essaie avec la marinade du poulet (page 150) ou celle du porc laqué (page de droite) : les deux s'accordent super bien avec des travers de porc.

# Mon petit porc laqué préféré

**Le filet de porc est une viande maigre qui s'imprègne à merveille des douces saveurs chinoises. Laisse-le mariner toute une nuit ou fais-le au dernier moment. Quant aux végétariens, ils auraient tort de ne pas goûter cette marinade avec du tofu (cuit au wok).**

POUR 4 — €€

2 filets mignons de porc de 450 g chacun

**Marinade :**
2 c. à soupe de miel liquide
2 c. à soupe de sauce soja
2 c. à soupe de sauce hoisin
1 c. à café d'huile de sésame
1 pincée de mélange cinq épices chinois

**Accompagner de :**
riz sauté au wok
nouilles sautées au wok

**1.** Prépare la marinade et trempe les filets de porc dedans. Retourne-les. Laisse-les le temps que tu peux. Préchauffe le four à 200 °C. Tapisse la grille du four de papier alu.
**2.** Dispose la viande dessus et laisse-la 20 minutes. Badigeonne de marinade de temps en temps. Retire du four. Laisse reposer pendant 5 minutes.

POURQUOI PAS
* Mange-le froid : mets-le dans une boîte-repas avec une salade de nouilles chinoises (page 205).
* Coupe-le en morceaux et fais-toi des crêpes chinoises avec de la sauce hoisin, des bâtonnets de concombre, de la ciboule.

# Côtes de porc dynamite

**Un délice pour les habitués des salles de gym. Le porc est un concentré de protéines et de thiamine (vitamine B1, qui aide à libérer l'énergie des glucides). Une sauce croquante là-dessus pour bien mettre en valeur les saveurs, et c'est parti mon kiki !**

POUR 2 — €€ — EXPRESS

2 côtes de porc (avec l'os) ou escalopes de porc
2 grosses tranches de pain sans la croûte
1 gousse d'ail écrasée
1 œuf battu
1 c. à café de moutarde
1 pincée de sauge, de romarin ou d'origan séchés
Sel et poivre
Huile ou beurre, ou les deux

**Pour la sauce à la pomme :**
2 tomates
1 pomme
Jus de citron
Huile d'olive
Moutarde
1 pincée de sucre
Sel et poivre

**1. Viande :** aplatis-la un peu à l'aide d'un rouleau à pâtisserie. C'est un peu plus difficile quand il y a de l'os, mais vas-y quand même !
**2.** Passe le pain et l'ail au mixeur. Verse cette chapelure sur une assiette.
**3.** Mélange l'œuf, la moutarde, les herbes, le sel et le poivre et dispose sur une autre assiette.
**4.** Trempe chaque morceau de viande dans le mélange à base d'œuf de façon à bien l'enrober, puis retourne plusieurs fois dans la chapelure. Réserve au frais pour plus tard, ou fais cuire tout de suite.
**5.** Fais bien chauffer la matière grasse dans une poêle, puis mets-y la viande. Fais-la revenir quelques minutes de chaque côté jusqu'à ce qu'elle soit cuite ; elle doit être juteuse à l'intérieure et croustillante à l'extérieur (vérifie avec un couteau). Laisse reposer pendant que tu prépares la sauce.
**6. Sauce :** détaille les tomates et la pomme en dés. Mélange avec le jus de citron, l'huile, la moutarde, le sucre, le sel et le poivre. Répands sur la viande.

POURQUOI PAS
* Fais du poulet dynamite : aplatis un filet de poulet et fais-lui subir le même sort !

POUR 6 €€

1 poitrine de porc (6 côtes ou davantage si tu veux !)
2 c. à café de sel de mer
1 ou 2 c. à café de graines de fenouil
Herbes fraîches (thym, romarin ou sauge)
3 pommes coupées en deux

**Pour la sauce au jus :**
Eau, jus de pomme ou cidre

# Poitrine de porc au four et sa sauce aux pommes

**Là, je manque un peu de superlatifs : donne la meilleure sauce au jus que je connaisse… viande douce et fondante… une couenne croquante. La poitrine de porc est le secret du chef. Elle permet de nourrir une grande tablée sans trop d'efforts. Sers avec de la purée ou des patates rôties parsemées d'aromates.**

**1.** Préchauffe le four à 220 °C. Sèche la viande avec du papier absorbant.
**2.** Entaille la couenne tous les centimètres avec un couteau de cuisine puis perce la viande un peu partout (ou demande à ton boucher de le faire).
**3.** Mets du sel et des graines de fenouil dans les entailles, puis garnis de fines herbes.
**4.** Enfourne dans un plat sans ajouter de matière grasse. Après 30 minutes, baisse le four à 180 °C et prolonge la cuisson de 45 minutes à 2 heures (voire plus).

**5.** Environ 20 minutes avant la fin, ajoute les pommes, face tranchée vers le bas.
**6.** Laisse reposer la viande 15 minutes. Retire-la du plat avant de la découper et décolle les pommes du fond. Verse de l'eau, du cidre ou du jus de pomme pour délayer les sucs de cuisson. Laisse réduire à feu vif en remuant, pour obtenir une sauce aux pommes d'enfer !

POURQUOI PAS

* Fais de la poitrine de porc croustillante à la chinoise. À l'étape 3, frotte la viande avec 1 c. à café de mélange 5 épices et autant de sel de mer. Réserve au frais sans couvrir pour que les saveurs se développent (une nuit, ça suffit) ou fais cuire tout de suite : pose la viande sur la grille d'un plat à rôtir et enfourne 20 minutes à 230°C. Baisse la température comme indiqué plus haut, et poursuis la cuisson jusqu'à ce que la viande croustille. Laisse reposer. Découpe en morceaux avec un gros couteau.

# Tartiflette

**Tous tes ingrédients préférés réunis dans un même plat… fumant, fondant, odorant. Un « tout en un » classique et très facile à réussir. À condition, une fois de plus, de ne rien précipiter !**

POUR 2-3 €

Huile d'olive
4 tranches de bon bacon, hachées
Un peu de beurre
1 oignon coupé en fines rondelles
2 gousses d'ail finement émincées
450 g de pommes de terre à chair ferme pelées
Thym frais ou séché
110 g de gruyère, de comté ou de reblochon

**1.** Fais chauffer l'huile dans une sauteuse. Mets le bacon à frire jusqu'à ce qu'il soit juste croustillant, et retire-le. Ajoute le beurre. Fais revenir doucement l'ail et l'oignon pendant 10 minutes jusqu'à ce qu'ils soient tendres.
**2.** Entre-temps, coupe les pommes de terre en rondelles très fines pour qu'elles cuisent vite et de manière uniforme. Mets-les dans la poêle avec le bacon, l'ail et l'oignon. Parsème de thym. Couvre.
**3.** Laisse cuire à feu doux pendant 15 à 20 minutes, jusqu'à ce que les pommes de terre soient tendres. Vérifie avec la pointe d'un couteau (elle doit s'enfoncer facilement). Recouvre de fromage fraîchement râpé ou coupé en lamelles.
**4.** Remets le couvercle. Cuis encore quelques minutes jusqu'à ce que le fromage ait fondu. Encore meilleur accompagné d'une petite salade bien relevée.

POUR 3-4

€

- 3 pommes de terre moyennes pelées et coupées en morceaux
- 2 c. à soupe d'huile d'olive
- 1 gros oignon haché grossièrement
- 2 gousses d'ail écrasées
- 1 pincée de poudre de piment
- 175 g de corned-beef
- Jus de ½ citron
- Quelques feuilles de thym frais ou séché
- 1 trait de sauce Worcester
- Sel, poivre noir

# Gamelle de corned-beef toujours prête !

**Spécial cuisine du placard… à déguster au petit déjeuner, ou à n'importe quelle heure du jour ou de la nuit. L'ajout de thym et de citron apporte à ce plat une touche un peu plus noble. NB : une cuillerée à café d'herbes séchées équivaut facilement à une cuillerée à soupe d'herbes fraîches, alors vas-y mollo !**

**1.** Fais bouillir les pommes de terre 7 à 10 minutes dans une eau légèrement salée jusqu'à ce qu'elles soient juste tendres. Égoutte bien et couvre d'un torchon.

**2.** Entre-temps, fais chauffer l'huile dans une poêle et fais revenir doucement l'ail et l'oignon additionnés de piment et de sel jusqu'à ce qu'ils soient tendres mais non colorés (5 à 10 minutes).

**3.** Mets les pommes de terre en rajoutant un peu d'huile au besoin. Remue de façon à bien les imprégner, et fais-les dorer 10 minutes. Ajoute le corned-beef émietté, le jus de citron, le thym, la sauce Worcester. Sale et poivre.

**4.** Laisse cuire jusqu'à ce que ce soit bien croustillant, ou verse dans un plat à four et passe sous le gril très chaud jusqu'à ce que le dessus soit bien doré. Ajoute un œuf au plat ou poché si tu aimes.

POURQUOI PAS

✱ Remplace le corned-beef par du jambon cuit, du bacon, du rosbif ou du rôti de porc, du chorizo frit, des champignons, du thon en boîte égoutté.

✱ Enduis les pommes de terre d'un peu de moutarde avant de les faire rissoler.

✱ Ajoute-moi un peu de fromage dans tout ça !

# Le hamburger…

**En tous points supérieur au bon vieux MacDo ! Prends du steak haché de bonne qualité. Propose à tes invités plein de petits trucs gourmands pour customiser leur hamburger.**

POUR 4 · € · EXPRESS

700 g de steak haché d'excellente qualité
Sel, poivre noir
Fines herbes hachées
1 c. à soupe d'huile d'olive (légère) ou de beurre
1 oignon moyen haché menu
2 gousses d'ail écrasées
4 petits pains pour hamburgers

**Pour lier – au choix :**
Un peu d'œuf battu
1 c. à soupe de crème fraîche
Mayo
Ketchup
Moutarde
Bière blonde
Guinness

**Ingrédients à empiler – au choix :**
Chorizo coupé en rondelles et frit
Fromage râpé
Bacon fumé grillé
Laitue Iceberg taillée en lanières
Tomate coupée en fines rondelles
Oignon rouge coupé en fines rondelles
Ketchup
Mayo
Moutarde
Roquette

**Accompagner de :**
grosses frites irrégulières (page 178)
coleslaw (page 210)
salade verte (page 210)

**1.** Mets la viande hachée dans un saladier. Sale et poivre. Ajoute les herbes.
**2.** Fais chauffer l'huile dans une poêle. Laisse revenir très doucement l'ail et l'oignon pendant 5 à 10 minutes, jusqu'à ce qu'ils soient tendres mais non colorés.
**3.** Mélange-les à la viande avec une fourchette. Ajoute le liant de ton choix, mais n'en mets pas trop.
**4.** Façonne 4 gros ou 8 petits hamburgers. Réserve 1 heure au frais si tu peux.
**5.** Préchauffe le gril du four (tu peux aussi les faire à la poêle ou au barbecue).
**6.** Fais cuire les burgers 3 à 4 minutes de chaque côté, selon la cuisson voulue.
**7.** Réchauffe les petits pains. Ou coupe-les en deux puis fais-les griller côté mie. Empile les ingrédients à ta guise…

POURQUOI PAS

* Pour obtenir un hachis de qualité, coupe du rumsteck en cubes et hache-les dans un robot.
* Remplace un tiers de la viande par de la chapelure pour faire des économies.
* Fais des burgers de porc. À l'étape 1, prends du hachis de porc. À l'étape 2, ajoute du gingembre frais râpé, de la coriandre hachée et une pomme râpée. Empile avec des germes de soja, de la mayo, des bâtonnets de concombre ou de ciboule, de la sauce au piment doux.
* Fais des burgers d'agneau. Prends de l'agneau de bonne qualité. Ajoute de la menthe fraîche. Mets du boulgour (cuit) si tu es à sec.
* Fais des cheeseburgers. Trempe des lamelles de fromage de chèvre dans de l'œuf battu, sale et poivre. Enrobe de chapelure aillée (page 88). Mets au frais. Fais griller des rondelles d'aubergine. Dore le fromage des deux côtés dans un peu d'huile. Coince les rondelles d'aubergine, le fromage, des feuilles de roquette entre deux moitiés de pain, sans oublier la mayo !
* Prépare un burger de thon pour deux. Hache menu 225 g de thon frais, ajoute de l'ail écrasé, de la moutarde, des fines herbes, une pincée de piment de Cayenne, du Tabasco. Mets au frais. Fais cuire doucement.

# *Cottage pie* (au bœuf)

**Né dans le nord de l'Angleterre au XVIIIe siècle, ce cousin du hachis Parmentier était censé nourrir à peu de frais des familles extrêmement nombreuses. C'est exactement ce qu'il te faut, non ? Essaie de varier les ingrédients de base à chaque fois, pour lui donner plus de caractère.**

POUR 4-6

€€

1 c. à soupe d'huile d'olive ou de tournesol
1 gros oignon haché menu
1 pincée de sel
2 ou 3 gousses d'ail écrasées
1 ou 2 carottes en dés
450 g de steak haché d'excellente qualité
1 c. à soupe de farine
285 ml de bouillon ou d'eau, ou un peu de vin rouge
1 boîte de tomates en dés (400 g)
2 ou 3 c. à soupe de concentré de tomates
1 pincée de sucre
2 c. à café de sauce Worcester
Fines herbes hachées
Sel, poivre noir

**Pour le dessus :**
900 g de pommes de terre farineuse
2 c. à soupe de lait
1 bon morceau de beurre
1 c. à café de moutarde

**1.** Chauffer l'huile à feu doux dans une grande casserole. Ajoute l'oignon et une pincée de sel. Attendris pendant 5 minutes. Mets l'ail et les dés de carotte. Couvre. Fais revenir doucement 5 minutes, jusqu'à ce que les carottes soit tendres.
**2.** Augmente le feu. Jette la viande en remuant rapidement jusqu'à ce qu'elle soit bien dorée. Incorpore la farine. Ajoute le bouillon, l'eau ou le vin, les dés et le concentré de tomates, le sucre, la sauce Worcester, les herbes, le sel et le poivre. Porte à ébullition 2 à 3 minutes.
**3.** Baisse le feu. Laisse mijoter 30 minutes à couvert. Entre-temps, prépare la purée (page 215).
**4.** Préchauffe le four à 200 °C. Goûte la viande et rectifie l'assaisonnement. Verse dans un grand plat à four ou à gratin ou dans 4 petits plats (congèle ce qui est en trop). Recouvre d'une purée aérienne et bien assaisonnée.
**5.** Enfourne 30 à 40 minutes, jusqu'à ce que le dessus soit bien doré et grésille.

POURQUOI PAS

* Agrémente la purée de fromage râpé.
* Mélange un peu de patate douce ou de panais avec les pommes de terre.
* Fais du *shepherd's pie* : remplace le bœuf par de l'agneau haché.
* Fais du *kheema* bien épicé. À l'étape 1, supprime les carottes, ajoute à la place un morceau de gingembre de 3 cm, râpé. À l'étape 4, ajoute 1 piment épépiné et haché menu, 1 c. à café de garam masala. Fais cuire jusqu'à l'étape 5. Ajoute des petits pois décongelés, du jus de citron (ou de citron vert), de la coriandre fraîche. Déguste avec du riz ou des chapatis (page 196) et du yaourt (page 46).
* Prépare de la moussaka. À l'étape 2, ajoute 2 pincées de cannelle, de l'origan séché, encore un peu de vin rouge. À l'étape 3, fais revenir des rondelles d'aubergines dans de l'huile jusqu'à ce qu'elles soient tendres et dorées. À l'étape 4, mets une couche de sauce à la viande, recouvre de fromage râpé puis d'aubergines. Répète l'opération, en terminant par de l'aubergine. Nappe de sauce au fromage (page 90). C'est renversant !

# Mon chili con carne (avec du bon bœuf !)

**Tu prévois une soirée DVD (genre trilogie) avec des potes ? Ou tu fais encore une grosse fête chez toi ? Pas de problème. Prépare ton chili deux jours à l'avance si ça t'arrange. Ne lésine pas sur le piment (et ajoute un peu de cacao amer, à la mexicaine). Garnis de plein de trucs gourmands, et sors les bières !**

POUR 8 — €€

2 c. à soupe d'huile d'olive
2 gros oignons hachés menu
2 gousses d'ail écrasées
2 piments épépinés et hachés menu ou 1 c. à café de paillettes de piment
1 c. à café de cumin
1 c. à café de coriandre
2 poivrons rouges épépinés et hachés menu
900 g de bœuf haché
2 boîtes de 400 g de tomates en dés
4 c. à soupe de ketchup
4 c. à soupe de concentré de tomates
1 c. à café de sucre
1 pincée de cannelle
1 boîte de haricots rouges (400 g)
1 boîte de haricots blancs (400 g)
200 ml de bouillon ou d'eau
Jus de 1 citron ou citron vert
Sel et poivre
1 c. à soupe de coriandre hachée
Sauce piquante aux piments, Tabasco ou autre (facultatif)

**Accompagner de :**
guacamole (page 18)
crème aigre
fromage râpé
nachos (chips mexicaines)
pain de maïs ou petits pains ronds

**1.** Fais chauffer doucement l'huile d'olive dans une grande marmite. Mets-y l'ail et les oignons. Fais-les fondre doucement sans les laisser colorer (5 à 10 minutes).
**2.** Ajoute le piment, le cumin, la coriandre, les poivrons rouges. Augmente le feu et remue. Mets la viande. Remue d'un geste vif jusqu'à ce qu'elle soit bien dorée.
**3.** Ajoute les tomates, le ketchup, la purée de tomates, le sucre, la cannelle, les haricots, le bouillon ou l'eau, le jus de citron ou de citron vert, le sel et le poivre. Remue bien le tout.
**4.** Porte lentement à ébullition. Baisse le feu. Couvre et laisse mijoter doucement pendant 1 heure ou 2. Remue de temps en temps. Ajoute la coriandre et le Tabasco.

POURQUOI PAS

* Fais du pain de maïs (ou des petits pains). Mélange 110 g de farine, 1 c. à soupe rase de levure, 110 g de polenta, 75 g de fromage râpé. Ajoute 300 ml de lait, 2 œufs battus, 50 g de beurre fondu. Fais cuire 12 à 15 minutes dans un moule à muffins graissé ou 40 à 50 minutes dans un moule (pour pain de 900 g) à 200 °C.

POUR 4 €€

# Petits chaussons rustiques à la viande

**C'est mon pote Tom qui m'a fait découvrir ça quand j'habitais chez lui. J'en avalais un tous les matins au petit déjeuner (enfin… quand on se levait, c'était plutôt l'heure de déjeuner !). Pense à une pâte bien croustillante, avec une savoureuse farce à la viande. PS : se congèle très bien.**

**Pour la pâte brisée express :**
(ou achètes-en une pur beurre)
225 g de farine
1 pincée de sel
110 g de beurre froid
2 ou 3 c. à soupe d'eau glacée
Œuf battu ou lait

**Pour la farce :**
225 g de viande de bœuf maigre (rumsteck ou restes de viande braisée)
1 oignon moyen haché menu
2 pommes de terre moyennes coupées en petits dés
2 c. à soupe de bouillon ou d'huile
1 pincée de thym séché
1 c. à soupe de persil haché
Sel, poivre noir

**1.** Préchauffe le four à 200°C. Prépare la pâte (page 238). Réserve au frais.
**2.** Coupe la viande en petits morceaux. Mélange avec l'oignon, les dés de pomme de terre, le bouillon ou l'huile, les herbes, le sel et le poivre pour faire la farce.
**3.** Divise la pâte en 4 pâtons. Étale le premier en forme de carré sur une surface légèrement farinée. Pose une assiette de 15 cm de diamètre dessus, et découpe ce qui dépasse. Ou fais ça à vue de nez. Répète l'opération pour les 4.
Abaisse la pâte un peu plus finement si tu préfères.
**4.** Dépose un peu de farce au milieu de chaque disque. Humecte les bords avec un peu d'eau, relève-les de façon à enserrer la farce et pince avec tes doigts pour bien les souder. Badigeonne d'œuf battu ou de lait. Dispose sur une plaque de cuisson. Fais cuire 15 minutes. Baisse le four à 190°C et cuis encore 15 à 20 minutes. Recouvre les chaussons de papier sulfurisé s'ils dorent trop vite. Déguste-les avec de la sauce HP, du ketchup, des pickles, des haricots blancs à la sauce tomate.

POURQUOI PAS
Garnis de…
* chili végétarien (page 33)
* sauce bolognaise (page 97)
* jambon laqué (page 133) et légumes
* chou-fleur au fromage (page 212)
* tartines aux champignons du champion (page 45)
* légumes coupés en dés : pomme de terre, oignon, ail, chou-fleur, patate douce, rutabaga, carotte, haricots, petits pois. Fais-les revenir rapidement dans un peu d'huile. Ajoute une lichette de bouillon, des fines herbes, du sel et du poivre.

# Steak de l'ogre

**Pas pour tous les jours ! Pour l'occasion, va chez ton boucher et achète un steak dont la qualité justifie l'investissement. Accompagne de gratin dauphinois (insurpassable !), arrose de sauce au gingembre et n'oublie pas de préparer une belle salade verte.**

**1.** Commence par le gratin : préchauffe le four à 180 °C, et beurre un plat.
**2.** Taille les pommes de terre en rondelles très fines . Rince-les dans un bol d'eau froide. Sèche-les, puis mets-en la moitié dans le plat. Sale et poivre.
**3.** Mélange l'ail, la crème et le lait. Verse la moitié de ce mélange dans le plat, et couvre avec les pommes de terre restantes. Sale et poivre. Nappe le dessus avec le reste du mélange.
**4.** Recouvre de papier alu et enfourne 1 heure. Retire le papier, et cuis encore 30 minutes, jusqu'à ce que les pommes de terre soient bien fondantes.
**5.** Entre-temps, sors le steak du frigo. Aplatis-le un peu s'il est très épais. Entaille-le sur les bords pour l'empêcher de se rétracter.
**6.** Mélange les ingrédients de la sauce, si tu en veux. Prépare la salade ou les éventuels autres accompagnements.
**7.** Frotte le steak avec l'ail et un peu d'huile. Fais chauffer la poêle à gril (ou mets la matière grasse à chauffer dans une poêle normale).
**8.** Fais griller ou saisir le steak 2 minutes de chaque côté (ou davantage : tout dépend de l'épaisseur et du degré de cuisson souhaité. Vérifie avec la pointe d'un couteau : il doit être rosé à l'intérieur. Évite de le manger cru ou racorni !). Laisse-le reposer quelques minutes. Sale, et déguste avec du gratin dauphinois, de la sauce au gingembre, une salade verte.

POURQUOI PAS

✱ Remplace le gratin dauphinois par des grosses frites (page 178).
✱ Déglace la poêle avec un peu de vin. Fais réduire en remuant. Ajoute de la crème, mélange et verse sur le steak.
✱ Incorpore des fines herbes, de l'ail et du jus de citron dans du beurre mou. Dépose sur du papier sulfurisé, forme un rouleau et mets au frais. Garnis le steak cuit de rondelles de beurre d'ail.
✱ Écrase du roquefort ou du bleu d'Auvergne. Fais-le fondre sur le steak.
✱ Fais-toi du « steak tonique » : enduis la viande de gin, de poivre, d'huile et de thym. Mets-la 3 jours au frigo dans un sachet de congélation. Sors-la, laisse-la un peu à température ambiante et fais-la griller.

POUR 2 — €€€

**Pour le gratin dauphinois :**
450 g de pommes de terre farineuses pelées
3 gousses d'ail écrasées
150 ml de crème fraîche + un peu de lait
Sel, poivre noir

**Pour la sauce au gingembre (facultatif) :**
1 c. à café de sucre
1 c. à soupe de sauce au piment doux
1 c. à soupe de vinaigre de vin
2 c. à soupe de nuoc mam
Gingembre frais râpé

**Pour le steak :**
2 biftecks dans le filet de 175 g chacun ou 225 g de noix d'entrecôte ou de bavette d'aloyau
1 gousse d'ail coupée en deux
Un peu d'huile d'olive ou de beurre pour la cuisson
Sel et poivre

# Bœuf rôti et Yorkshire puddings

**Un viande magnifique… et une excellente excuse pour préparer des petits yorkshire puddings. Mets tout le monde à contribution pour cette recette. Intègre les restes dans des salades ou des sandwichs.**

POUR 6 €€€

1,8 kg de côte de bœuf à l'os ou 1,3 kg d'aloyau
2 c. à soupe d'huile d'olive
Sel, poivre noir

**Pour les patates rôties :**
2 ou 3 pommes de terre par personne pelées, blanchies 10 minutes et égouttées

**Pour la pâte à Yorkshire pudding :**
4 œufs
300 ml de lait
Un peu d'huile
225 g de farine
Sel et poivre

**Accompagner de :**
sauce au raifort
moutarde
chou-fleur au fromage (p 212)
carottes et brocoli

**1.** Sors la viande du frigo 1 à 2 heures à l'avance. Calcule le temps de cuisson (voir ci-après).
**2.** Préchauffe le four à 230 °C. Mets la viande dans un plat à four. À l'aide d'un couteau, entaille légèrement le bord gras à intervalles réguliers. Sale et poivre. Frotte avec de l'huile. Fais cuire 15 minutes. Coupe les pommes de terre blanchies au préalable en deux ou en quatre (ou laisse-les entières) et ajoute-les dans le plat.
**3.** Baisse le four à 180 °C. Arrose la viande une ou deux fois avec son jus.
**4.** Prépare des petits Yorkshire puddings selon ma recette (page 132).
**5.** Huile un plat ou 4 moules à tartelettes. Fais-les chauffer 5 minutes dans le four (essentiel pour que la pâte lève bien !).
**6.** Retire le rôti du plat quand il est cuit. Laisse-le reposer. Laisse les pommes de terre dans le four pour qu'elles deviennent croustillantes. Augmente la température au maximum.
**7.** Verse la pâte dans les moules. Enfourne-la 20 à 30 minutes, jusqu'à ce qu'elle soit bien gonflée.
**8.** Enlève les pommes de terre du plat et pose celui-ci sur une plaque de cuisson. Ajoute de l'eau, du bouillon ou du vin. Porte à ébullition en remuant pour obtenir une sauce au jus dont tu me diras des nouvelles !

POURQUOI PAS

* Calcule les temps de cuisson. Commence par saisir la viande 15 minutes à température élevée, puis baisse le four et laisse cuire comme suit…
Viande avec os : 12 minutes par livre (saignante), 15 minutes (à point) ou 20 minutes (bien cuite).
Viande sans os : 10 minutes par livre (saignante), 12 minutes (à point) ou 15 minutes (bien cuite).

* Enduis le dessus de moutarde, de poivre noir concassé, ou frotte avec du gingembre râpé.

* Fais-toi un « rôti du pauvre braisé » : enrobe de farine et fais saisir 1,8 kg de pointe de poitrine de bœuf ou de gîte dans de l'huile ou du beurre. Transfère dans une cocotte allant au four. Ajoute des carottes hachées, de l'oignon, des fines herbes. Couvre aux deux tiers avec du bouillon, du vin, de la bière ou de l'eau. Sale et poivre. Porte à ébullition, puis baisse la température. Mets un couvercle et laisse mijoter au moins 3 heures au four à 170 °C. Ajoute des quenelles aux herbes (page 145) 20 minutes avant de servir.

# Bœuf bourguignon... à la Guinness

**Les morceaux de viande un peu moins nobles s'attendrissent grâce à une cuisson très longue à basse température.**

**1.** Dans une grande cocotte, fais chauffer le beurre et la moitié de l'huile. Mets-y l'ail, l'oignon, les carottes et le gingembre, et laisse revenir 10 minutes à feu doux. Retire-les de la cocotte.

**2.** Enrobe les cubes de viande de farine salée et poivrée. Fais-les revenir (en plusieurs fois) dans l'huile restante, 3 à 4 minutes maximum, sur toutes les faces.

**3.** Retire-les de la cocotte. Mouille avec la Guinness ou le vin, le bouillon et la sauce Worcester. Augmente le feu et laisse réduire en grattant le fond de la cocotte pour décoller les sucs caramélisés.

**4.** Remets la viande et les légumes dedans. Ajoute le concentré de tomates, le sucre, les fines herbes, le vinaigre balsamique, le zeste d'orange (si tu en mets). Porte brièvement à ébullition.

**5.** Fais cuire sur feu très doux ou enfourne à 180°C pendant 2 à 3 heures, jusqu'à ce que la viande soit bien tendre. Si tu veux, tu peux ajouter des champignons 30 minutes avant la fin de la cuisson.

**6.** Goûte et rectifie l'assaisonnement. Trop de sauce ? Retire la viande, laisse réduire un peu le jus à feu vif, puis remets la viande.

POURQUOI PAS

* Surmonte d'un couvercle de pâte feuilletée et fais une tourte au bœuf.
* À l'étape 4, mets du vin rouge, du bouillon de bœuf et de la sauce soja. Ajoute 2 graines d'anis étoilé, 2 c. à café de miel, 1 c. à soupe de vinaigre de vin à la place de la sauce Worcester pour obtenir un ragoût de bœuf à la chinoise.
* Remplace la Guinness par du cidre, le bœuf par du porc. Complète les oignons par des pommes et des pruneaux.
* Fais un ragoût de poulet. À l'étape 1, farine les morceaux de poulet. Fais-les saisir dans de l'huile. Mouille-les avec du bouillon, de l'eau ou du cidre et ajoute des tomates concassées.
* Ajoute des quenelles. Mélange 110 g de farine à levure , une pincée de sel, 50 g de graisse de rognon (ou équivalent végétarien), des herbes fraîches ou séchées et un peu d'eau. Façonne 12 quenelles. Ajoute-les à la fin de l'étape 5. Fais-les cuire 15 à 20 minutes.

POUR 4 — €€

- 25 g de beurre
- 2 c. à soupe d'huile
- 2 gros oignons hachés
- 1 gousse d'ail écrasée
- 4 carottes hachées
- Un peu de gingembre râpé (facultatif)
- 900 g de bœuf à braiser coupé en cubes de 4 cm de côté
- 1 ½ c. à soupe de farine
- Sel, poivre noir
- 250 ml de Guinness ou de vin rouge
- 250 ml de bouillon ou d'eau
- 1 ou 2 c. à soupe de Sauce Worcester
- 2 c. à café de concentré de tomates
- 1 c. à café de sucre
- 1 feuille de laurier
- Thym frais ou séché
- 1 giclée de vinaigre balsamique
- Zeste d'orange (facultatif)
- Champignons (facultatif)
- Jus de citron (facultatif)

**Accompagner de :** baguette grillée et tartinée de moutarde * croûtons à l'ail * purée * légumes verts * quenelles

# Poulet vite prêt : deux options

**Deux plats sortis du chapeau… ou presque. Prépare ces jolies papillotes quelques heures à l'avance ou la veille. Glisse-les dans le four dès que tu trouves le temps de décompresser. Personnalise à ta guise.**

## Poulet, haricots et chorizo…

POUR 1 €€

- 3 ou 4 petites pommes de terre à chair ferme
- 1 filet de poulet coupé en diagonale
- Un bout de chorizo à cuire pelé et coupé en rondelles
- 2 ou 3 c. à soupe de gros haricots blancs
- 2 gousses d'ail émincées
- Un peu de passata ou de purée de tomates délayée avec de l'eau
- Un peu de vin, de cidre, de xérès, de bouillon ou de jus de pomme
- Origan séché pour saupoudrer
- Filet d'huile d'olive
- 2 c. à soupe de crème fraîche (facultatif)
- Sel, poivre noir

**1.** Fais cuire les pommes de terre quelques minutes à l'eau pour les attendrir. Égoutte-les, puis presse-les doucement pour bien éliminer l'excédent d'eau.
**2.** Étale une grande feuille de papier alu sur ton plan de travail. Replie un peu les bords avant d'y déposer les éléments de ton plat express.
**3.** Dispose joliment les médaillons de poulet sur le papier alu. Mets les pommes de terre, le chorizo, les haricots et l'ail tout autour. Répands quelques cuillerées de passata ou de purée de tomates diluée pour la sauce. Mouille avec un peu de liquide (vin, bouillon ou autre), ajoute l'origan, l'huile d'olive et un peu de crème fraîche pour la finition (ou mets-la au moment de servir). Sale et poivre.
**4.** Referme la feuille d'alu, en froissant bien les bords pour les souder l'un à l'autre. Mets au frais pour plus tard, ou enfourne pendant 20 minutes à 220 °C (ouvre la papillote pour vérifier la cuisson du poulet avec un couteau). La cuisson peut durer plus longtemps après un séjour au frigo.

POURQUOI PAS

✱ Ajoute du fromage râpé, de la feta, des olives, de la sauce tomate maison (page 83).

## Classique au poulet 1, 2, 3… partez !

POUR 1 €€

- 4 petites pommes de terre
- 1 ou 2 carottes taillées en allumettes
- Quelques haricots verts
- 1 blanc de poulet coupé en diagonale
- ½ citron coupé en rondelles
- Basilic, romarin ou persil
- 2 gousses d'ail émincées
- Sel, poivre noir
- Un peu de vin blanc, de bouillon ou de jus de pomme

**1.** Fais bouillir les pommes de terre pendant 4 minutes. Ajoute les carottes, les haricots et prolonge l'ébullition de 2 minutes. Égoutte. Presse les pommes de terre comme dans la recette précédente.
**2.** Étale une feuille de papier alu.
**3.** Dépose les morceaux de poulet dessus, en intercalant des rondelles de citron. Entoure avec les légumes, l'ail et les fines herbes. Sale et poivre.
**4.** Mouille avec un peu de vin, de bouillon ou de jus. Arrose d'un filet d'huile d'olive. Ferme la papillote et fais-la cuire comme indiqué précédemment.

POURQUOI PAS

✱ Ajoute un peu de jambon ou de bacon, des petits pois, des fèves, de la crème fraîche, des asperges.

✱ Fais une papillote à la chinoise, avec du papier alu ou sulfurisé. Empapillote les morceaux de poulet recouverts du mélange suivant : sauce aux huîtres, sauce hoisin, ail écrasé, huile de sésame (quelques gouttes), vinaigre de riz et ciboules. Enfourne 20 minutes à 220 °C. Un vrai délice !

POUR 3-4 · € · EXPRESS

4 blancs de poulet de bonne qualité
Farine pour enrober
3 bonnes pincées de poudre de piment
Sel, poivre noir
1 ou 2 œufs battus
Polenta (nature ou instantanée aromatisée aux légumes)

**Sauces pour tremper :**
Sauce au piment doux
Salsa (page 18)
Ketchup
Mayo aillée (page 211)

# Aiguillettes de poulet panées

**Déguste ces petites aiguillettes croquantes (grâce à la polenta) avec une farandole de sauces. Prépare à l'avance de quoi remplir plusieurs saladiers pour une fête ou un apéro géant.**

**1.** Préchauffe le four à 200°C.
**2.** Entoure les blancs de poulet de film alimentaire, et aplatis-les sur une planche.
**3.** Coupe-les en aiguillettes de 8 cm de long (ou un peu plus) sur 3 cm de large.
**4.** Prépare la panure : mélange la farine, la poudre de piment, le sel et le poivre dans une assiette, les œufs battus dans une autre, la polenta dans une troisième.
**5.** Roule les aiguillettes de poulet successivement dans la farine, l'œuf et la polenta pour les enrober. Pose-les sur une plaque de cuisson graissée.
**6.** Glisse-les 10 minutes au four : elles doivent être bien cuites tout en restant moelleuses. Trempe-les dans les diverses sauces.

POURQUOI PAS
* Fais saisir 2 à 3 minutes de chaque côté dans un peu d'huile ou de beurre.
* Prépare-toi du poulet-frites à l'ancienne… Taille de grosses frites irrégulières (page 178). Glisse-les dans un sachet en papier avec des aiguillettes de poulet, du sel, du vinaigre, du ketchup.

POUR 1 · €€ · EXPRESS

1 filet de poulet
Beurre
½ verre de vin blanc
Un peu d'estragon frais haché menu, ou une pincée d'estragon séché
2 ou 3 c. à soupe de crème fraîche
Sel et poivre

**Accompagner de :** pommes de terre croquantes ou de salade

# Poulet papillon à l'estragon

**À mi-chemin entre la haute cuisine et les réalités de la vie étudiante : poulet, estragon, vin, crème – pas trop cher et drôlement bon.**

**1.** Fends le filet de poulet en deux sans le séparer, et écarte les deux parties en ailes de papillon. Aplatis-le à l'aide d'un rouleau à pâtisserie ou du plat de la main.
**2.** Fais chauffer un peu de beurre dans une poêle ; dès qu'il grésille, mets le poulet dedans. Fais-le cuire quelques minutes de chaque côté jusqu'à ce qu'il ne soit plus rosé à l'intérieur (vérifie avec un couteau). Retire du feu et réserve au chaud.
**3.** Verse le vin dans la poêle. Porte à ébullition en grattant bien les sucs et les petits morceaux caramélisés. Ajoute l'estragon, la crème, sale et poivre. Baisse le feu. Laisse bouillonner 2 minutes. Répands cette sauce sur le poulet.

POURQUOI PAS
* Relève la sauce avec ½ c. à café de moutarde.
* Enrobe le poulet de farine salée et poivrée pour faire des escalopes panées. Sers avec de l'estragon ou de la sauce tomate fraîche (page 83).

# Poulet papillon au citron vert

**Une viande délicieuse et pas grasse pour un sou. Excellent en période d'examens. Le poulet contient du tryptophane, un acide aminé qui favorise la production de sérotonine. Associe-le à de la salade au repas de midi (ça t'aidera à rester éveillé et concentré), à du riz ou des pâtes le soir (ça t'aidera à te relaxer).**

POUR 1 · € · EXPRESS

1 filet de poulet
Un peu de gingembre râpé
1 gousse d'ail écrasée
Jus de citron vert
Huile d'olive
Coriandre hachée
Sel de mer

**1.** Ouvre le filet de poulet et aplatis-le comme dans la recette ci-contre.
**2.** Prépare une sauce avec le gingembre, l'ail, le jus de citron, l'huile, la coriandre, le sel.
**3.** Utilises-en la moitié pour enduire le poulet. Fais chauffer la poêle à gril.
**4.** Mets la viande. Fais-la cuire des deux côtés jusqu'à ce qu'elle soit bien cuite.
**5.** Découpe-la en diagonale. Arrose avec le reste de sauce.

POURQUOI PAS

* Arrose de mélasse de grenade pour donner encore plus de punch.

POUR 4 €€

8 à 12 morceaux de poulet avec os
**Pour la sauce :**
1 oignon moyen haché
Un peu d'huile
4 c. à soupe de miel
2 c. à soupe de cassonade
1 c. à soupe de sauce Worcester
2 c. à soupe de sauce soja
4 c. à soupe de ketchup
4 c. à soupe de vinaigre de vin
2 gousses d'ail écrasées
1 c. à café de gingembre
2 c. à café de moutarde
2 ou 3 c. à soupe de jus d'orange
1 pincée de paprika

**Accompagner de :**
salade
pommes de terre croquantes à la poêle (page 214)

# Poulet au four ultra facile façon barbecue

**Aux États-Unis, chaque État se targue d'avoir sa propre sauce barbecue. Eh bien, voici la mienne. Elle se marie à merveille avec le poulet (mais elle est tout aussi délicieuse avec du porc ou de l'agneau). Avec ça, impossible de résister à l'envie de se pourlécher les doigts !**

**1.** Attendris l'oignon dans un peu d'huile. Mélange-le à tous les autres ingrédients de la sauce.
**2.** Verse celle-ci sur le poulet et laisse mariner quelques heures ou une journée.
**3.** Préchauffe le four à 200 °C. Mets le poulet dans un plat tapissé de papier alu puis recouvre d'une autre feuille de papier alu. Enfourne et, au bout de 30 minutes, retire la feuille du haut. Arrose avec le jus. Cuis encore 15 minutes, jusqu'à ce que les morceaux de poulet soient bien cuits (vérifie avec un couteau – les pilons sont les plus longs à cuire).
**4.** Transfère sur un plat de service. S'il reste de la sauce dans le plat, allonge-la avec un peu d'eau et arroses-en le poulet.

POURQUOI PAS
* Utilise cette sauce pour napper des spare ribs (page 134), des côtes de porc ou des côtes d'agneau (page 161)

POUR 3-4 €€

8 à 12 morceaux de poulet avec os
Poivre noir
2 citrons
1 tête d'ail
Huile d'olive
Un peu d'estragon séché
Sel de mer
Brins de romarin ou feuilles de sauge
1 grand verre de vin

# Poulet au four ultra facile au citron et au romarin

**Une autre association classique – le citron et le romarin vont si bien ensemble ! Je parie qu'ils pourraient rehausser la saveur de n'importe quel volatile, aussi terne soit-il.**

**1.** Préchauffe le four à 200 °C.
**2.** Mets le poulet poivré dans un plat à rôtir. Presse les citrons dessus, puis glisse-les dans le plat. Ajoute l'ail. Arrose d'un filet d'huile d'olive, parsème d'estragon et enfourne 30 minutes.
**3.** Retire du four. Sale, ajoute le romarin ou la sauge, et remets au four 10 minutes.
**4.** Verse le vin dans le plat brûlant. Cuis encore 5 minutes.

POURQUOI PAS
* Affine la sauce avec un peu de crème fraîche.
* Fais rôtir les morceaux de poulet pendant 25 minutes avec des pommes de terre blanchies et des carottes pelées. Ajoute 6 saucisses. Poursuis la cuisson pendant 20 minutes.

# Cuisses de canard aux cinq épices

**Pense canard croustillant et salé. Un soupçon de cinq épices. Une sauce fruitée. La cuisson longue permet de bien dégraisser le volatile. Surtout, ne jette pas la graisse que tu récupères ! Garde-la au frigo : elle est parfaite pour faire des pommes de terre rôties aux cinq épices.**

POUR 2 €€

4 cuisses de canard
Mélange cinq épices chinois
Sel de mer
2 brins de romarin
6 gousses d'ail
4 graines d'anis étoilé

**Pour la sauce :**
2 c. à soupe de gelée de groseilles ou de confiture de cerises
150 ml de vin rouge, de jus de pomme ou de jus de grenade
4 c. à soupe d'eau

1. Préchauffe le four à 200 °C.
2. Dispose les cuisses de canard dans un plat, sans les chevaucher.
3. Pique-les un peu partout avec une fourchette. Frotte avec un mélange de cinq épices et de sel. Ajoute le romarin, l'ail, l'anis étoilé. Enfourne pour 1 heure. Prélève la graisse à intervalles réguliers.
4. Entre-temps, fais fondre la gelée ou la confiture dans une casserole. Incorpore en fouettant le vin ou le jus de fruits et l'eau. Laisse chauffer doucement quelques minutes, puis retire du feu.
5. Baisse le four à 180 °C. Nappe le canard de cette sauce. Laisse-le cuire encore 15 minutes, jusqu'à ce qu'il soit tendre mais bien croustillant.

POURQUOI PAS

* Effiloche la viande de canard et incorpore-la dans des crêpes chinoises ou dans des wraps : badigeonne de sauce hoisin, ajoute de la ciboule et du concombre. Prends des feuilles de laitue si tu n'as pas de crêpes.
* Effiloche la viande et sers-la dans un râmen (soupe de nouilles, page 73).

POUR 3-4 | €€ | EXPRESS

# Petits boulettes thaïes au poulet

**Je suis un fan de gyoza (des espèces de raviolis japonais) mais l'enveloppe est assez délicate à réaliser. J'ai donc gardé l'idée de la farce et imaginé ces petites boulettes. Très facile, délicieux et parfait pour tremper dans une sauce…**

**Pour les boulettes :**

Un peu de gingembre râpé
4 gousses d'ail écrasées
1 c. à soupe de pâte de citronnelle ou 1 tige finement émincée
450 g de cuisse de poulet sans la peau ou de filets hachés
1 bonne pincée de sel
2 c. à soupe de coriandre
¾ de piment rouge
5 ciboules parées et hachées
6 champignons chinois égouttés (conserve)

**Pour la cuisson :**

Huile d'arachide plus un peu d'huile de sésame
Chapelure (page 11)

**1.** Dans un robot, hache le gingembre, l'ail et la citronnelle. Ajoute le poulet, le sel, la coriandre, le piment et remixe. Ajoute les oignons, les champignons, remixe brièvement pour obtenir une consistance granuleuse. À la main : hache menu tous les ingrédients, puis mélange-les.

**2.** Goûte et rectifie l'assaisonnement. Forme 12 petites boulettes (si tu as mélangé les ingrédients à la main, tu devras sans doute ajouter un peu de blanc d'œuf ou d'huile de sésame pour lier le tout). Roule-les dans la chapelure de façon à bien les enrober.

**3**. Fais chauffer un peu plus d'huile dans la poêle. Fais-y revenir les boulettes en plusieurs fournées, en les retournant jusqu'à ce qu'elles soient cuites à cœur. Trempe-les dans de la sauce au piment ou dans une sauce au gingembre et au citron vert (page 115).

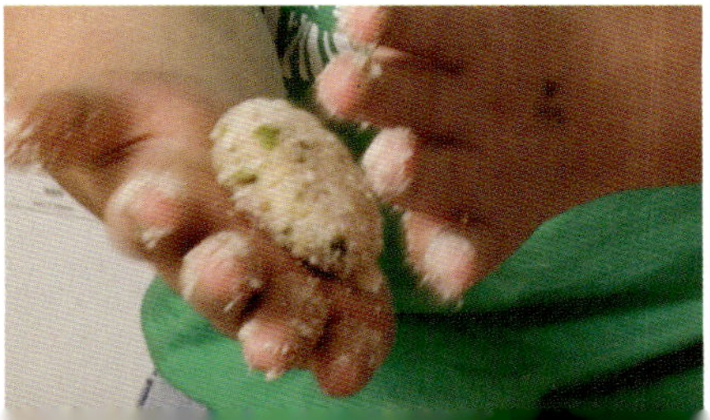

# Curry de poulet au beurre rouge

**Un plat qui revient très souvent dans les bouffes entre copains de fac. Sors les bières et que le festin commence ! N'oublie pas de faire des chapatis.**

**1.** Fais fondre le beurre dans une grande cocotte ou casserole. Ajoute l'oignon, l'ail, le sel. Fais cuire doucement 2 minutes. Ajoute les épices. Laisse bien fondre l'oignon.

**2.** Mets la passata, le chutney à la mangue, la purée de tomates, le vinaigre, le gingembre. Remue bien le tout et porte à ébullition. Baisse le feu et laisse cuire à feu doux pendant 10 minutes.

**3.** Jette les morceaux de poulet. Remue, ajoute la crème et le yaourt. Baisse le feu. Poursuis la cuisson à feu très doux pendant 10 minutes, jusqu'à ce que le poulet soit bien cuit. Entre-temps, fais cuire le riz (page 112). Ajoute la coriandre au poulet en remuant. Goûte et rectifie l'assaisonnement. Sers avec des chapatis (page 196), de la raita, du chutney de mangue, du dhal (page 21).

POUR 4 €€€

- 75 g de beurre
- 1 oignon moyen ciselé
- 4 gousses d'ail écrasées
- 1 pincée de sel
- ½ c. à café de piment de Cayenne
- ½ c. à café de poudre de piment
- 3 c. à café de paprika doux
- 2 c. à café de garam masala
- 2 c. à café de coriandre moulue
- 1 bâton de cannelle
- 4 cosses de cardamome
- 700 g de passata
- 2 c. à soupe de chutney mangue
- 2 c. à soupe de concentré de tomates
- 2 c. à soupe de vinaigre de vin
- 1 c. à soupe de gingembre râpé
- 6 gros blancs de poulet
- 200 ml de crème fraîche épaisse
- 150 ml de yaourt nature
- 225 g de riz long (basmati)
- Coriandre fraîche

# Curry vert thaï vite prêt trop bon

**Un curry thaï tout ce qu'il y a de plus classique, qu'on pourrait déguster dans une bonne gargote ! Accompagne de riz gluant. Tu peux prendre de la poitrine de poulet ou des cuisses selon ta préférence.**

**1.** Fais chauffer l'huile dans un wok ou dans une poêle. Attendris doucement l'oignon pendant 2 minutes. Ajoute la pâte de curry, le piment si tu en mets. Remue et fais cuire 1 minute.

**2.** Sans cesser de remuer, ajoute le lait de coco et l'eau ou le bouillon. Fais cuire le riz (page 112).

**3.** Augmente le feu. Quand le mélange bout, incorpore le poulet, les champignons, les haricots, les feuilles de combava. Baisse le feu et laisse cuire pendant 15 minutes.

**4.** Quand la viande est bien cuite, ajoute en remuant le jus de citron, le sucre et le nuoc mam. Parsème de basilic. Sers sur du riz et sors tes baguettes !

POUR 3-4 €€€

- 1 c. à soupe d'huile d'arachide
- 1 oignon haché
- 2 c. à soupe de pâte de curry vert
- ½ piment rouge doux (facultatif)
- 375 ml de lait de coco
- 150 ml d'eau ou de bouillon
- 50 g de riz gluant par personne
- 450 g de poulet (cuisse ou blanc)
- 6 champignons finement émincés
- 1 poignée de haricots verts fins coupés en 3
- 4 feuilles de combava
- Jus de 1 citron vert
- 2 c. à café de cassonade
- 1 c. à soupe de nuoc mam
- Feuilles de basilic

POUR 4 €€

- 4 blancs de poulet coupés en grosses bouchées
- Un peu de farine
- Sel, poivre noir
- 1 c. à soupe d'huile d'olive ou un peu de beurre
- 1 petit oignon haché menu
- 1 gousse d'ail écrasée
- 2 carottes hachées
- 425 ml de bouillon de volaille ou d'eau
- Un peu de vin blanc (facultatif)
- 1 pincée d'estragon séché
- ½ c. à café de moutarde
- 1 paquet de pâte feuilletée pur beurre décongelée
- Un peu d'œuf battu ou de lait

**Accompagner de :** purée (page 215) ✱ brocoli ✱ haricots verts ✱ carottes ✱ sauce au jus (réchauffe un peu de jus de cuisson de la tourte)

# Tourte feuilletée à la volaille

**Parfois, une tourte suffit à mon bonheur. Quoique très basique, ce plat de poulet est excellent. L'estragon en relève parfaitement le goût. Prends de la pâte feuilletée pur beurre ou fais une pâte brisée express (page 238). Rameute les copains…**

**1.** Coupe le poulet en morceaux. Roule-les dans la farine salée et poivrée de façon à bien les enrober.
**2.** Fais chauffer la matière grasse dans une cocotte. Ajoute l'ail et l'oignon. Attendris-les tout doucement pendant 5 à 10 minutes. Ajoute le poulet. Augmente le feu. Remue rapidement pendant 1 ou 2 minutes. Ajoute la carotte. Baisse le feu.
**3.** Ajoute progressivement le bouillon, le vin, l'estragon en remuant bien. Augmente le feu et porte à ébullition pour réduire un peu. Couvre et laisse mijoter 20 minutes à feu doux.
**4.** Retire du feu. Incorpore la moutarde, sale et poivre. Verse dans une terrine d'une contenance de 1 litre. Veille à ce que le liquide couvre bien la viande.
**5.** Préchauffe le four à 220 °C. Sur une surface farinée, abaisse la pâte aux dimensions du plat, en prévoyant un peu plus pour les bords. Soulève-la et transfère-la sur le plat en t'aidant d'un rouleau à pâtisserie. Installe-la bien en pinçant les bords pour les souder. Coupe soigneusement ce qui dépasse, pas trop à ras. Entaille le dessus en croix si le plat n'est pas muni d'une cheminée. Badigeonne d'œuf battu ou de lait. Fais cuire 15 minutes. Baisse le four à 180 °C et cuis encore 15 minutes.

POURQUOI PAS

✱ Fais une tourte : au poulet et au poireau. À l'étape 2, attendris 1 ou 2 poireaux dans un peu d'huile. Ajoute au mélange.

✱ au poulet et aux champignons. À l'étape 2, fais revenir quelques champignons premier choix. Incorpore-les.

✱ au poulet et aux légumes. À l'étape 2, ajoute des rondelles de carottes, de la courge, des asperges, des petits pois, des pommes de terre.

✱ au poulet et au jambon. À l'étape 3, ajoute des dés de jambon ou de bacon.

✱ au bœuf et aux champignons. À l'étape 1, enrobe de farine 600 g de bœuf à braiser (flanchet ou autre) coupé en cubes. À l'étape 3, ajoute de la sauce tomate et de la Worcester, du vin rouge. Fais cuire la viande à feu très, très doux ou au four, à basse température, pendant 2 heures. Rajoute du bouillon ou de l'eau au besoin. Laisse refroidir. Couvre. À la fin de l'étape 5, enfourne 30 minutes.

POUR 6 €€

1 très gros poulet
1 citron coupé en 4
Des tonnes de gousses d'ail
Sel de mer, poivre noir
Romarin, sauge, estragon frais
3 ou 4 fines tranches de bacon (filet ou entrelardé) ou de pancetta
Huile d'olive
Eau, vin ou bouillon

**Pour les patates rôties :**
2 ou 3 pommes de terre par personne (type bintje ou autre) pelées, blanchies 10 minutes et égouttées

**Accompagner de :** chou-fleur au fromage ✱ carottes ✱ brocoli sauté au wok ✱ haricots ✱ carottes cuites en papillotes avec du jus d'orange et du beurre ✱ salade

# Poulet rôti au citron transcendant

**Ce plat n'est pas réservé aux dimanches. Qu'est-ce qui t'empêche de faire du poulet rôti en milieu de semaine si vous êtes toute une tablée à le partager ? Achète du poulet élevé en plein air de préférence et mets tes potes à contribution pour préparer les accompagnements…**

**1.** Préchauffe le four à 190°C.
**2.** Mets le poulet dans un plat à rôtir. Presse 2 quartiers de citron dessus, puis glisse-les dans le plat. Mets les 2 autres quartiers à l'intérieur du poulet. Répartis les gousses d'ail tout autour.
**3.** Sale et poivre bien. Recouvre la poitrine de bacon.
**4.** Verse un filet d'huile çà et là, et mets-en une bonne rasade dans le plat (force la dose si tu n'as pas de bacon). Glisse des herbes fraîches sous les ailes et les cuisses ou saupoudre le dessus d'herbes sèches.
**5.** Enfourne la bestiole en comptant 20 minutes par livre plus 20 minutes.
**6.** Coupe les pommes de terre blanchies en deux ou en quatre, ou laisse-les entières. Mets-les à rôtir dans le plat au bout des 20 premières minutes.
**7.** Arrose deux ou trois fois avec le jus de cuisson, et retourne les pommes de terre. Prépare les accompagnements éventuels.
**8.** Vérifie la cuisson. La chair des cuisses ne doit plus être rosée. Retire le poulet et l'ail du plat et réserve dans un endroit chaud.
**9.** Augmente le feu pour obtenir des pommes de terre bien dorées et croustillantes (10 minutes). Retire le plat du four puis les patates du plat.
**10.** Pose celui-ci sur une plaque de cuisson. Mouille les sucs avec de l'eau, du vin ou du bouillon. Porte à ébullition en grattant le fond du plat et en remuant. Remets poulets et pommes de terre dedans, et sers. Miam !

POURQUOI PAS

✱ Glisse une moitié de pomme dans le poulet. Ajoute l'autre moitié dans le plat, face tranchée vers le bas, 20 minutes avant la fin de la cuisson. Utilise les sucs pour faire une sauce goûteuse avec du jus de pomme ou du cidre.

✱ Fais du bouillon ou de la soupe avec la carcasse, les abattis (ailerons, etc.), le jus et la graisse solidifiée (page 68)

✱ Recycle les restes dans des tourtes salées, des risottos, des sandwichs, des wraps, des salades, des plats au wok, de la soupe, des plats à base de riz ou de nouilles chinoises.

✱ Fais rôtir le poulet avec des carottes, des morceaux de patate douce, des endives.

✱ Mélange un peu de fromage frais (page 47), d'ail et de fines herbes, et enduis le poulet sous la peau ou au niveau des cuisses. Ou bien entaille la chair et garnis de fromage frais et d'un peu de pesto. Sale et poivre. Arrose d'un filet d'huile. Fais cuire le volatile tel quel ou entouré de jambon de parme. Enfourne à 190°C pendant 30 minutes.

# Canard rôti sans souci

**Mon volatile préféré. Ce mode de cuisson lui rend justice – une chair douce et un peu foncée, une peau salée et croustillante. D'accord, ça prend du temps, mais c'est le four qui fait tout le boulot.**

**1.** Préchauffe le four à 220 °C.
**2.** Pique le canard avec une fourchette. Enduis-le de sel sous la peau.
**3.** Fais le cuire dans un plat à rôtir. Prélève régulièrement la graisse qui s'écoule, et garde-la pour faire cuire des pommes de terre.
**4.** Au bout de 20 minutes, baisse le four à 190 °C. Poursuis la cuisson pendant 2 heures, jusqu'à ce que la peau soit croustillante et la chair bien tendre.
**5.** Laisse reposer. Coupe en 4 avec des ciseaux (à volaille) ou un gros couteau. Prépare la sauce : porte la confiture et le vin rouge à ébullition dans une poêle, puis verse sur le canard. Sers avec des pommes de terre et une salade verte.

POUR 3-4 €€

1 canard
Sel de mer

**Pour la sauce :**
3 c. à soupe de confiture de griottes
1 verre de vin rouge

POUR 4 €€

4 souris d'agneau
Un peu de farine
Sel et poivre
Huile
2 oignons rouges ou blancs coupés en rondelles
2 carottes hachées
3 gousses d'ail écrasées
Un peu de romarin haché
275 ml de vin rouge ou blanc
275 ml d'eau
1 c. à soupe de vinaigre balsamique (facultatif)
Purée (page 215)

**Accompagner de :** haricots verts sautés au wok dans un peu d'huile d'olive et de vinaigre balsamique.

# Souris d'agneau fondantes et purée crémeuse

**Encore un plat qui prend son temps pour cuire. Prépare-le avec des légumes de saison (va faire le marché). Patiente jusqu'à ce qu'il soit tendre à point, et jette-toi dessus.**

**1.** Préchauffe le four à 170 °C. Roule l'agneau dans la farine salée et poivrée.
**2.** Mets l'huile à chauffer dans une grande cocotte. Fais revenir les morceaux doucement, en les retournant pour les dorer uniformément. Retire-les de la cocotte.
**3.** Jette l'ail et les légumes dans la cocotte. Fais-les revenir un peu, puis dépose l'agneau dessus. Ajoute le romarin, le vin, l'eau et le vinaigre si tu en mets. Porte brièvement à ébullition.
**4.** Mets la cocotte dans le four (ou fais mijoter à feu doux sur la plaque de cuisson). Laisse cuire au moins 2 heures. Commence à préparer la purée 25 minutes avant de passer à table. Goûte la sauce et rectifie l'assaisonnement. Si elle est trop liquide, fais-la réduire un peu dans la cocotte après en avoir retiré la viande et les légumes.

POURQUOI PAS
✱ Prépare ce plat la veille. Enlève la graisse avant de faire réchauffer.
✱ Fais cuire beaucoup plus longtemps si tu veux une viande fondante.
✱ Fais du ragoût d'agneau à la grecque : à l'étape 3, fais revenir des morceaux d'aubergine, puis ajoute une boîte de tomates en dés, de la purée de tomates, une pincée de cannelle et d'origan, un peu de sucre en poudre.

POUR 4 € EXPRESS

450 g de hachis d'agneau
2 belles gousses d'ail écrasées
1 c. à soupe de fines herbes
1 c. à café de cumin moulu
1 ou 2 c. à café de coriandre moulue
Sel, poivre noir

**Accompagner de :** galettes de pain oriental ✱ yaourt ✱ salade de tomates et d'oignon rouge ✱ tzatziki (page 16) ✱ couscous

# Brochettes de keftas d'agneau

**Fabrique-les en série pour les fiestas, les barbecues, les soirées de juin où l'on fête la fin des exams... C'est prêt en un rien de temps.**

**1.** Mélange tous les ingrédients à la fourchette.
**2.** Fais 6 parts égales. Façonne-les en forme de saucisses.
**3.** Enfile-les sur des brochettes métalliques ou en bois (après les avoir mises à tremper). Badigeonne d'huile.
**4.** Fais-les cuire quelques minutes en les retournant sous le gril préchauffé du four (ou bien au barbecue ou sur une poêle-gril très chaude), jusqu'à ce qu'elles soient dorées sur toutes les faces. Délicieux !

POURQUOI PAS
✱ Fais-les avec du boeuf.
✱ Sers-les dans des wraps ou dans des pitas tartinées d'houmous.

# Kebabs d'agneau et salade grecque

**Pourquoi dilapider ton argent dans des kebabs de qualité médiocre ? Prépare ceux-ci dans ta cuisine ou au barbecue. Fais-les mariner pour leur donner encore plus de goût.**

POUR 4 | €€ | EXPRESS

900 g d'épaule, de gigot ou de filet d'agneau taillé en cubes
Sel de mer

**Pour la marinade :**
4 gousses d'ail écrasées
2 c. à café d'origan séché
1 citron (jus + zeste)
1 pincée de cannelle (facultatif)
2 ½ c. à soupe d'huile d'olive
Poivre noir

**Pour la salade grecque :**
Feuilles de laitue
Tomate coupée en dés
Concombre coupé en dés
Olives noires
Feta émiettée
Jus de citron
Huile d'olive

**1.** Trempe la viande dans la marinade en la retournant pour bien l'imprégner.
**2.** Laisse mariner au frigo ou fais cuire tout de suite.
**3.** Préchauffe le gril du four ou prépare le barbecue.
**4.** Enfile-la sur des brochettes métalliques ou en bois (après les avoir fait tremper). Dispose sur la grille du four ou sur celle du barbecue. Tourne les brochettes toutes les 1 ou 2 minutes, en les badigeonnant de marinade. L'agneau doit être doré à l'extérieur, mais rosé à l'intérieur. Sale-le.
**5.** Prépare la salade grecque : mélange tous les ingrédients et arrose d'un peu de citron et d'huile d'olive.

POURQUOI PAS

* Enroule dans du pain plat oriental tartiné d'houmous, avec de la salade verte et de l'oignon rouge.
* Tu es un peu ric-rac ? Remplace la moitié de la viande par des morceaux de courgette et d'oignon rouge.
* Utilise cette marinade pour des côtelettes d'agneau. Saisis-les sur une poêle à gril très chaude, en les retournant une fois.

POUR 6-8 €€

1 épaule d'agneau sur l'os farinée et ficelée
4 gousses d'ail taillées en éclats
Quelques brins de romarin
½ citron
Huile d'olive
Sel et poivre
Un peu d'eau, de vin, de cidre ou de bouillon
Farine pour saupoudrer

**Accompagner de :** purée
* brocoli sauté au wok
* sauce à la menthe
* carottes cuites en papillotes
* jus de viande

# Agneau du mendiant en papillote

**Si tu cherches une idée de viande rôtie pas trop chère pour nourrir toute une tablée de potes, j'ai ce qu'il te faut. Enveloppe l'agneau dans du papier alu et fais-le cuire jusqu'à ce qu'il soit tendre et fondant.**

**1.** Préchauffe le four à 220°C.
**2.** Dépose l'agneau dans un plat tapissé d'une grande feuille de papier alu. Glisse un peu d'ail, de romarin et de citron sous la viande.
**3.** Entaille-la un peu partout à l'aide d'un couteau et pique-la avec des éclats d'ail et du romarin. Arrose de jus de citron.
**4.** Frotte l'agneau avec l'huile. Sale et poivre bien. Ajoute le citron vidé de son jus. Referme les pans de la feuille d'alu au-dessus de la viande, et froisse-les de façon à les fermer hermétiquement.
**5.** Mets au four, en baissant à 170°C. Fais cuire 3 heures.
**6.** Déplie le papier alu et retire la viande pour la laisser reposer. Verse le jus dans le plat. Pose celui-ci sur une plaque de cuisson, mouille avec un peu d'eau, de vin, de cidre ou de bouillon, et saupoudre de farine. Remue jusqu'à obtention d'une sauce lisse. Goûte et rectifie l'assaisonnement. Découpe la viande.

POURQUOI PAS
* Fais cuire à température plus basse – dans ce cas, laisse 6 heures.
* Mets de l'ail, du romarin, des pommes de terre et des carottes pelées dans le plat. Pose la viande dessus. Ajoute un verre de vin blanc ou de cidre, couvre de papier alu et fais cuire comme indiqué ci-dessus.
* Frotte l'agneau avec du cumin, de la cannelle, de la coriandre et de l'huile. Sers avec de la semoule de couscous.
* Effiloche l'agneau à l'aide de 2 fourchettes au lieu de le trancher. Mange-le dans un wrap avec du tzatziki et de la salade.
* Fais de l'agneau express. Prends un gigot ou un demi-gigot, entaille-le et insère de l'ail et des fines herbes dans les incisions. Arrose d'huile, saupoudre de sel. Ou alors, écrase des anchois, de l'ail et de l'huile et frotte l'agneau avec. Fais rôtir 20 minutes à 220°C. Baisse à 190°C et prolonge la cuisson de 20 minutes par livre, ou davantage si tu préfères.

# Côtes d'agneau et sauce verte

**Cette sauce verte est super rafraîchissante, avec un bon goût d'herbes fraîches et une acidité qui sied à merveille aux côtes d'agneau. Idéal au printemps ou en été.**

**1.** Fais la sauce : mélange tous les ingrédients dans un robot. Ou bien, hache menu les fines herbes, l'ail, les câpres, puis incorpore la moutarde, le vinaigre, l'huile. Goûte et rectifie. Se conserve (une éternité !) au frigo.
**2.** Frotte l'agneau avec l'huile, les herbes et l'ail, sale et poivre. Laisse mariner.
**3.** Fais chauffer la gelée dans une poêle en remuant. Ajoute le vin rouge, mélange et réserve.
**4.** Fais chauffer le gril ou la poêle à gril. Cuisson au gril : saisis l'agneau 3 minutes de chaque côté si les tranches sont fines. Sinon, laisse un peu plus longtemps. L'agneau est meilleur un peu rosé. Poêle à gril : mets l'agneau dans la poêle très chaude, fais-le cuire en le retournant jusqu'à ce qu'il soit à ton goût. Laisse reposer 2 minutes. Arrose de sauce à la gelée de groseilles. Trempe dans la sauce verte et régale-toi !

POURQUOI PAS

* La sauce verte se marie très bien avec du poulet, du poisson à chair blanche, du thon, des brochettes de légumes.

POUR 2 €€ EXPRESS

**Pour la sauce verte :**
1 bouquet de persil
1 bouquet de basilic
3 gousses d'ail
1 ½ c. à soupe de câpres
1 c. à soupe de moutarde
1 c. à soupe de vinaigre de vin
6 à 8 c. à soupe d'huile d'olive

**Pour l'agneau**
6 côtelettes
1 c. à soupe d'huile d'olive
Menthe, sauge, romarin ou thym frais ou séchés
1 ou 2 gousses d'ail écrasées

**Pour la gelée :**
2 c. à soupe de gelée de groseilles
½ verre de vin rouge

FISH WORKS
£19 kg
LEMON SOLE
FROM BRIXHAM
£19 kg
SEA BASS
a really beautiful fish
£43 kg
TURBOT
£13.50 kg
FARMED SEA BASS

# POISSONS

Jette-toi à l'eau ! Il n'y a rien de mieux que le poisson : faible en matières grasses, bourré d'oméga-3, facile à cuisiner, vite prêt. Achète des poissons non menacés par la surpêche pour permettre le renouvellement de cette précieuse ressource.

POUR 4 · € · EXPRESS

- 450 g de poisson à chair blanche sans la peau (lieu jaune, lieu noir, cabillaud d'élevage, aiglefin)
- Farine
- Sel et poivre
- 110 g de chapelure (page 88)
- 2 œufs battus
- Huile de tournesol ou d'olive (légère)
- Du bon pain (baguette, ciabatta, tortilla, pita...)
- Sauce tartare (page 166), mayo aillée (page 211), ketchup ou sauce HP
- Laitue taillée en lanières (facultatif)
- Jus de citron ou de citron vert
- Vinaigre de malt

# Sandwich aux bâtonnets de poisson

**Ça me rappelle le temps où la vie était aussi simple que cette petite recette. Fais-toi un trip un peu régressif avec cet irrésistible sandwich au poisson. Va chez un poissonnier digne de ce nom et achète du poisson à chair blanche.**

**1.** Pose le poisson sur une planche. Vérifie qu'il n'y a pas d'arêtes et découpe-le en bâtonnets.
**2.** Mets la farine mélangée à du sel et du poivre dans une assiette, la chapelure dans une autre.
**3.** Bats les œufs et verse-les dans une autre assiette. Trempe chaque bâtonnet tour à tour dans la farine, l'œuf et la chapelure.
**4.** Verse l'huile dans une poêle. Fais frire les bâtonnets à feu moyen en les retournant, jusqu'à ce qu'ils soient dorés et que la chair du poisson soit blanche et floconneuse. Égoutte sur du papier absorbant.
**5.** Tartine le pain ou la tortilla de mayo à l'ail, de sauce tartare, de ketchup ou de sauce HP. Glisse les bâtonnets dedans. Ajoute un peu de salade si tu veux, plus quelques gouttes de citron et de vinaigre.

POURQUOI PAS

* Triche. Achète du poisson pané au rayon surgelés.
* Agrémente la chapelure de paprika, d'ail, de zeste de citron, de parmesan.
* Zappe le pain. Sers sur une assiette avec des petits pois, des frites ou des haricots blancs à la sauce tomate.
* Mets un filet entier à la place des bâtonnets.

# Wrap au saumon teriyaki

**De la vraie fusion-food ! Mi-asiatique, mi-texmex. Le saumon est très riche en oméga-3, alors ne t'en prive pas en période d'examens. La sauce teriyaki investit le poisson pour en rehausser la saveur.**

**1.** Vérifie l'absence d'arêtes ; s'il en reste, retire-les avec une pince à épiler.
**2.** Fais ta propre sauce teriyaki (page 113) ou achètes-en ! Étale-la sur le poisson.
**3.** Chauffe la poêle à gril. Badigeonne avec un peu d'huile. Pose le poisson sur le gril, côté peau vers le bas. Laisse-le cuire 2 minutes, jusqu'à ce qu'il soit bien croustillant.
**4.** Retourne-le et prolonge la cuisson de quelques minutes jusqu'à ce que la chair soit opaque. Badigeonne à 2 ou 3 reprises de sauce teriyaki. Vérifie la cuisson à l'aide d'un couteau. Retire-le de la poêle (sinon, il continue de cuire).
**5.** Réchauffe les tortillas ou les galettes 10 minutes au four, enveloppées dans du papier alu, ou 10 secondes dans une poêle sans matière grasse.
**6.** Tartine-les de sauce au piment doux et de mayo, garnis de salade. Répartis le poisson entre les quatre galettes. Plie-les, enroule-les comme des crêpes ou fais des wraps.

POURQUOI PAS

✱ Remplace la mayo par du yaourt, du tzatziki (page 16), de la raita ou de la sauce tartare (page 166).
✱ Fais cuire des nouilles chinoises et du pak choi (page 116). Dispose les pavés entiers dessus et arrose-les encore de teriyaki.
✱ Effeuille grossièrement du saumon grillé sur un bol de râmen (page 73).
✱ Enfourne les pavés arrosés de sauce à 200°C pendant 5 à 10 minutes.
✱ Fais des papillotes (en papier alu) avec les pavés, la sauce, un peu de ciboule et mets au four 10 minutes.

POUR 2 | €€ | EXPRESS

2 bons pavés de saumon d'élevage bio
1 ou 2 c. à soupe de sauce teriyaki maison (page 113) ou achetée
Huile de tournesol ou d'olive

**Pour le wrap :**
4 tortillas (page 266) ou galettes de pain oriental (page 24)

**Pour tartiner :**
Sauce au piment doux
Mayo aillée (page 211)

**Pour la salade (garniture) :**
Roquette, cresson, épinards ou laitue
Tomates (normales ou cerises) coupées en rondelles

POUR 2-3 €€

225 g de pommes de terre pelées et coupées en dés
225 g de saumon cuit effeuillé (page 171) ou de saumon rose en boîte
Sel, poivre noir
Un peu de zeste de citron râpé
Jus de citron
1 c. à café de beurre
1 c. à soupe de persil, d'aneth ou de coriandre (facultatif)
1 œuf battu

**Pour la panure :**
Un peu de farine
Reste d'œuf battu plus 1 c. à café d'eau
Chapelure (page 11) ou polenta
Huile d'olive ou de tournesol pour la cuisson

**Pour la sauce tartare :**
3 c. à soupe de mayo maison ou achetée
1 c. à soupe de cornichons hachés
1 c. à soupe de câpres hachées
2 bons traits de jus de citron
Zeste de citron
Persil haché menu
½ échalote hachée menu
5 gouttes de sauce piquante aux piments (Tabasco ou autre) ou de sauce Worcester

# Croquettes de saumon à l'ancienne

**Le poisson en conserve fait aussi bien l'affaire que le frais. Accompagne de sauce tartare ou trempe dans du ketchup. Ou alors, laisse tomber le poisson et fais des « croquettes de disette » aux pommes de terre.**

**1.** Cuis les dés de pomme de terre dans de l'eau 10 minutes. Égoutte. Écrase-les.
**2.** Mélange délicatement cette purée dans un saladier avec le saumon effeuillé, le sel et le poivre, le zeste et le jus de citron, le beurre, les herbes, en ajoutant un peu d'œuf pour lier. Laisse refroidir.
**4.** Mélange les ingrédients de la sauce tartare, ou additionne la mayo d'ail et de jus de citron vert.
**5.** Farine-toi les mains. Façonne des boulettes de 2,5 cm d'épaisseur. Trempe-les dans l'œuf délayé à l'eau, puis dans la chapelure ou la polenta, de façon à bien les enrober.
**6.** Fais frire les croquettes de chaque côté, jusqu'à ce qu'elles soient bien dorées.

POURQUOI PAS

* Remplace le saumon par du maquereau ou du hareng fumés. Ajoute des herbes.
* Mélange le contenu d'une boîte de thon égouttée avec les pommes de terre, de l'ail écrasé, du jus de citron, un peu de sauce au piment, du fromage râpé, de l'aneth ou du persil. Réserve au frais, puis fais frire.
* Prépare des « croquettes de disette » au thon : mélange du thon égoutté avec une poignée de chapelure, de l'ail écrasé, du ketchup, de la ciboule hachée, du sel et du poivre. Forme les croquettes, mets-les au frigo. Fais-les frire.
* Abandonne l'idée du poisson. Prends du jambon ou du bacon cuit, du fromage, du chou, des champignons poêlés rapidement.

# Croquettes de poisson avec mayo au wasabi et sauce exotique

**Frime un peu : montre à tes potes que tu maîtrises parfaitement la cuisine asiatique... Sers ces petites choses raffinées comme amuse-gueules à tremper dans des sauces, ou dépose-les sur un lit de salade ou de nouilles chinoises chaudes ou froides, pour un repas complet.**

**1.** Coupe le poisson en petits morceaux. Mets-les dans un mixeur.
**2.** Ajoute l'ail, le gingembre, le piment, le sel, le jus de citron, le pain, la coriandre.
**3.** Mixe de façon à obtenir une pâte épaisse. Façonne des petites croquettes.
**4.** Enrobe-les de farine salée et poivrée.
**5.** Fais chauffer l'huile dans une poêle.
**6.** Trempe les croquettes dans l'œuf battu.
**7.** Fais-les frire quelques minutes de chaque côté, jusqu'à ce qu'elles soient cuites à cœur. Trempe-les dans la sauce (au piment doux ou au gingembre) ou dans la mayo au wasabi.

POUR 2-3 €

225 g de poisson à chair blanche
2 gousses d'ail
Plein de gingembre frais haché
½ piment rouge
1 bonne pincée de sel
1 bonne giclée de jus de citron
1 tranche de pain sans la croûte
Un peu de coriandre fraîche

**Pour la panure :**
Farine
Sel et poivre
Huile de tournesol pour la cuisson
1 œuf battu

**Sauces pour tremper :**
Sauce au gingembre et au citron vert (page 115)
Sauce au piment doux
Mayo mélangée à du wasabi ou de l'ail écrasé

POUR 4-6 €€

# Parmentier de poisson indémodable

**C'est le plat préféré de mon père. Si un beau jour il frappe à ta porte (on ne sait jamais ce qui peut arriver…), prépare-lui un bon vieux gratin de poisson recouvert de purée moelleuse. Parfait pour les gros appétits, et assez économique si on partage les frais.**

**Pour la purée :**
1,2 kg de pommes de terre farineuses (type bintje ou autre)
50 g de beurre
125 ml de lait
Sel et poivre
Poignée de fromage râpé (facultatif)

**Pour le poisson :**
900 g de filets de poisson à chair blanche (ou mélange avec un peu de saumon fumé ou de haddock, ou les deux !)
750 ml de lait
Morceau d'oignon
Feuille de laurier (facultatif)

**Sauce**
75 g de beurre
50 g de farine
1 c. à café de moutarde
Jus de citron
Persil frais haché menu (facultatif)

**1.** Prépare la purée (page 215). Préchauffe le four à 200 °C.
**2.** Mets le poisson, le lait, l'oignon, le laurier dans un plat Enfourne jusqu'à ce que le poisson soit juste cuit (7 à 10 minutes) ou fais-le pocher sur la cuisinière (page 171).
**3.** Retire le poisson (garde le lait de cuisson). Ôte la peau. Sépare-le en gros morceaux à l'aide d'une fourchette. Vérifie l'absence d'arêtes.
**4.** Pour la sauce : fais fondre le beurre dans une casserole. Incorpore la farine. Laisse cuire doucement pendant quelques minutes. Ajoute peu à peu le lait de cuisson, en fouettant jusqu'à obtention d'une sauce lisse. Porte à ébullition puis baisse le feu. Laisse frémir 5 minutes, sans cesser de remuer. Quand la sauce a épaissi, ajoute la moutarde, du jus de citron, du persil.
**5.** Mélange cette sauce au poisson avec délicatesse. Verse dans un moule à gratin. Recouvre de purée. Enfourne 30 à 40 minutes.

POURQUOI PAS

✱ Ajoute des crevettes cuites ou des champignons, un œuf dur haché, quelques câpres, quelques moules cuites (page 172).
✱ Additionne la sauce de fromage râpé ou de vin blanc.
✱ Remplace la couche de purée par une pâte feuilletée pur beurre. Fais cuire dans un moule à manqué.
✱ Recouvre le poisson de chapelure aillée (page 88) et non de purée. Ou alors, mets deux fois moins de purée mais répartis-la en couronne à l'aide d'une poche à douille. Fais cuire à four un peu moins chaud.
✱ Achète du poisson surgelé en portions. Inutile de le décongeler.

# Faux parmentier de haddock

**Une réussite. Des petits morceaux de haddock au délicieux goût fumé recouverts d'une purée moelleuse. C'est tout. Ce plat cuit rapidement et demande très peu d'attention.**

**1.** Prépare la purée au fromage ou une autre de ton choix (page 215), ou utilise des restes.

**2.** Préchauffe le four à 220 °C. Graisse un plat ou une plaque de cuisson.

**3.** Déposes-y les morceaux de poisson. Enduis-les avec un peu de beurre. Poivre-les. Étale avec précaution une couche de purée sur chaque morceau.

**4.** Enfourne. Vérifie la cuisson au bout de 10 minutes avec la pointe d'un couteau : le poisson doit être juste cuit (floconneux).

**5.** Parsème de fromage râpé, passe sous le gril chaud si tu veux que la purée croque un peu sous la dent.

POURQUOI PAS

* Prends des filets de poisson à chair blanche. Frotte-les avec un peu de sel et laisse-les se raffermir légèrement pendant 20 minutes.
* Mets le poisson dans un plat à four. Recouvre de mélange pour rarebit (page 36) et fais cuire comme indiqué ci-dessus. Fantastique !
* Coupe de grosses tomates en deux. Mets du sel, du poivre, un filet d'huile d'olive. Cuis-les au four avec le poisson.

POUR 2 €€

**Pour la purée au fromage :**
450 g de pommes de terre pelées et coupées en gros morceaux
1 gousse d'ail pelée
25 g de beurre
2 c. à soupe de lait
1 c. à café de moutarde
Bonne poignée de fromage (gruyère ou autre) râpé
1 ou 2 ciboules hachées menu
Sel, poivre noir

**Pour le gratin :**
2 morceaux de haddock de 175 g chacun
Un peu de beurre
Poivre noir
Du fromage pour saupoudrer

POUR 2 | € | EXPRESS

2 ou 3 c. à soupe d'huile d'olive ou de beurre
4 gousses d'ail finement émincées ou hachées
350 g de grosses crevettes décortiquées et déveinées
Persil ou coriandre, hachés menu (facultatif)
Sel, poivre noir

# Crevettes à l'ail

**Un super hors-d'œuvre façon tapas. Sers sur une salade ou sur du riz, ou emballe dans une boîte-repas pour déjeuner dehors.**

**1.** Fais chauffer l'huile ou le beurre dans une poêle ou dans une casserole à fond large.
**2.** Jette l'ail dedans. Laisse cuire 1 minute en remuant.
**3.** Ajoute les crevettes. Cuis-les 1 à 2 minutes, toujours en remuant. Couvre et secoue la poêle jusqu'à ce que les crevettes soient cuites (leur chair devient opaque) et tendres. Parsème éventuellement de fines herbes. Sale et poivre.

POURQUOI PAS

* Verse 4 c. à soupe de vin blanc à l'étape 3.
* Ajoute du piment haché menu ou 2 pincées de piment en paillettes.
* Les crevettes sont trop chères pour toi ? Écrase des sardines (en boîte) avec du Tabasco, du ketchup, de la sauce Worcester, du sel et du poivre. Déguste sur du pain grillé chaud. Délicieux et bon pour la santé.

# Saumon poché à la poêle

**Prends une belle darne de saumon. Fais-la pocher environ une minute à la poêle dans un bouillon légèrement aromatisé. C'est tout bête, mais qu'est-ce que c'est bon ! Déguste avec de la mayo ou, pourquoi pas, une sauce au cresson avec des légumes verts, des pommes grenaille et une salade tonique.**

POUR 1 €€€

Eau
Rasade de vin blanc (facultatif)
Quelques grains de poivre
1 feuille de laurier
1 darne de saumon

**1.** Remplis aux deux tiers une petite poêle d'eau ou d'un mélange vin + eau, puis mets-y les grains de poivre et le laurier. Plonge la darne de saumon dedans.
**2.** Fais chauffer jusqu'à ce que le liquide commence à frémir (il ne doit pas bouillir). Éteins le feu. Mets un couvercle. Laisse infuser 10 minutes. Retire le poisson. Sers !

POURQUOI PAS

* Prépare une seconde darne. Laisse-la infuser jusqu'à ce que le liquide soit entièrement refroidi. Retire-la. Mets-la au frais, pour la manger plus tard en salade ou dans un sandwich.
* Fais du saumon poêlé au poivre : badigeonne la darne de moutarde, parsème-la de poivre noir concassé, et fais revenir 2 minutes dans un peu de beurre ou d'huile. Retourne. Ajoute une giclée de vin blanc et une pincée d'estragon séché. Cuis encore jusqu'à ce que ce soit un peu réduit. Verse une ou deux bonnes cuillerées de crème. Réchauffe. Rectifie l'assaisonnement.
* Fais du saumon cajun : frotte-le avec du mélange d'épices cajuns (page 35), cuis-le sur une poêle à gril et déguste-le nappé de crème aigre.

# Salade de poisson raffinée

**Prépare cette recette avec du saumon frais, ou des restes encore chauds de saumon cuit (page 181). Sers avec du pain à la mélasse (page 266) et un petit cocktail de crevettes.**

POUR 2 € EXPRESS

2 darnes ou pavés de saumon cuits
Poignée de crevettes cuites
1 avocat en lamelles
Concombre taillé en fines rondelles
Cresson ou laitue Iceberg

**Pour la sauce cocktail :**
3 c. à soupe de mayo
1 c. à soupe de yaourt nature
Un peu de ketchup
Un trait de sauce Worcester
2 c. à café de vodka
Un peu de jus de citron
1 gousse d'ail écrasée

**1.** Amène le saumon cuit et les crevettes à température ambiante.
**2.** Dispose l'avocat, le concombre et la salade sur un plat de service.
**3.** Mélange les ingrédients de la sauce. Verses-en quelques grosses cuillerées sur le plat.

POURQUOI PAS

* Remplace cette sauce par de la sauce verte (page 161).
* Laisse tomber le saumon. Contente-toi du cocktail de crevettes, en disposant les ingrédients dans un plat ou dans des verrines.
* Fais une salade de poisson fumé : mélange 1 hareng (ou 1 filet de maquereau) fumé et émietté, du bacon croustillant, des pommes de terre nouvelles cuites et de la salade ; arrose le tout de vinaigrette au miel (page 211).

POUR 4 €€ EXPRESS

2 kg de moules
50 g de beurre
2 échalotes ou 1 petit oignon, hachés menu
3 gousses d'ail hachées menu
300 ml vin blanc ou de cidre
Persil (facultatif)
2 c. à soupe de crème fraîche épaisse (facultatif)

**Accompagner de :** grosses frites irrégulières (page 178) et mayo
- pain chaud pour saucer

# Moules Marinière

**Fantastique ! Les moules, ça ne coûte rien ou presque. Achète-les de préférence de septembre à décembre chez ton poissonnier. Il faut les préparer en respectant quelques règles essentielles. La dégustation des moules est une fête ; c'est un plat marrant pour un dîner en tête à tête, par exemple.**

**1.** Fais cuire les moules le jour où tu les achètes. Élimine d'emblée toutes celles dont la coquille est abîmée ou ne se referme pas quand tu tapes dessus.

**2.** Mets les autres moules dans de l'eau froide. Gratte les coquilles. Retire le pied (les petits filaments noirs) s'il y en a. Rince-les plusieurs fois à l'eau claire pour bien les nettoyer.

**3.** Fais fondre du beurre dans une grande casserole ou dans un wok. Fais revenir l'ail et l'oignon ou l'échalote 2 minutes sans laisser colorer.

**4.** Augmente le feu. Mouille avec le vin ou le cidre. Porte à ébullition 2 minutes.

**5.** Ajoute les moules. Couvre et laisse cuire à feu maximum pendant 2 à 4 minutes. Secoue la casserole ou ôte le couvercle et remue les moules pour faire tomber celles du dessus afin qu'elles cuisent à leur tour.

**6.** Retire du feu quand les coquilles sont bien ouvertes. Sers dans des bols avec une louche ou une écumoire. Jette les moules qui sont fermées ou à peine entrouvertes – n'essaie pas de les ouvrir.

**7.** Fais chauffer très doucement le vin, additionné de persil ou de crème. Répartis ce jus dans les bols. Gobe les moules à même la coquille, ou fabrique-toi une pince avec une coquille vide.

## POURQUOI PAS

✱ Prépare les moules à la manière des tapas. Fais-les bouillir 3 ou 4 minutes dans un peu de vin pour qu'elles s'ouvrent. Retire le haut de la coquille. Garnis le bas de chapelure aillée et de beurre – ou de beurre à l'ail. Passe brièvement au four ou fais gratiner sous le gril.

# Moules à l'ail et au chorizo

**Le chorizo plus les moules, c'est doublement bon… alors si tu veux impressionner quelqu'un avec tes talents de cuisinier, fais-lui ça. De la tomate, un léger goût fumé. Des saveurs top… encore plus top avec du pain chaud.**

POUR 2 €€

1,2 kg de moules
1 c. à soupe d'huile
4 gousses d'ail émincées finement
2 gousses d'ail écrasées
1 oignon haché menu
110 g de chorizo à cuire haché
Un peu de piment rouge épépiné et haché menu (ou un peu de piment en paillettes)
225 ml d'eau
125 ml de passata (coulis de tomate)
1 c. à soupe de concentré de tomates
1 pincée de sucre
Poivre du moulin
Persil haché menu (facultatif)

**1.** Gratte et nettoie les moules – en suivant les instructions de la page ci-contre.
**2.** Fais chauffer l'huile à feu doux dans une grande casserole. Mets l'ail et l'oignon. Attendris doucement 5 à 10 minutes sans laisser colorer.
**3.** Balance le chorizo. Laisse cuire 2 à 3 minutes. Ajoute le piment , l'eau, la passata et le concentré de tomates, le sucre. Porte à ébullition. Laisse frémir 1 minute en remuant. Augmente le feu.
**4.** Mets les moules à cuire, couvre. Porte à ébullition pendant 3 à 4 minutes. Secoue la casserole et remue pour cuire les coquillages uniformément. Prolonge un peu la cuisson si ça te paraît nécessaire.
**5.** Élimine toutes les moules fermées ou abîmées. Sers-les dans des bols.

POURQUOI PAS

* Fais cuire les moules dans de la sauce tomate (page 83) avec plein de basilic.
* Prépare-les à la manière thaïe. Dans un peu d'huile, fais revenir 1 piment avec 6 gousses d'ail émincées, de la citronnelle, 2 c. à soupe de nuoc mam. Ajoute un peu de lait de coco. Mets les moules et fais-les cuire comme ci-dessus. Parsème de coriandre.

POUR 1 | € | EXPRESS

1 maquereau fraîchement pêché
Huile d'olive
Sel de mer, poivre noir
Des herbes, si tu en as
Citron

# Maquereau pêché sur la plage

**Va à la pêche au maquereau avec tes potes. Prépare le poisson sur un rocher – tu auras pensé à prendre un couteau bien aiguisé, du citron, de l'huile, des fines herbes. Fais du feu et cuis-le dessus. Passe une super soirée à la belle étoile...**

**1.** Prépare le feu ou le barbecue.
**2.** Avec un petit couteau tranchant ou des ciseaux, incise le dessous du poisson de la queue à la tête. Retire les viscères. Passe ton pouce à l'intérieur pour vérifier qu'il ne reste rien, puis rince à grande eau. Coupe les nageoires et les branchies.
**3.** Pratique 2 ou 3 incisions en diagonale de chaque côté, d'½ cm de profondeur.
**4.** Badigeonne d'huile d'olive. Sale et poivre l'intérieur et l'extérieur. Glisse des herbes à l'intérieur. Arrose de jus de citron.
**5.** Fais griller le poisson 5 minutes d'un côté puis 5 minutes de l'autre, ou un peu plus longtemps, jusqu'à ce qu'il soit bien cuit et que sa chair se détache facilement.

POURQUOI PAS

* Prépare au gril ou à la poêle dans ta cuisine.
* Demande au poissonnier de vider le poisson pour toi.
* Fais cuire un peu de rhubarbe (page 235) pour déguster avec ton maquereau.
* Enduis les incisions de moutarde ou de mélange d'épices cajuns avant la cuisson.

POUR 1 | €

1 maquereau préparé en filets (demande à ton poissonnier)
**Pour la marinade :**
2 c. à soupe de sauce soja
2 c. à soupe d'alcool de riz
1 c. à soupe de vinaigre de riz
1 c. à café de sucre
2 gousses d'ail ciselées et légèrement écrasées
1 petit piment rouge épépiné et ciselé
**Accompagner de :** riz ou nouilles chinoises - pak choi au wok (page 116)

# Maquereau grillé asiatique

**Le maquereau gagne à être connu... Ce poisson est bourré de trucs excellents pour les neurones et le système immunitaire, et il se cuisine bien – il devient croustillant en grillant. Les saveurs orientales le mettent très bien en valeur.**

**1.** Pose le maquereau dans un plat. Prépare la marinade et verse-la dessus. Laisse imprégner 30 minutes. Prépare les nouilles ou le riz et le pak choi (page 116).
**2.** Préchauffe le gril du four. Mets le poisson sur la lèchefrite, côté chair vers le haut. Badigeonne de marinade. Fais griller 2 minutes. Retourne. Badigeonne de nouveau. Laisse griller jusqu'à ce que la peau devienne croustillante.

POURQUOI PAS

* Fais du poisson à l'indienne. Frotte 450 g de poisson à chair blanche avec un peu de sel. Laisse reposer 30 minutes. Prépare une sorte de pâte avec le jus de 2 citrons verts, de l'ail écrasé, 2 c. à café de coriandre, 2 c. à café de cumin, ½ c. à café de piment en poudre. Applique cette pâte sur le poisson. Laisse imprégner 1 heure. Fais frire 2 minutes de chaque côté.

# Poisson minute au beurre

**Choisis la version courte : fais faire un aller-retour à ton filet de poisson dans un peu d'huile et de beurre. Ou joue-la gastronome, en clarifiant ton beurre : c'est pas si long et ça permet au beurre de résister à des températures plus élevées.**

POUR 1 | € | EXPRESS

50 g de beurre (sans sel)
1 filet de plie, de limande-sole ou d'un autre poisson à chair blanche – de première fraîcheur !
Un peu de farine
Sel et poivre
2 c. à soupe de jus de citron
1 c. à soupe d'eau
1 c. à soupe de fines herbes hachées menu

**Accompagner de :** pommes de terre grenaille
- haricots ou petits pois
- avocat et salsa fraîche (p 18)

**1.** Lave le poisson. Tapote-le pour le sécher. Roule-le dans la farine salée et poivrée pour bien l'enrober.

**2.** Fais fondre la moitié du beurre dans une poêle. Quand il commence à mousser, mets le poisson dedans (côté peau vers le haut, le cas échéant).

**3.** Fais-le revenir 1 à 2 minutes jusqu'à ce qu'il commence à dorer. Retourne-le. Enlève-le quand sa chair est blanche et floconneuse. Ne le fais pas cuire trop longtemps ! Réserve au chaud.

**4.** Essuie la poêle. Ajoute le reste de beurre. Quand il commence à se colorer, ajoute le jus de citron, l'eau et les herbes. Veille à ne pas le laisser brûler ! Secoue la poêle. Verse ce beurre chaud sur le poisson. Sale et poivre.

POURQUOI PAS

✱ Prends un plus gros poisson. Comme c'est plus long à cuire, commence à la poêle et termine au four.

✱ Fais griller de la limande-sole ou une sole entière sans la peau (attention, c'est beaucoup plus cher !). Badigeonne la poêle à gril et un côté du poisson de beurre fondu. Assaisonne comme ci-dessus. Fais griller 4 minutes (plus ou moins, selon la taille). Retourne. Beurre et assaisonne. Fais griller encore 4 minutes, jusqu'à ce que le poisson soit bien cuit.

POUR 2 €€€

2 petits pavés de saumon

**Pour le mélange à tartiner :**
1 gousse d'ail écrasée
Petit morceau de gingembre frais râpé
Jus de citron ou de citron vert
Un peu de coriandre hachée
1 petit piment rouge haché menu
4 gouttes de sauce soja

**Pour la papillote :**
2 c. à soupe de beurre
4 feuilles de filo
Sel et poivre
Graines de sésame ou de pavot

**Pour la salade croquante :**
Feuilles d'épinard
Germes de soja
Ciboules
Sauce aux saveurs d'Asie (page 211)

# Poisson croustillant en papillote

**La pâte filo est parfaite pour confectionner des papillotes de poisson bien tendre. La finition croustillante au beurre permet un super contraste de textures. Cette pâte est facile à utiliser ! Couvre-la d'un torchon pour qu'elle reste souple.**

**1.** Préchauffe le four à 190 °C.
**2.** Vérifie qu'il n'y a pas d'arêtes. Prépare le mélange à tartiner. Fais fondre le beurre.
**3.** Étale une feuille de filo dans le sens de la hauteur. Badigeonne de beurre.
**4.** Double cette feuille avec une autre. Dispose un des pavés à l'horizontale dans le tiers supérieur.
**5.** Sale et poivre légèrement. Applique la moitié du mélange à tartiner sur le poisson. Replie le bord supérieur de la feuille dessus. Continue à enrouler vers toi jusqu'à ce que le tout soit bien empaqueté. Coupe ce qui dépasse et ferme la papillote.
**6.** Prépare la seconde. Beurre les deux papillotes sur le dessus, puis parsème de sésame ou de pavot. Fais cuire 15 à 20 minutes au four. Prépare la salade et sa sauce.

POURQUOI PAS

* Prends de la pâte feuilletée – abaisse-la très finement !
* Garnis le poisson de champignons poêlés rapidement, d'ail, de persil.
* Étale un filet de poulet, entoure-le de pâte feuilletée, badigeonne d'œuf. Laisse-le 30 minutes au four à 220 °C.

# Salade niçoise à peine revisitée

**Prends du thon en boîte ou fais griller une darne fraîche pour réaliser cette superbe salade. Idéale lors d'une fête !**

**1.** Préchauffe le four à 220°C. Mélange les ingrédients de la vinaigrette.

**2.** Fais cuire 2 œufs durs (page 59). Une fois refroidis, écale-les et coupe-les en deux.

**3.** Fais les croûtons : roule les petits cubes de pain dans de l'huile sur une plaque de cuisson. Mets-les 10 minutes au four, jusqu'à ce qu'ils soient bien dorés.

**4.** Fais bouillir les pommes de terre jusqu'à ce qu'elles soient presque tendres (vérifie avec un couteau). Ajoute les haricots et laisse-les 3 minutes : ils doivent être tendres et croquants à la fois. Égoutte le tout.

**5.** Rince les haricots à l'eau froide. Réégoutte-les. Dispose les pommes de terre sur un plat de service. Arrose d'un filet de sauce.

**6.** Fais griller le bacon puis pose-le sur du papier absorbant.

**7.** Deux possibilités : soit tu ouvres une boîte de thon, tu l'égouttes et tu l'émiettes, soit tu fais griller du thon frais. Dans ce cas, frotte-le avec de l'huile, une gousse d'ail, du sel et du poivre, et passe-le sur une poêle à gril chaude 1 à 2 minutes de chaque côté ; ne le laisse pas trop cuire (il doit être rosé à l'intérieur).

**8.** Mets la laitue, les tomates, les olives, les haricots dans le plat contenant les pommes de terre. Ajoute les œufs, les croûtons, le thon effeuillé, la sauce restante.

POUR 2 €€

**Pour la vinaigrette :**

½ c. à café de sucre
½ c. à café de moutarde
1 gousse d'ail écrasée
1 ½ à 2 c. à soupe de jus de citron ou de vinaigre balsamique
3 ou 4 c. à soupe d'huile d'olive

**Pour la salade :**

2 œufs
2 tranches de pain sec coupé en dés
1 poignée de pommes de terre grenaille
1 poignée de haricots verts
3 tranches de bacon
1 boîte de thon ou 1 grande darne de thon
Un peu de laitue croquante (Iceberg ou cœur de laitue)
Tomates cerises
Oignon rouge
Olives noires

POURQUOI PAS

* Fais griller rapidement des cubes de saumon marinés. Pose-les sur la salade.
* Prépare une sauce avec de l'avocat, de la tomate, de l'oignon rouge, du piment et de la coriandre, du jus de citron ou de citron vert. Sale et poivre. Recouvre de thon.
* Tu es végétarien ? Laisse tomber le thon et le bacon. Mets du fromage, de l'avocat, des pignons.

POUR 2 €€

**Pour la pâte au cidre :**
110 g de farine à levure incorporée
Sel et poivre
2 c. à soupe d'huile d'arachide
125 ml de cidre ou de bonne bière

**Pour les frites :**
450 g de pommes de terre non pelées
2 c. à soupe d'huile d'olive
Sel

**Pour la purée aux petits pois :**
1 pomme de terre
1 petit sachet de petits pois surgelés
1 bon morceau de beurre
1 pincée de menthe séchée
Jus de citron
Sel et poivre

**Pour le poisson :**
2 filets de poisson à chair blanche et ferme (lieu jaune, lieu noir, cabillaud d'élevage, aiglefin, merlu, limande-sole, plie), de 175 à 225 g chacun
2 c. à soupe de farine salée et poivrée
Huile d'arachide pour la friture

# *Fish and chips* et purée aux petits pois

**J'adore le poisson pané ! Il croque délicieusement sous la dent. Sers-le avec des grosses frites, du ketchup et le fameux « caviar du Yorkshire ».**

**1. Pâte :** tamise la farine dans un saladier. Ajoute le sel, le poivre et l'huile. Incorpore doucement le cidre ou la bière de façon à obtenir une pâte épaisse et lisse (sans grumeaux), en rajoutant au besoin de la farine ou du liquide. Laisse reposer 30 minutes.

**2. Frites :** Préchauffe le four à 200 °C. Brosse les pommes de terre. Sèche-les. Coupe-les grossièrement. Sèche les morceaux, roule-les dans l'huile et sale-les. Fais-les cuire 30 à 40 minutes sur une plaque de cuisson.

**3. Petits pois :** fais bouillir la pomme de terre dans une casserole. Quand elle est juste tendre, ajoute les petits pois dans l'eau. Laisse cuire 3 minutes. Égoutte. Réduis en purée avec le beurre, la menthe, le jus de citron, le sel et le poivre. Réserve au chaud.

**4. Poisson :** lave-le et sèche-le. Vérifie qu'il n'y a pas d'arêtes. Mets la farine salée et poivrée dans une assiette. Enduis-en légèrement le poisson. Réserve.

**5. Friture :** verse assez d'huile dans une sauteuse ou dans un wok pour couvrir le poisson aux deux tiers. Fais chauffer progressivement (vérifie la température de l'huile en plongeant un petit bout de pain dedans : si elle se met à bouillonner autour, elle est prête).

**6.** Trempe le premier filet dans la pâte et enrobe-le bien. Égoutte-le pour éliminer l'excédent de pâte. Dépose-le avec précaution dans le bain d'huile, laisse-le 3 minutes et retourne-le. Laisse-le encore 3 minutes, jusqu'à ce qu'il soit doré à l'extérieur, bien cuit et floconneux à l'intérieur.

**7.** Égoutte sur du papier absorbant et réserve au chaud. Répète ces opérations avec le second filet. Égoutte. Un peu de sel, quelques gouttes de vinaigre, et hop !

POURQUOI PAS

* Fais griller le poisson, en filets ou entier. Préchauffe le gril. Badigeonne

le poisson de beurre fondu. Sale et poivre. Parsème de persil, d'estragon ou d'ail hachés. Laisse cuire quelques minutes de chaque côté.

* Fais des croquettes express. Taille 350 g de poisson à chair blanche en goujonnettes. Trempe-les dans de la farine salée et poivrée, puis dans du lait. Fais-les frire quelques minutes, en les retournant une fois.

POUR 4 €€€

**Pour le ragoût :**
1 ou 2 c. à soupe d'huile d'olive
225 g d'oignons taillés en fines rondelles
3 gousses d'ail écrasées
1 piment doux épépiné et haché menu
3 tranches de bacon coupées en petites bouchées
2 poivrons rouges ou orange évidés, épépinés et finement émincés
1 boîte de tomates en dés (400 g)
1 boîte de gros haricots blancs (400 g)
110 à 175 g de chorizo à cuire, haché grossièrement
2 ou 3 c. à soupe de concentré de tomates
Thym ou origan, frais ou séchés
Persil frais (facultatif)
1 pincée de sucre
Un peu de xérès (facultatif)
Sel, poivre noir

**Pour le poisson :**
4 petits filets de poisson à chair blanche et ferme
Un peu de farine salée et poivrée
Un peu d'huile ou de beurre

# Poisson et ragoût au chorizo

**Poisson et ragoût de haricots blancs : une géniale association qui nous vient d'Espagne. Tu peux servir le ragoût avec des tapas (page 22), ou casser des œufs dessus, saler-poivrer, couvrir et hop, passer au four !**

**1.** Chauffe l'huile dans une grande casserole. Mets l'oignon, une pincée de sel. Attendris doucement pendant 5 minutes sans laisser colorer. Ajoute l'ail et le piment, fais revenir 5 minutes. Augmente le feu et mets le bacon à cuire, jusqu'à ce qu'il soit croustillant.
**2.** Baisse le feu. Ajoute les poivrons. Attendris-les sur feu doux.
**3.** Ajoute les tomates, les haricots, le chorizo, le concentré de tomates, les herbes, le sucre, le xérès (si tu en mets), le sel et le poivre. Poursuis la cuisson à feu doux pendant 20 à 30 minutes, en remuant de temps en temps. Rajoute un peu de purée, ou prolonge la cuisson si tu préfères un mélange plus épais. Goûte et assaisonne. Réserve au chaud.
**4.** Enrobe légèrement les filets de poisson de farine salée et poivrée. Fais-les revenir dans un peu d'huile, de beurre jusqu'à ce qu'ils soient bien cuits. Sale et poivre. Dispose sur le ragoût.

POURQUOI PAS

✱ Sers-toi du ragoût pour faire des « huevos rancheros » : ajoutes-y des haricots rouges, un peu plus de piment et de concentré de tomates afin d'obtenir une consistance un peu épaisse. Déguste dans des wraps chauds avec un œuf au plat, des dés d'avocat, du fromage râpé, de la crème aigre.

# Gros bonbon de poisson tout prêt

**Prépare-le à l'avance ou fais-le à la dernière minute. Super pour quelqu'un qui surveille sa ligne. À personnaliser en fonction des goûts de celui qui le mange.**

**1.** Découpe une feuille d'alu pour empaqueter le poisson et les accompagnements.
**2.** Pose-la sur une plaque de cuisson ou dans un plat à four. Froisse un peu les bords à la verticale. Mets le poisson au centre. Sale et poivre. Parsème d'ail et arrose de jus de citron. Dispose les pommes grenaille, les haricots, les olives et les tomates tout autour. Arrose avec un peu de vin ou rajoute un peu de citron et d'huile d'olive.
**3.** Relève les bords de la feuille. Pince-les pour fermer hermétiquement. Réserve au frigo, ou enfourne-la 10 à 15 minutes à 200 °C (prolonge un peu le temps de cuisson quand le plat sort du frigo).

POURQUOI PAS

* Orientalise. Arrose ton poisson d'un filet de sauce soja et de citron. Garnis-le de germes de soja, de ciboule, de piment rouge. Cuis au four comme ci-dessus, ou mets la papillote dans un cuit-vapeur ou dans une passoire posée sur une casserole d'eau frémissante, et laisse étuver 10 à 15 minutes.
- Empapillote une truite entière dans de l'alu. Farcis-la avec des herbes, du citron, de l'ail émincé. Ajoute un peu de vin, de cidre ou de jus de pomme. Sale et poivre, mets une noix de beurre. Fais-la cuire comme dans la recette principale.
- Pour une fête, prépare un saumon entier dans de l'alu. Prends un gros saumon de 3,5 à 4 kg, ajoute du sel, du poivre et un peu de beurre, enfourne à 180 °C pendant 70 à 80 minutes (10 minutes par livre).

POUR 1 | €€ | EXPRESS

1 filet (225 g maxi) de poisson à chair blanche, de saumon ou d'aiglefin
Sel et poivre
2 gousses d'ail finement émincées
Jus de citron
Quelques pommes de terre grenaille cuites (pince-les pour les fendre)
Quelques haricots verts ou feuilles d'épinard
Quelques olives noires
4 tomates cerises pelées (voir page 78)
Un peu de vin blanc (facultatif)
Huile d'olive

la musique
granola
muesli
DATES
£1.32

# Pas seulement pour les VÉGÉTARIENS...

Régale-toi et surprends tes potes
avec ces délices végétariens.
Ils feront saliver même les
carnivores les plus convaincus.
Excellents pour la santé, la ligne
et le porte-monnaie.
Qui a dit qu'il fallait manger
de la viande tous les jours ?

POUR 2-4 € V

1 courge musquée, lavée et séchée
2 gousses d'ail émincées
25 à 50 g de beurre
Jus de citron
Sel, poivre noir
Huile d'olive
175 à 225 g de fromage (gruyère, fourme d'Ambert ou autre)
Un peu de gingembre râpé (facultatif)
1 goutte de miel
Fines herbes mélangées

# Courge musquée farcie

**La courge musquée, dure à couper au départ, fond ici sous la fourchette en nous révélant sa saveur délicate. Gave-toi de ce délicieux légume, qui ne fait pas grossir et renferme plein de vitamines A, C, E et d'autres précieux nutriments.**

**1.** Préchauffe le four à 200 °C. Pose la courge sur une planche à découper et sectionne-la en deux dans la longueur à l'aide d'un grand couteau tranchant.
**2.** Enlève les graines et la partie fibreuse avec une cuillère, sans entamer la chair.
**3.** Répartis l'ail, le beurre et le jus de citron dans les deux cavités. Sale et poivre. Badigeonne les bords d'huile. Enfourne dans un plat à rôtir 40 à 60 minutes jusqu'à consistance tendre.
**4.** Évide la courge à l'aide d'une cuillère, en laissant un peu de chair pour qu'elle tienne debout.
**5.** Écrase la chair dans un saladier avec les ¾ du fromage, le gingembre, le miel, les herbes. Remplis de ce mélange les deux « coquilles » vides. Saupoudre avec le fromage restant. Fais gratiner 20 à 25 minutes au four.

POURQUOI PAS

* À l'étape 3, ajoute quelques rondelles de champignons bruns.
* À l'étape 5, ajoute quelques pousses d'épinards blanchies mélangées à de la crème fraîche, de la moutarde, du jus de citron et des pignons, ou alors tonifie ta purée de courge avec un peu de roquette et de fromage de chèvre (les «omnivores» peuvent y émietter quelques tranches de bacon entrelardé grillé).

# Ratatouille aux légumes caramélisés

**Tu ne veux pas t'embêter à tailler des légumes en petits dés ? Pas de problème : coupe-les grossièrement puis balance-les en vrac dans un plat. La cuisson au four souligne leur petit côté sucré. Prends ta dose de fruits et légumes en une seule assiette.**

POUR 2-3 | € | V

1 grosse aubergine
1 ou 2 courgettes
1 poivron rouge
1 gros oignon rouge
1 ou 2 c. à soupe d'huile d'olive
1 c. à soupe de vinaigre balsamique (ou de vin rouge)
1 boîte de tomates en dés (400 g)
4 gousses d'ail émincées
1 bonne pincée de sucre
Un peu de thym ou d'origan frais ou séchés
1 bonne pincée de cannelle
Sel, poivre noir

1. Préchauffe le four à 200 °C.
2. Coupe les légumes en grosses bouchées.
3. Verse-les dans un plat à rôtir.
4. Ajoute l'huile et la moitié du vinaigre. Remue bien.
5. Enfourne pour 15 minutes. Ajoute alors les tomates, l'ail, le sucre, le thym et la cannelle. Poursuis la cuisson 30 minutes, jusqu'à ce que les légumes soient tendres.
6. Goûte et rectifie l'assaisonnement. Rajoute un peu de vinaigre au besoin.

À déguster brûlant, chaud ou froid !

POURQUOI PAS

* Ajoute quelques pommes de terre blanchies à l'étape 3.
* Dispose les légumes en alternant avec du fromage et des feuilles de lasagnes (page 99), nappe de sauce au fromage, enfourne.
* Glisse dans une boîte-repas avec du riz ou de la semoule de couscous.
* Répands sur des pâtes chaudes, mélange bien.
* Chauffe l'huile dans une cocotte. Fais revenir l'ail et les oignons. Ajoute des aubergines, des courgettes, des poivrons. Agrémente d'une pincée de cannelle, de tomates concassées, de sucre, d'un quartier de citron. Sale et poivre. Attendris à feu doux sur ta cuisinière.

POUR 4 | € | V

375 g de pâte feuilletée pur beurre (achetée)
3 à 6 c. à soupe de passata (coulis de tomate)
2 gousses d'ail écrasées
1 aubergine moyenne coupée en rondelles
1 ou 2 c. à soupe d'huile d'olive
Parmesan ou comté fraîchement râpé
Basilic, persil ou origan frais
Sel de mer, poivre noir

# Tarte végétarienne express

**Une petite tarte salée pleine de peps. Prends de la pâte pur beurre et teste cette recette avec différents légumes. Tu peux l'accompagner d'une petite salade verte ou de crudités...**

**1.** Préchauffe le four à 200 °C. Graisse une plaque de cuisson.
**2.** Étale la pâte en rectangle.
**3.** Taille des languettes de 2 x 1 cm dans la longueur. Badigeonne d'eau ou de lait. Transfère la pâte sur la plaque de cuisson. Applique les languettes sur la base, une de chaque côté.
**4.** Pique la pâte avec une fourchette.
**5.** Mélange la passata avec l'ail, étales-en les deux tiers sur la pâte.
**6.** Fais revenir les rondelles d'aubergine jusqu'à ce qu'elles commencent à dorer.
**7.** Dispose-les sur la pâte en les chevauchant légèrement.
**8.** Ajoute le reste de passata, le fromage, les fines herbes, le sel et le poivre, l'huile d'olive. Enfourne 20 minutes (ou plus), jusqu'à ce que la garniture soit croustillante, les bords dorés, la pâte levée.

POURQUOI PAS

* À l'étape 5, tartine le fond de tapenade. Couvre de tomates. Ajoute un peu de mozzarella et de basilic. Saupoudre de parmesan et arrose d'un filet d'huile d'olive.
* Mets plusieurs couches de tomates ou d'aubergines, termine par un peu de fromage de chèvre.
* Tartine de tapenade ou de crème fraîche salée et poivrée. Garnis de fines rondelles de pommes de terre cuites. Sale et poivre bien. Ajoute du chèvre ou du fromage râpé, un peu de thym, un filet d'huile d'olive.
* Fais revenir très longuement les oignons dans un peu d'huile et sucre. Répartis-les sur la pâte et agrémente d'olives et de fines herbes, de parmesan, d'un peu d'huile d'olive.
* Étale la moutarde sur la pâte. Garnis de jambon, de fromage, de passata.

# Tarte à l'oignon qui se respecte

**Une part par jour aide à rester en bonne santé, ce doit être grâce à l'ail et à l'oignon. Une tarte hyper classique et super savoureuse ! Fais-la le dimanche, manges-en toute la semaine.**

POUR 4 · € · V

**Pour la pâte :**
175 g de farine
1 pincée de sel
75 g de beurre
1 jaune d'œuf
2 c. à soupe d'eau

**Pour la garniture :**
1 c. à soupe de beurre
1 c. à soupe d'huile d'olive
3 gros oignons (environ 700 g) coupés en fines rondelles
2 gousses d'ail écrasées
3 gros œufs battus
1 jaune d'œuf
150 ml de yaourt
300 ml de crème
Sel, poivre

**1.** Fais la pâte (page 238), en ajoutant un jaune d'œuf avec l'eau.
**2.** Graisse un moule à tarte (si possible à fond amovible) ou 4 à 6 moules à tartelettes.
**3.** Abaisse la pâte très finement sur une surface farinée, de façon à couvrir la base et les côtés du moule. Transfère-la dans le moule en t'aidant d'un rouleau à pâtisserie, pince les bords et rebouche les accrocs éventuels. Réserve 30 à 60 minutes au frais.
**4.** Fais chauffer l'huile et le beurre à feu doux dans une grande poêle. Mets l'ail et les oignons, attendris-les très doucement pendant 20 à 30 minutes sans les colorer. Préchauffe le four à 200 °C. Laisse refroidir les oignons 5 minutes, puis mélange-les à du yaourt, de la crème, des œufs, du sel et du poivre en battant bien.
**5.** Verse cette préparation sur le fond de tarte. Enfourne 30 minutes, jusqu'à ce que ce soit cuit, bien doré et légèrement gonflé. Laisse reposer 10 minutes. Excellent avec de la salade et des *baked potatoes*.

POURQUOI PAS

* Ajoute 75 g de gruyère râpé.
* Ajoute du fromage et des asperges cuites mais croquantes.
* Fais une quiche lorraine : coupe en morceaux 6 tranches de bacon, blanchis-les 2 minutes à l'eau bouillante, égoutte, sèche bien, dispose sur la pâte et recouvre de crème aux oignons.

POUR 2 | € | V | EXPRESS

# Hamburger aux teriyaki

**Fais-toi un « total teriyaki » avec ce hamburger bien juteux. Au fait, la niacine contenue dans les champignons aide l'organisme à éliminer l'alcool. Très indiqué pour un petit déjeuner tardif ?**

2 gros champignons de Paris
**Pour la marinade :**
4 c. à soupe de sauce soja
1 ½ c. à soupe de vinaigre de riz
1 c. à soupe d'alcool de riz
¾ c. à soupe de sucre en poudre
Petit morceau de gingembre râpé
Un peu d'huile de tournesol

**Pour la garniture :**
2 petits pains ronds, tortillas ou pitas
Sauce hoisin (facultatif)
Mayo aillée (page 211)
Ciboule en lanières
Concombre taillé en allumettes
Épinards, roquette ou cresson

**1.** Prépare la marinade. Réchauffe 1 minute. Mets à refroidir, verse sur les champignons. Laisse mariner entre 5 minutes et 1 heure, en retournant de temps en temps.
**2.** Préchauffe le grill du four. Égoutte les champignons. Enduie-les d'une goutte d'huile.
**3.** Fais-les griller 2 minutes de chaque côté, jusqu'à ce qu'ils soient cuits.
**4.** Grille le pain, ou réchauffe les tortillas ou les pitas.
**5.** Tartine de sauce hoisin et de mayo, superpose les ingrédients. Mange !

POURQUOI PAS

* Triche : achète de la marinade teriyaki toute faite (Kikkoman ou autre).
* Émiette du bleu ou du chèvre sur les champignons. Passe au gril.
* Badigeonne les champignons d'huile, de jus de citron, de sel et de poivre, recouvre de chapelure aillée (p 88), mets un filet d'huile et enfourne à 200 °C pendant 15 minutes. Fais rôtir en même temps une grosse tomate coupée en deux.

# Hamburgers aux haricots, guacamole et crème aigre

**Ce délicieux burger végétarien a un petit côté texmex et un goût de reviens-y. C'est parfait, car il est bourré de bonnes choses pas chères. Combine à loisir les ingrédients de la garniture !**

**1.** Égoutte les haricots. Étale-les sur la planche à découper. Hache-les grossièrement.
**2.** Réduis le pain en chapelure à l'aide d'un mixeur.
**3.** Avec une fourchette, mélange tous les ingrédients du hamburger dans un saladier.

**4.** Façonne 8 hamburgers sans trop malaxer. Enrobe-les légèrement de farine.
**5.** Chauffe l'huile dans une poêle. Fais revenir les burgers à feu doux, 5 minutes de chaque côté. Empile les ingrédients ou sers-les dans un wrap.

POUR 4 | € | V | EXPRESS

**Pour les hamburgers :**
1 boîte de haricots blancs de 400 g
1 boîte de haricots rouges de 400 g
110 g de pain blanc sans la croûte
25 g de fromage râpé
1 petite carotte râpée
3 gousses d'ail écrasées
2 c. à soupe de coriandre fraîche, hachée menu
½ c. à café de piment en poudre
2 c. à café de cumin
¼ c. à café de cannelle
2 c. à soupe de concentré de tomates
Sel, poivre

Farine pour enrober
Huile d'olive, de tournesol ou d'arachide pour la cuisson

**Ingrédients à assembler :**
Petit pain rond grillé ou tortilla chaude
Guacamole (page 18)
Crème aigre
Salsa
Tomates
Fromage râpé
1 oignon rouge
Ketchup
Laitue taillée en lanières

# Poivrons au four top classe

**Un goût et un aspect splendides… deux variantes légères et réussies pour la garniture. Les poivrons renferment plein de vitamines et d'antioxydants. À consommer sans modération !**

POUR 4 — € — V

2 gros poivrons rouges
2 gros poivrons jaunes
Un peu d'ail écrasé
Sel, poivre
4 c. à soupe d'huile d'olive
4 tomates olivettes
ou 16 tomates cerises
6 gousses d'ail non pelées
Quartier de citron
Feuilles de basilic frais
**Garniture 1 :**
50 g de feta émiettée
1 gousse d'ail émincée
Quelques olives noires
**Garniture 2 :**
Quelques anneaux d'oignon rouge ou une échalote finement émincée
50 g de fromage de chèvre
1 gousse d'ail écrasée
Zeste de citron râpé

**1.** Coupe les poivrons en deux dans le sens de la longueur. Évide-les et épépine-les (laisse la queue).
**2.** Frotte l'intérieur avec un peu d'ail écrasé. Sale et poivre. Roule l'extérieur dans de l'huile d'olive, ou badigeonne au pinceau.
**3.** Dispose les demi-poivrons les uns à côté des autres dans un plat légèrement huilé. Farcis-les avec des tomates – olivettes : coupe-les en deux et mets-en une moitié dans chaque demi-poivron. – cerises : entaille-les, plonge-les dans l'eau bouillante pendant 1 minute, égoutte-les, enlève la peau et mets-en deux dans chaque demi-poivron.
**4.** Garnis la moitié des poivrons avec de la feta émiettée, de l'ail émincé et des olives, l'autre moitié avec de l'oignon ou de l'échalote, du chèvre mélangé à de l'ail écrasé, du zeste de citron. Ou bien utilise la même garniture pour tous.
**5.** Arrose d'un filet d'huile d'olive. Glisse quelques gousses d'ail non pelées, un quartier de citron, des feuilles de basilic dans le plat. Enfourne à 200 °C pendant 30 minutes (couvre éventuellement de papier alu les 20 premières minutes). Déguste brûlant, chaud ou froid.

POURQUOI PAS

* Farcis les poivrons de semoule de couscous cuite (page 126) mélangée à du fromage, des champignons et de l'ail frit.
* Farcis-les de dés de pommes de terre cuits agrémentés de cumin, de yaourt, de coriandre, de sel et de poivre, de jus de citron.
* Mélange du riz cuit (page 112) à de la sauce bolognaise (page 97), farcis-en des poivrons entiers dont tu auras retiré le chapeau, mets dans un plat avec un peu de passata ou de bouillon de légumes, et enfourne 40 minutes.
* Ajoute des anchois à l'étape 4.

# Tomates farcies

**Tu fais à manger pour deux potes dont le palais est éduqué différemment ? Farcis une tomate avec des ingrédients aux saveurs subtiles, comme celles d'un risotto, prépare l'autre avec de l'ail pour plaire à ceux qui ne reculent devant rien…**

POUR 2 € V

4 grosses tomates cœur de bœuf
Sel
1 gousse d'ail écrasée

**Garniture 1 :**
60 g de riz pour risotto
25 g de beurre
Zeste de citron râpé
50 g de gruyère ou de parmesan
Herbes hachées menu (persil, basilic, estragon ou menthe)
Sel, poivre
1 pincée de noix muscade (facultatif)

**Garniture 2 :**
10 g de beurre ou 1 c. à soupe d'huile
1 petit oignon haché menu
1 gousse d'ail écrasée
1½ c. à soupe de chapelure fraîche
1 bonne pincée d'herbes séchées ou fraîches, hachées menu

**1.** Découpe le haut des tomates.
**2.** Évide à l'aide d'une cuillère et d'un petit couteau bien aiguisé, sans abîmer la chair. Hache grossièrement la pulpe prélevée et réserve.
**3.** Frotte l'intérieur avec un peu de sel et d'ail écrasé. Retourne les tomates sur une assiette pour les faire dégorger.
**4.** Prépare l'une des deux garnitures suivantes (ou les deux).
**Garniture 1 :** Porte le riz à ébullition 10 minutes dans de l'eau salée, jusqu'à ce qu'il soit à demi cuit. Égoutte-le. Mélange-le avec le beurre, le zeste de citron, le fromage, les fines herbes, le sel et le poivre, la pulpe de tomate, la noix muscade.
**Garniture 2 :** attendris doucement l'ail et l'oignon dans un peu de matière grasse (5 minutes). Ajoute la pulpe hachée. Fais cuire 3 minutes. Incorpore en remuant la chapelure, les herbes, sale et poivre à ta convenance.
**5.** Farcis les tomates dégorgées avec la garniture de ton choix. Remets les chapeaux. Mets au frais ou fais cuire illico.
**6.** Préchauffe le four à 180 °C. Enfourne dans un plat légèrement graissée pendant 25 à 30 minutes.

POURQUOI PAS

* Fais des tomates farcies à l'œuf : à l'étape 4, casse un œuf dans chaque. Couvre de fromage râpé ou d'un mélange fromage + purée de tomate, termine par un peu de crème. Enfourne 15 minutes. Mange sur du pain frit.

POUR 2 · € · V · EXPRESS

25 g de beurre
1 ou 2 échalotes ou 1 petit oignon haché menu
2 gousses d'ail écrasées ou émincées finement
1 c. à café de paprika
350 g de champignons bruns ou autres, coupés en rondelles
1 ou 2 c. à soupe de vin blanc, bouillon de légumes ou jus de pomme
150 ml de crème aigre
1 pincée de noix muscade
Sel et beaucoup de poivre noir
Un peu de persil ou d'aneth frais, haché menu (facultatif)

**Pour les pâtes :**
175 g de tagliatelles
Un peu de beurre
Graines de cumin pour saupoudrer (facultatif)

# Champignons Stroganoff et pâtes au cumin

**Un superbe plat de champignons pour l'hiver, très rapide à préparer… Prends du bon pain pour saucer. Marie avec une salade de cresson pour faire le plein de fer et de calcium.**

**1.** Fais bouillir une casserole d'eau salée pour les pâtes.
**2.** Pour la sauce Stroganoff, mets le beurre à fondre dans une poêle sur feu doux. Fais-y revenir doucement l'oignon pendant 5 à 7 minutes. Remue de temps en temps. Ajoute l'ail. Fais cuire 1 minute, parsème de paprika et laisse encore 1 minute.
**3.** Mets les pâtes à cuire.
**4.** Finis de préparer la sauce : ajoute les champignons dans la poêle. Remue bien. Fais cuire 4 minutes. Augmente un peu le feu. Mouille avec le vin, le bouillon ou le jus de pomme. Fais réduire à gros bouillons.
**5.** Baisse le feu. Ajoute la crème aigre, la noix muscade, sale, et poivre abondamment. Continue à remuer. Ce n'est pas très homogène au début, mais ça épaissit au bout de 4 à 5 minutes. Goûte et rectifie l'assaisonnement. Ajoute des herbes si tu veux.
**6.** Égoutte bien les tagliatelles. Remets-les dans la casserole. Mélange-les avec du beurre, des graines de cumin si tu aimes. Sers sur les assiettes. Nappe de sauce Stroganoff.

POURQUOI PAS
✱ Sers sur de la purée ou des toasts.
✱ Ajoute une pincée de paprika fumé.
✱ Fais-toi du boeuf ou du porc Stroganoff : à l'étape 4, ajoute de fines lanières de porc ou de bœuf sautées au wok.

# Tempura de légumes craquants et sauce exquise

**Cette pâte à frire japonaise d'une légèreté incroyable transforme les légumes en friandises craquantes. Plonge-les dans la sauce pour une explosion de saveurs. Magnifique… idéal pour épater la galerie…**

**1.** Mélange les ingrédients de la sauce dans un bol. Pare les légumes.
**2.** Fais la pâte : verse la farine et la maïzena sur une assiette. Mets l'eau glacée (ou de l'eau avec un glaçon) dans un grand saladier avec les jaunes d'œuf. Mélange bien au fouet. Ajoute la farine. Remue grossièrement avec une fourchette ou une

baguette : la pâte doit rester grumeleuse. Plonge les légumes dedans, en remuant pour bien les enrober.

**3.** Verse 10 cm d'huile dans une casserole profonde ou un peu moins dans un wok. Porte-la à température élevée. Pour savoir si elle est prête, plonge un petit bout de pain dedans : il doit remonter aussitôt à la surface.

**4.** Pour frire les légumes : glisse-les avec précaution dans le récipient à l'aide d'une écumoire ou d'une cuillère en bois. N'en mets pas trop à la fois, évite à tout prix les projections d'huile et ne t'éloigne jamais de la cuisinière !

**5.** Retourne délicatement les légumes au bout d'1 minute environ. Retire-les quand ils sont dorés de toutes parts (le temps varie en fonction de la taille). Égoutte-les sur du papier absorbant. Réserve-les dans un endroit chaud jusqu'à ce qu'ils soient tous prêts, ou sers tes potes qui font la queue !

**6.** Sers les beignets tempura sur des assiettes ou sur un grand plat collectif – et trempe-les dans la sauce.

POURQUOI PAS

✱ Fais cuire des filets de poisson à chair blanche coupés en petits morceaux, du tofu et des crevettes enrobés de cette pâte. Trempe dans la sauce. Mmmm…

POUR 4 | € | V | EXPRESS

**Sauce pour tremper :**
2 c. à café de gingembre râpé
2 c. à soupe de sucre en poudre
2 c. à soupe de sauce soja
2 c. à soupe d'alcool de riz
4 c. à soupe de vinaigre de riz

**Pour la pâte :**
175 g de farine
1 c. à café de Maïzena
2 jaunes d'œuf
350 ml d'eau glacée
Huile de tournesol pour la friture

**Légumes au choix :**
Champignons de Paris (entiers s'ils sont petits, sinon hachés)
Courgettes coupées en rondelles
Patates douces (pelées, en fines rondelles)
Ciboules (parées, entières)
1 oignon blanc (pelé, anneaux séparés)
1 aubergine (coupée dans la largeur)
Brocoli ou bimi

POUR 4 € V

# Parmentier de lentilles

**Ma sœur Polly, qui est végétarienne, a fait toutes ses études avec ce plat riche en protéines et en sucres lents (source d'énergie). Un Parmentier qui te fera toute la semaine. À garnir d'une bonne petite purée crémeuse. Les végétaliens pourront facilement l'adapter à leurs principes.**

- Un peu d'huile
- 2 gros oignons hachés menu
- 3 gousses d'ail écrasées
- 1 pincée de sel
- 2 carottes coupées en petits dés
- Quelques champignons bruns coupés en petits dés
- 1 lichette de vin rouge
- 1 boîte de tomates en dés (400 g)
- 1 boîte de 400 g de lentilles vertes égouttées (ou autant de lentilles cuites – voir page 120)
- 1 c. à soupe de ketchup
- 3 traits de sauce soja
- 2 traits de Tabasco (facultatif)
- Poivre noir
- 1 ou 2 c. à soupe de crème fraîche (facultatif)

**Purée :**

Purée (nature ; à la moutarde et au citron ; au fromage ; à la coriandre et au curcuma) faite avec des pommes de terre farineuses (voir page 215, doubler ou tripler les quantités).

**1.** Fais chauffer l'huile dans une poêle sur feu doux. Mets les oignons, l'ail, une pincée de sel. Cuis doucement 10 minutes. Ajoute les carottes. Cuis encore 5 minutes, jusqu'à ce que les oignons soient très tendres mais non colorés. Ajoute les champignons et poursuis la cuisson pendant quelques minutes. Retire du feu.

**2.** Verse le vin rouge. Laisse-le bouillir. Ajoute les tomates, les lentilles, le ketchup, la sauce soja, le Tabasco, le poivre noir. Remets sur le feu et fais cuire encore 2 minutes. Goûte. Incorpore la crème fraîche.

**3.** Entre-temps, fais bouillir les pommes de terre. Élabore ta purée préférée (page 215). Verse le mélange à base de lentilles dans un plat. Garnis de purée. Fais cuire 30 à 40 minutes à 200 °C dans le four préchauffé.

POURQUOI PAS

- ✱ Prends des lentilles du Puy.
- ✱ Réveille un peu tout ça avec du piment en poudre.
- ✱ Fais des lasagnes : dispose en les alternant des lentilles, des feuilles de lasagnes et de la sauce au fromage (page 90).
- ✱ Si tu es végétalien, fais la purée avec l'eau de cuisson des pommes de terre (à la place du lait) et remplace le beurre par de la margarine de soja.
- ✱ Prépare des versions différentes dans des petits plats, pose une mini-tomate (par exemple) sur les 100 % végétales.

# Gratin fromage-pommes de terre

**Sous sa croûte de fromage, ce gratin dissimule des saveurs toutes douces. Il se réchauffe à merveille. S'il te reste de la place dans le four, fais rôtir quelques tomates pour servir avec.**

POUR 3-4 | € | V

450 g de pommes de terre à chair farineuse épluchées
300 ml de lait mélangé à de la crème fraîche
1 oignon moyen haché menu
1 à 3 gousses d'ail hachées
Poivre noir
110 g de comté vieux ou d'un autre fromage au goût prononcé

**1.** Coupe les pommes de terre en rondelles extrêmement fines.
**2.** Verse le lait ou la crème dans une grande casserole. Ajoute les pommes de terre, l'ail et l'oignon.
**3.** Fais cuire à feu très doux 10 à 15 minutes ; les pommes de terre doivent être juste tendres. Remue de temps en temps sans les écraser.
**4.** Préchauffe le four à 180 °C.
**5.** Transfère la moitié du contenu de la casserole dans un plat beurré. Poivre. Saupoudre avec la moitié du fromage. Verse une deuxième couche de pommes de terre, termine par le fromage restant.
**6.** Couvre de papier alu. Enfourne 30 minutes, retire le papier. Prolonge la cuisson de 20 à 30 minutes, jusqu'à ce que le gratin soit moelleux et qu'il bouillonne.

POURQUOI PAS

* Prends du gruyère, un mélange de gruyère et de cantal, du reblochon…
* Fais-le 100 % crème fraîche. Ou uniquement au lait si tu es fauché.
* À l'étape 5, ajoute des champignons frits, du saumon, des tomates séchées, du jambon ou du bacon.
* Prépare ton gratin avec du bouillon : fais cuire aux ¾ 6 grosses pommes de terre à l'eau. Égoutte-les. Coupe-les en tranches très fines. Superpose-les en alternant avec un gros oignon taillé en fines rondelles, ajoute du sel et du poivre, 175 g de gruyère râpé. Verse du bouillon ou de l'eau jusqu'à mi-hauteur du plat. Cuis au four comme indiqué ci-dessus.

POUR 2 · €€ · V

**Pour les chapatis :**

225 g de farine complète
½ c. à café de sel
175 ml d'eau

**Pour le Bombay aloo :**

2 c. à soupe d'huile de tournesol
1 c. à café de graines de moutarde noire
1 très gros oignon haché menu
8 feuilles de curry fraîches ou 6 feuilles séchées
2,5 cm de gingembre râpé
1 c. à café de curcuma
1 ou 2 piments moyens hachés menu
450 g de pommes de terre à chair ferme (Charlotte, Roseval, Belle de Fontenay,...) coupées en bouchées
250 à 300 ml d'eau
1 poignée de pousses d'épinard hachées
3 c. à café de pâte de tamarin ou jus de ½ citron
1 pincée de sel

# Bombay aloo et chapatis maison

**Un super petit accompagnement, qui peut aussi faire office de plat principal. Réussir des chapatis, c'est bon pour l'ego. Mange tes « pommes de terre aloo » avec un chapati roulé en cornet – ça te fera de la vaisselle en moins.**

**1.** Tamise la farine avec le sel. Creuse un puits au milieu, verse l'eau dedans peu à peu, en travaillant du bout des doigts jusqu'à obtention d'une pâte homogène. Si elle colle, rajoute un peu de farine. Pétris-la pendant 7 minutes (page 11). Laisse reposer à couvert dans un saladier légèrement huilé.

**2.** Fais chauffer l'huile dans une poêle. Mets les graines de moutarde. Couvre le temps qu'elles éclatent. Ajoute l'oignon, les feuilles de curry, le gingembre, le curcuma, le piment. Attendris sur feu très doux (10 minutes).

**3.** Incorpore les pommes de terre en remuant. Laisse cuire 1 minute. Verse l'eau et porte à ébullition. Laisse frémir 10 minutes à feu doux, jusqu'à ce que les pommes de terre soient tendres et le mélange d'épices sec. Ajoute les épinards, le tamarin ou le jus de citron, le sel. Remue pour flétrir les épinards. Goûte. Retire du feu.

**4.** Fais les chapatis : étale de petits morceaux de pâte en disques très fins sur une surface farinée. Fais chauffer une poêle à sec. Cuis-les quelques secondes de chaque côté (ils doivent rester souples). Répète ces opérations jusqu'à épuisement de la pâte.

**5.** Réchauffe les pommes de terre aux épinards. Sers-les avec les chapatis, du yaourt et du chutney à la mangue.

POUR 4 €€ V

3 grosses pommes de terre
1 grosse patate douce
2 c. à soupe d'huile de tournesol ou d'arachide
1 gros oignon haché menu
4 gousses d'ail écrasées
1 pincée de sel
2 c. à soupe de pâte de curry Korma
1 boîte de pois chiches (400 g)
500 ml d'eau ou de bouillon de légumes
Jus de 1 citron
200 ml de crème de coco
1 c. à soupe de chutney à la mangue
1 c. à soupe de concentré de tomates
4 c. à soupe de feuilles de coriandre hachées
1 boîte de tomates en dés (200 g)
2 c. à soupe de poudre d'amandes (facultatif)
1 poignée d'épinards

# Curry aux pois chiches, épinards et pommes de terre

**Le plat qui sauve quand on vient de se geler les fesses sur un terrain de sport. Plein de bons légumes fondants, d'épices et de vertueux pois chiches baignant dans une sauce crémeuse au curry. Une marmite dure des siècles…**

**1.** Épluche les pommes de terre et la patate douce. Coupe-les en morceaux de la taille d'une bouchée.

**2.** Fais chauffer l'huile dans une cocotte. Ajoute l'ail, l'oignon, une pincée de sel ; fais-les cuire jusqu'à ce qu'ils deviennent transparents.

**3.** Ajoute en remuant la pâte de curry. Laisse cuire 2 minutes. Ajoute les pommes de terre, la patate douce, les pois chiches. Tourne pour bien enrober. Cuis encore 1 minute.

**4.** Ajoute l'eau ou le bouillon, le jus de citron, la crème de coco, le chutney à la mangue, le concentré de tomates, les deux tiers de la coriandre, les tomates, les amandes.

**5.** Augmente le feu, porte à ébullition et remue. Baisse le feu. Couvre et laisse mijoter doucement pendant 45 minutes. Surveille la cuisson et touille pour éviter que le mélange se dessèche ou devienne collant. Incorpore les épinards et laisse-les flétrir. Goûte et rectifie l'assaisonnement. Affine avec la coriandre restante.

POURQUOI PAS

* Prépare ce plat avec du potiron ou de la courge musquée.
* Remplace les pois chiches par des haricots secs.

POUR 4 €€ V

# Moussaka 100 % légumes

**Un festin grec. Des couches d'aubergines et des pommes de terre tendres enrobées d'une sauce où la cannelle reste discrète, et surmontées d'une garniture crémeuse. Associé à un mezzé (page 14), ça te permettra d'inviter des potes à dîner même en période de dèche. Se congèle sans problème.**

2 grosses pommes de terre pelées
Huile d'olive
1 gros oignon haché menu
3 gousses d'ail écrasées
2 boîtes de 400 g de tomates en dés
1 lichette de vin blanc
1 c. à café d'origan frais ou séché
1 pincée de cannelle
1 pincée de sucre
2 c. à soupe de purée de tomates
1 boîte de haricots rouges (400 g)
2 aubergines en rondelles
2 c. à soupe de persil frais haché
Sel, poivre

**Pour la sauce au fromage :**
20 g de beurre
20 g de farine
425 ml de lait
110 g de fromage râpé + un peu pour le dessus
½ c. à café de moutarde
1 c. à soupe de jus de citron
Sel, poivre

**1.** Fais bouillir les pommes de terre jusqu'à ce qu'elles soient juste tendres. Égoutte-les. Coupe les en rondelles.
**2.** Attendris doucement l'ail et l'oignon pendant 5 minutes dans un peu d'huile.
**3.** Ajoute les tomates, le vin, l'origan, la cannelle, le sucre, la purée de tomates. Porte à ébullition. Baisse le feu. Laisse cuire 10 minutes. Mets les haricots. Fais cuire doucement pendant encore 20 minutes. Goûte. Sale et poivre.
**4.** Fais frire les rondelles d'aubergine dans 2 ou 3 c. à soupe d'huile d'olive, en les retournant, jusqu'à ce qu'elles soient juste tendres. Ou bien fais-les griller. Égoutte-les sur du papier absorbant.

**5.** Prépare la sauce au fromage (page 90). Préchauffe le four à 190°C.
**6.** Assemble la moussaka : prends 4 petits plats allant au four ou 1 grand. Répartis le mélange tomates + haricots dans le fond, mets une couche d'aubergines, puis de fromage râpé, et enfin de pommes de terre. Répète l'opération jusqu'à épuisement des ingrédients, en terminant pas de l'aubergine. Nappe de sauce au fromage. Enfourne 1 heure. Laisse reposer 10 minutes avant de déguster.

# Stir-fry à la japonaise

POUR 1-2 €€ V

**Ma sœur végétarienne doit privilégier certains types d'aliments pour éviter les carences. Ce plat au wok très rafraîchissant est bourré de protéines (tofu, graines, algues), de vitamines B et de fer (salade et légumes verts, miso).**

**1.** Mélange les ingrédients de la marinade. Hache le tofu et fais-le mariner au moins 20 minutes.
**2.** Prépare et fais cuire le riz jasmin (page 112).
**3.** Fais chauffer le wok. Ajoute un peu d'huile. Jette le tofu dedans. Fais-le dorer 2 minutes.
**4.** Ajoute les graines, les feuilles de salade et les germes de soja. Fais-les sauter en remuant pendant 1 minute.

POURQUOI PAS

* Fais du « tofu brouillé » : prends du tofu à la place des œufs pour faire une omelette. Fais-le revenir au wok avec des oignons coupés en rondelles, des poivrons, des tomates cerises, un peu de sauce soja.
Déguste sur des toasts au petit déjeuner.
* Fais du tofu à l'italienne : fais revenir des morceaux de tofu dans de l'huile d'olive, avec de l'ail, des oignons, du jus de citron ou du pesto végétalien, ajoute des tomates en boîte, fais cuire 10 minutes sur feu doux. Sers sur des pâtes.

**Pour la marinade :**
2 c. à café de miso
Un peu d'huile de sésame
2 bons traits de jus de citron
1 gousse d'ail écrasée ou hachée menu
½ c. à café de sauce soja
1 paquet de tofu (ferme) coupé en cubes de 2 cm de côté
50 à 110 g de riz jasmin
Un peu d'huile de tournesol

**Pour le stir-fry (wok) :**
Graines mélangées : potiron, sésame, lin, tournesol (facultatif)
Verdure : cresson, roquette, pak choi, etc.
Mélange d'algues pour salade (facultatif)
Germes de soja

PAPRIKA - CAPSICUM
UNITED
FLAVOUR
Bell Peppers
Paprika
PAPRIKA - CAPSICUM
UNITED
FLAVOUR

# SALADES

# ET AUTRES ACCOMPAGNEMENTS

Éclate-toi en composant de fantastiques salades fraîches. Associe crudités et légumes aux plats principaux pour disposer d'un bel éventail de saveurs et absorber tous les nutriments dont tu as besoin. Privilégie toujours les produits de saison (régionaux si possible) : ils sont moins chers et beaucoup plus savoureux.

POUR 2 · €€ · EXPRESS

2 blancs de poulet froids, ou restes de poulet rôti
2 à 4 tranches de jambon
110 g à 175 g de fromage à pâte dure (gruyère, comté)
1 ou 2 branches de céleri
Romaine ou chou blanc en fines lanières
4 c. à soupe de sauce pêchue ou de mayo aillée (page 211)

# Salade poulet croquant, jambon, fromage

**Un classique bourré de protéines. Mets plein de verdure dedans pour avoir un plat bien équilibré…**

**1.** Coupe le poulet, le jambon, le fromage, le céleri en lanières ou en bâtonnets.
**2.** Répartis la romaine ou le chou sur des assiettes ou dans un grand plat.
**3.** Mets les autres ingrédients dessus, arrose de vinaigrette. Mélange bien.

POURQUOI PAS

* Ajoute quelques raisins secs pour une petite touche sucrée.
* Glisse cette salade dans une boîte-repas, un sandwich, un wrap, une pita.

POUR 2 · €€ · EXPRESS

2 filets de poulet taillés en bouchées
Un peu d'huile d'olive
1 gousse d'ail écrasée
Fines herbes au choix (facultatif)
Jus de citron (facultatif)
4 tranches de bacon
2 c. à soupe de pignons
Tomates (cerises pour un petit goût sucré), concassées
1 morceau de concombre pelé et coupé en dés
Feuilles de salade
3 c. à soupe de vinaigrette balsamique ou au miel (page 211)

# Salade tiède flétrie au wok

**Quand l'Orient rencontre l'Occident. Je sais, ça a l'air bête, mais les feuilles de salade passées au wok n'ont pas du tout le même goût – attention, il doit s'agir d'un court passage !**

**1.** Fais chauffer la poêle. Trempe les morceaux de poulet dans de l'huile additionnée d'ail, de fines herbes et de jus de citron.
**2.** Fais-les griller rapidement en les retournant, jusqu'à ce qu'ils soient bien cuits à l'intérieur et dorés à l'extérieur.
**3.** Retire du feu. Sale et poivre. Fais frire du bacon jusqu'à ce qu'il croustille. Prépare les crudités et la sauce de la salade.
**4.** Chauffe le wok. Mets le poulet, le bacon, les pignons, 2 c. à soupe de sauce. Touille pendant 2 minutes. Retire du feu.
**5.** Ajoute les feuilles de salade en remuant, juste le temps de la réchauffer et de la flétrir un peu (ajoute un peu de sauce si nécessaire). Sers dans des bols.

POURQUOI PAS

* Varie les associations : champignons-bacon, tofu-champignons, saumon-bacon, avocat-crevettes.
* Mange ta salade froide : sers-la dans les bols, ajoute la sauce, puis les autres ingrédients.
* Ajoute des graines : tournesol, potiron, etc.

# Salade César (option poulet)

**Imaginée en 1924 par Caesar Cardini, patron d'un restaurant italien à Tijuana (au Mexique), cette salade a vite acquis une renommée mondiale. L'association entre le croquant des feuilles de romaine et cette sauce au goût inimitable est une vraie réussite. C'est une de mes préférées.**

POUR 3 | €€ | V OPTION | EXPRESS

**Pour les croûtons :**
2 ou 3 tranches de pain blanc (baguette ou ciabatta) en morceaux
Un peu d'huile d'olive
1 gousse d'ail coupée en deux

**Pour la salade :**
1 romaine ou autre salade croquante
Poulet rôti froid ou grillé chaud (facultatif)
Copeaux de parmesan prélevés avec un couteau

**Pour la sauce :**
6 c. à soupe de mayo achetée
1 gousse d'ail écrasée
1 c. à soupe d'eau
1½ c. à soupe de jus de citron
Trait de sauce Worcester
Sel

**1.** Préchauffe le four à 220 °C. Roule le pain dans l'huile additionnée d'ail pour bien l'imprégner. Enfourne 8 minutes sur une plaque de cuisson, jusqu'à ce qu'il soit bien croustillant. Sois vigilant car il brûle vite !
**2.** Lave la romaine. Sèche-la bien. Mets les feuilles dans un saladier.
**3.** Verse les ingrédients de la sauce dans un bocal. Visse le couvercle et secoue.
**4.** Le cas échéant, découpe en petits morceaux ou en lanières les restes de poulet rôti ou le poulet grillé chaud.
**5.** Verse la moitié de la sauce sur la salade. Mélange. Ajoute le poulet, le fromage, un peu plus de sauce. Parsème de croûtons. Sers dans les assiettes.

POURQUOI PAS
* Fais la sauce avec de la mayo allégée ou ajoute de l'ail rôti écrasé.
* Décore avec des anchois égouttés – entiers ou mixés.
* Sers cette salade avec ma sauce pêchue (page 211).
* Ajoute du bacon grillé bien croustillant et des tomates cerises.

POUR 1 — €€ — EXPRESS

Poulet rôti chaud ou froid
1 pomme croquante hachée
2 branches de céleri émincées
1 poignée de noix
Quelques grains de raisin (facultatif)
2 ciboules ou un peu d'oignon rouge (facultatif)
Feuilles de salade

**Pour la sauce :**
1 c. à café de pâte de curry
2 c. à café de confiture d'abricot ou de chutney à la mangue
Jus de citron
2 c. à soupe de yaourt nature
4 c. à soupe de mayonnaise
Ail écrasé

# Salade de la reine

**Cette salade a été créée en 1953 pour le couronnement de la reine Elizabeth. Du poulet tendre et d'autres petits délices enrobés d'une sauce crémeuse au curry.**

**1.** Prépare la sauce. Goûte et rectifie l'assaisonnement.
**2.** Coupe le poulet en morceaux ou hache-le. Mélange-le avec la pomme, le céleri, les noix, les raisins, les oignons.
**3.** Remue le tout dans la sauce (gardes-en un peu) de façon à bien enrober.
**4.** Sers sur un lit de salade.

POURQUOI PAS
* Laisse tomber le poulet, rajoute de la salade.
* Utilise cette sauce pour imprégner des petits morceaux de porc rôti froids (poitrine ou filet).
* Prépare une salade d'œufs durs (page 59) avec la sauce.

POUR 1-2 — € — EXPRESS

110 g de nouilles chinoises

**Pour la sauce :**
2 c. à café de miel
2 c. à café de nuoc mam ou de sauce soja
2 c. à café de vinaigre de riz
1 c. à café de sauce au piment

**Pour la salade de thon :**
1 boîte de thon égouttée
1 ou 2 ciboules émincées
1 oignon rouge haché menu
1 pincée de gingembre râpé
1 ou 2 c. à café de nuoc mam
Jus de citron vert
1 piment rouge épépiné haché
1 pincée de sucre ou 1 c. à café de sauce au piment doux

# Salade de nouilles au thon passion

**Le thon en boîte, c'est plutôt fade et tristounet. Après ce traitement thaï, il sera méconnaissable ! Prépare-toi à savourer une super salade d'été… excellente aussi en hiver.**

**1.** Fais cuire les nouilles comme indiqué sur le paquet. Égoutte-les. Rafraîchis-les sous l'eau froide. Réégoutte-les.
**2.** Prépare la sauce et verse-la sur les nouilles.
**3.** Mélange tous les ingrédients de la salade.
**4.** Sers les nouilles assaisonnées, mets la salade dessus.

POURQUOI PAS
* Glisse le tout dans une boîte-repas.
* Mets la moitié de la préparation au thon dans un sandwich.
* Mélange le thon avec du riz froid. Garnis-en de tendres feuilles de laitue. Trempe dans de la sauce au piment.

# Salade de nouilles sucrée-salée

**La poitrine de canard se marie très bien avec les nouilles, mais ne te gêne pas pour la mélanger et la servir avec d'autres féculents. Le sucre, les épices et le sel rehaussent le goût.**

**1.** Canard : entaille le gras en losanges. Mélange le sucre, le sel, les cinq épices sur une assiette. Trempe le canard dans ce mélange, côté gras vers le bas. Pose une assiette avec un poids dessus, laisse environ 15 minutes.
**2.** Préchauffe le four à 220 °C. Fais chauffer une poêle à gril. Grille le canard 2 à 3 minutes de chaque côté. Puis enfourne-le 10 à 15 minutes (selon la taille), jusqu'à ce qu'il soit bien cuit mais encore rosé à l'intérieur. Laisse reposer 5 minutes.
**3.** Fais cuire les nouilles comme indiqué sur le paquet. Égoutte-les. Rafraîchis-les à l'eau froide. Réégoutte-les.
**4.** Mélange les ingrédients de la sauce. Mets les nouilles dans un saladier et mélange-les avec la sauce, la ciboule et le jus de citron. Tranche le canard en diagonale, et dépose sur les nouilles.

POURQUOI PAS

* Associe cette salade de nouilles avec des tempuras de légumes, de crevettes ou de tofu (page 192), du thon, du saumon ou du steak grillé, des crevettes à l'ail (page 170).
* Prends des spaghettis complets ou des vermicelles de riz.
* Ajoute des rondelles de radis, du concombre en demi-lunes (page 117), une carotte en allumettes.
* Sers le canard sur des röstis (page 214), avec une salade verte (page 210).

POUR 2 €€

1 ou 2 poitrines de canard
1 c. à café de sucre
½ c. à café de sel
½ c. à café de mélange cinq épices chinois

**Pour la salade de nouilles :**
110 g de nouilles chinoises
Sauce pour nouilles chinoises (voir ci-contre)
1 ou 2 ciboules finement émincées
Jus de citron ou de citron vert

POUR 2 · €€€ · EXPRESS

1 ou 2 biftecks d'aloyau ou noix d'entrecôte (si tu prends du rumsteck, mets-le à mariner la veille dans du citron, de l'ail ou du gingembre pour l'attendrir)
1 gousse d'ail
6 gouttes d'huile d'olive
1 oignon rouge en rondelles
1 morceau de concombre ou de courgette taillé en allumettes ou en fins rubans
1 ou 2 piments rouges
Coriandre fraîche
Jus de 1 citron vert
1 c. à soupe de nuoc mam
2 gouttes d'huile de sésame

# Salade thaïe au bœuf

**Une salade réjouissante... à concocter quand ton budget te le permet. Des saveurs marquées et rafraîchissantes, un peu de piment pour réchauffer, des protéines maigres et du fer.**

**1.** Fais chauffer la poêle à gril. Frotte la viande avec l'ail et l'huile.
**2.** Prépare un steak saignant (page 143), ou à point si tu préfères. Laisse reposer 2 minutes.
**3.** Pare l'oignon, le concombre ou la courgette, le ou les piments. Mets le tout dans un saladier avec de la coriandre.
**4.** Coupe la viande en diagonale (tranches fines). Ajoute au contenu du saladier. Arrose d'un mélange de jus de citron vert, de nuoc mam et d'huile de sésame. Remue bien.

POURQUOI PAS
* Mange avec une salade de nouilles froides (page 205).
* Dispose les tranches de viande sur un lit de roquette ou d'épinards, ajoute des tomates cerises et un filet de vinaigrette balsamique (voir page de droite). Parsème de copeaux de parmesan.

POUR 1–2 · € · V

**Pour la salade :**
1 boîte de cannellini (haricots blancs)
Un peu d'oignon rouge haché menu
Morceau de poivron rouge haché menu
1 c. à soupe d'herbes fraîches (persil, coriandre ou basilic) hachées
2 tomates finement concassées
2 c. à café d'huile d'olive
1 c. à café de vinaigre balsamique

**Pour le pain à l'ail :**
1 morceau de baguette
Beurre mou
Gousses d'ail écrasées

# Salade de haricots blancs et pain à l'ail

**Une délicieuse salade à partir d'ingrédients du placard. Mets des fines herbes pour relever le goût. Et le pain à l'ail ? Ajoute-le à ton répertoire.**

**1.** Rince les haricots avec soin. Verse-les dans un saladier.
**2.** Ajoute les autres ingrédients de la salade. Mélange bien. Laisse les saveurs se développer.
**3.** Allume le four à 200 °C.
**4.** Coupe la baguette en tranches de 2 à 3 cm d'épaisseur.
**5.** Tartine-les de beurre mou additionné d'ail. Enveloppe dans du papier alu. Enfourne 25 minutes.

POURQUOI PAS
* Ajoute du thon égoutté.
* Ajoute un œuf, du jambon coupé en dés.
* Incorpore un mélange de yaourt et de moutarde.
* Prends d'autres haricots secs, ou un mélange de haricots et de pois chiches.

# Salade *bacon and egg* à toute heure

**Un peu plus saine que la version classique (qui baigne dans l'huile...). Elle te permet de moins culpabiliser !**

POUR 2 — €€ — EXPRESS

Croûtons (page 203)
1 bonne poignée de feuilles de salade
4 à 6 tranches de bacon ou de pancetta hachées
2 œufs pochés (page 60)
Ma sauce pêchue (page 211)

**1.** Prépare les croûtons. Lave et sèche la salade. Mets-la dans un saladier.
**2.** Fais cuire le bacon ou la pancetta avec une larme d'huile sur feu très doux.
**3.** Chauffe de l'eau dans une petite casserole. Poche les œufs (le blanc doit être bien pris, le jaune encore moelleux).
**4.** Mets les croûtons et le bacon dans le saladier. Arrose d'un peu de sauce. Mélange. Sers avec un œuf poché.

POURQUOI PAS
* À l'étape 1, fais sauter des pommes de terre déjà cuites à l'eau.
* Ajoute des tomates cerises, des rondelles d'oignon rouge, du boudin frit, des champignons, une saucisse cuite coupée en rondelles.
* Fais des œufs durs ou au plat. Mets des haricots verts frais, blanchis au préalable.

# Salade tomates-mozzarella

**Cette salade doit se faire avec des tomates bien mûres et bien fruitées (donc l'été !) et de la mozzarella en boule (celle en bloc est réservée aux pizzas). Un régal...**

POUR 1 — €€ — V — EXPRESS

4 rondelles de mozzarella (prélevées sur une boule)
2 ou 3 bonnes tomates (cœur de bœuf ou en grappe) ou une poignée de tomates cerises
Quelques feuilles de basilic frais

**Pour la vinaigrette balsamique :**
Huile d'olive
Sel, poivre
Vinaigre balsamique

**Ou alors :**
Ma sauce pêchue (page 211)

**1.** Découpe la mozzarella et les tomates en rondelles.
**2.** Empile les rondelles sur une assiette ou dispose-les joliment en les chevauchant un peu.
**3.** Arrose d'un peu d'huile et de vinaigre, sale et poivre, ou remue tomates et fromages dans ma sauce pêchue.
**4.** Parsème de basilic. Mange illico.

POURQUOI PAS
* Ajoute un avocat en lamelles au dernier moment (sinon il s'oxyde et noircit).
* Recouvre de fines rondelles d'oignon rouge.

POUR 2 | €€ | V | EXPRESS

1 ou 2 endives en morceaux
1 bouquet de cresson
2 poires pelées et taillées en lamelles
Jus de citron
Vinaigrette au miel (page 211)
Fromages en dés ou émietté : bleu d'Auvergne, cheddar fumé, comté, chèvre...

# Salade d'automne croquante

**Un miracle d'automne. Une combinaison classique de poire tendre et sucrée, de feuilles vert foncé et d'endives croquantes.**

1. Mets les endives dans un saladier avec le cresson.
2. Badigeonne les morceaux de poire de jus de citron puis ajoute-les au reste.
3. Arrose de sauce et remue bien, puis ajoute le fromage.

POURQUOI PAS

* Ajoute des betteraves rouges. Dispose-les sur les assiettes à côté de la salade.
* Ajoute une orange et des noix hachées, ou des croûtons (page 203)
* Conserve le cresson au frigo dans un sachet bien fermé.

POUR 1-2 | €€ | V | EXPRESS

4 à 6 tranches de baguette ou de ciabatta
Laitue, épinards, roquette, herbes
1 orange
Ma sauce pêchue (page 211)
4 à 6 tranches de fromage de chèvre

# Salade de chèvre chaud

**Hors-d'œuvre raffiné ou gentille petite salade pour tous les jours : ça marche dans les deux cas. J'adore !**

1. Grille légèrement le pain des deux côtés.
2. Lave la salade et essore-la.
3. Épluche l'orange et hache-la grossièrement, réserve le jus.
4. Mets la salade et l'orange dans un saladier. Prépare la sauce (page 211), ajoute le jus d'orange. Remue la salade pour bien l'imprégner.
5. Recouvre le pain de fromage.
6. Passe sous le gril pas trop chaud, jusqu'à ce que le fromage soit fondu et doré.
7. Sers la salade dans les assiettes. Pose les toasts chauds dessus.

POURQUOI PAS

* Ajoute quelques cerneaux de noix.
* Mets du fromage non toasté mais ajoute des croûtons.

✱ Grille ou ramollis au four de plus grandes tranches de fromage sur du papier alu. Sers-les sur la salade.
✱ Tartine le pain de confiture de piment avant de mettre le chèvre dessus.

# Assiette de crudités 100 % énergie

**La recette la plus saine de tout le livre ? Aucune perte de vitamines ici. Parfait pour tremper dans des sauces en discutant avec des copains, et faire le plein d'énergie…**

PAR PERSONNE · €€ · V · EXPRESS

**Crudités au choix :**
Carottes
Concombre
Courgette
Tomates
Radis
Champignons
Céleri
Ciboules
Fleurettes de chou-fleur
Rondelles de poivrons
**Sauces pour tremper :**
Mayo aillée (page 211)
Guacamole (page 18)
Houmous (page 14)
**Assaisonnement au choix :**
Huile d'olive
Sauce pêchue (page 211)
Sauce au bleu (page 211)

**De deux choses l'une :** soit tu tailles les légumes en bâtonnets pour les tremper, soit tu les coupes ou tu les râpes pour les mélanger à la sauce de ton choix. Accompagne de très bon pain.

POURQUOI PAS
✱ Ajoute des olives et un œuf dur pour un repas complet.
✱ Trempe du brocoli, des haricots verts, des fèves (cuites 4 minutes à la vapeur).

# Salade de courge musquée

**Disposée dans l'assiette, elle fait penser à une nature morte. Laisse parler l'artiste en toi : fais-lui un look d'enfer. Côté goût, la courge musquée possède un goût subtil qui, loin de masquer les saveurs de la garniture, leur permet de s'exprimer pleinement.**

POUR 3-4 · € · V OPTION

Croûtons (page 203)
1 courge musquée
Huile d'olive
3 ou 4 gousses d'ail
½ c. à café de cumin
Piment rouge en paillettes
**Pour la salade, au choix :**
Bonnes tomates, cerises
1 oignon rouge pelé et coupé
Concombre taillé en dés
Épinards, cresson ou roquette
Olives
Fromage en cubes
Morceaux de bacon croustillant ou de pancetta
Fines tranches de jambon cru
Salami ou chorizo
Assaisonnement au choix

**1.** Préchauffe le four à 200 °C. Fais les croûtons (page 203).
**2.** Ôte les deux extrémités de la courge, puis coupe en deux dans la longueur. Retire les graines à l'aide d'une cuillère. Taille la chair en grosses bouchées, en laissant la peau.
**3.** Mets dans un plat. Arrose d'un filet d'huile d'olive. Retourne pour enrober. Parsème d'ail, de cumin, de piment. Laisse jusqu'à consistance tendre – vérifie au bout de 20 minutes.
**4.** Répartis sur les assiettes. Ajoute les autres ingrédients et la sauce de ton choix.

POURQUOI PAS
✱ Fais de la soupe avec la courge rôtie. Attendris un oignon dans du beurre. Mets du gingembre et de l'ail. Fais cuire 5 minutes. Ajoute la courge, du jus de citron vert, 600 ml de bouillon de légumes, du sel et du poivre, de la coriandre, du Tabasco, un peu de crème de coco. Cuis à feu doux 15 minutes. Passe au mixeur. Goûte et rectifie l'assaisonnement.

# SALADES

## Mesclun

**Feuilles de roquette, batavia, cœur de laitue, cresson, mâche, pousses d'épinards, romaine, chicorée frisée hachée…**

1. Mélange plusieurs sortes de salades.
2. Arrose d'huile d'olive ou choisis un assaisonnement plus crémeux.

## Coleslaw fruité

**110 g de chou blanc ou rouge émincé**
**1 grosse carotte râpée**
**1 pomme râpée**
**2 branches de céleri émincées**
**2 bonnes c. à soupe de mayo**
**1 c. à café de moutarde**
**Un peu de miel**
**Jus de citron (facultatif)**
**1 poignée de dattes ou de raisins secs hachés (facultatif)**
**Sel, poivre noir**

1. Prépare le chou, la carotte, la pomme, le céleri. Mets dans un saladier.
2. Mélange la mayo, la moutarde, le miel, le jus de citron, le sel et le poivre.
3. Remue le tout en y ajoutant quelques dattes ou raisins secs.

POURQUOI PAS

* Ajoute du fromage ou une orange en morceaux, des cerneaux de noix, des noix de pécan ou de cajou, des graines de sésame ou de tournesol.
* Mélange avec de l'huile d'olive et du vinaigre balsamique.

## Salade de tomates classique

**Bonnes tomates bien mûres**
**Sel, poivre**
**1 pincée de sucre**

*Pour la sauce :*

**1 c. à soupe de vinaigre de vin (rouge ou blanc) ou balsamique**
**3 c. à soupe d'huile d'olive**
**1 gousse d'ail écrasée (facultatif)**
**Basilic, origan, thym, ciboulette ou persil**

1. Prépare les tomates : taille-les en rondelles ou en demi-lunes, concasse-les grossièrement, ou coupe-les simplement en deux. Mets-les dans un saladier.
2. Assaisonne avec un peu de sucre, du sel. Réserve.
3. Mélange les ingrédients de la sauce. Mets les tomates (dégorgées) sur un plat de service. Enrobe-les de sauce. Ajoute les herbes.

POURQUOI PAS

* Prépare ma salade de tomates à l'oignon : couvre des rondelles de tomate d'oignon rouge émincé.

## Salade de poivrons au four

**4 poivrons rouges ou orange**
**3 c. à soupe d'huile d'olive**
**Sel, poivre**

1. Préchauffe le four à 230 °C.
2. Pose les poivrons sur une plaque de cuisson. Enfourne 30 minutes jusqu'à ce que la peau craquelle, sans oublier de les retourner.
3. Enferme-les 15 minutes dans un sachet de congélation. Pèle-les et épépine-les avec une cuillère. Coupe-les en lanières.
4. Arrose d'huile d'olive. Sale et poivre.

## Salade d'agrumes vitaminée

**2 oranges pelées, coupées en rondelles**
**2 carottes pelées et râpées**
**Quelques dattes fraîches ou séchées en morceaux**
**Mesclun : épinards, cresson, roquette, endive hachée**
**Noix et graines (facultatif)**
**Vinaigrette au miel (voir page de droite)**

1. Prépare les oranges et les carottes. Fais la sauce.
2. Mélange les ingrédients de la salade.
3. Verse la sauce et remue la salade.

POURQUOI PAS

* Prends des mandarines, du pamplemousse, des clémentines.
* Parsème de graines de grenade (coupe le fruit en deux, renverse et tape sur la peau avec une cuillère pour faire tomber les graines).
* Arrose de mélasse de grenade – ça pétille…

## Salade aux rubans de courgette et de carotte

**1 carotte pelée**
**1 courgette non pelée**
**Jus de citron**
**1 c. à soupe de sauce aux saveurs d'Asie ou de vinaigrette au miel (page de droite)**

1. Taille des rubans de carotte et de courgette à l'aide d'un éplucheur.
2. Arrose de jus de citron. Ajoute la sauce.

POURQUOI PAS

* Fais griller des lamelles de courgette un peu plus épaisses. Assaisonne avec du jus de citron, du sel, du piment rouge frais.

# SAUCES POUR SALADES

## Vinaigrette au miel

**2 c. à café de moutarde**
**1 c. à café de miel liquide**
**1 gousse d'ail écrasée ou 1 petite échalote (facultatif)**
**2 c. à soupe de jus de citron ou de vinaigre**
**6 c. à soupe d'huile d'olive**
**Sel, poivre noir**

Mets tous les ingrédients dans un bocal, ferme-le et secoue bien. Ou bien fouette-les sans l'huile dans un bol, et ajoute-la quand ils sont bien amalgamés.

POURQUOI PAS

✱ Prends du vinaigre balsamique.

## Ma sauce pêchue

**1 c. à café de moutarde de Dijon**
**1 c. à café de sucre en poudre**
**1 gousse d'ail (facultatif)**
**1 ½ à 2 c. à soupe de vinaigre**
**6 c. à soupe d'huile d'olive**
**½ échalote (facultatif)**
**Persil haché (facultatif)**
**Sel, poivre noir**

Agite le tout dans un bocal bien fermé. Ou mélange tous les ingrédients sauf l'huile, incorpore celle-ci en dernier à l'aide d'un fouet.

POURQUOI PAS

✱ Compose ta propre sauce avec l'huile et le vinaigre.

## Sauce au parmesan

**4 c. à soupe d'huile d'olive**
**Jus de 1 citron**
**2 c. à soupe de parmesan**
**Sel, poivre noir**

Mets tout ça dans un bol et mélange au fouet.

## Sauce au bleu

**4 c. à soupe d'huile d'olive**
**½ c. à café de miel liquide**
**½ c. à café de moutarde**
**Jus de ½ citron**
**50 g (ou moins) de Roquefort**

Mélange l'huile, le miel, la moutarde et le jus de citron. Ajoute le fromage.

## Sauce aux saveurs d'Asie

**75 ml d'huile de tournesol**
**1 c. à café d'huile de sésame**
**4½ c. à café de vinaigre de vin**
**1 c. à soupe de sauce soja**
**1 petite échalote hachée**
**1 petite gousse d'ail hachée (facultatif)**

Mélange tous les ingrédients.

## Mayo maison

**2 jaunes d'œuf**
**½ c. à café de : sel, moutarde sèche, sucre en poudre**
**250 ml d'huile de tournesol**
**50 ml d'huile d'olive**
**2 c. à soupe de vinaigre ou de jus de citron**
**1 c. à soupe d'eau chaude**

**1.** Mets les jaunes d'œuf, le sel, la moutarde et le sucre dans un bol. Bats le mélange.
**2.** Mets les huiles dans un pichet. Verse-les goutte à goutte sur les œufs, sans cesser de battre.
**3.** Quand tu as utilisé la moitié de l'huile et que la mayonnaise commence à prendre, ajoute 1 c. à soupe de vinaigre ou de jus de citron puis l'huile restante en petits filets réguliers, en battant continuellement.
**4.** Ajoute le reste du vinaigre ou du jus de citron ainsi que l'eau chaude. Goûte et rectifie l'assaisonnement.

POURQUOI PAS

✱ Ajoute 2 gousses d'ail écrasées.
✱ Mets de l'aneth haché et 2 c.

# LÉGUMES

## Chou-fleur au cumin (pour 3 ou 4)

**1 chou-fleur détaillé en fleurettes**
**3 gousses d'ail pelées et émincées**
**Huile d'olive**
**Cumin moulu**
**Sel de mer**

**1.** Préchauffe le four à 220 °C.
**2.** Mets le chou-fleur et l'ail sur une plaque de cuisson.
**3.** Arrose d'un filet d'huile, saupoudre de cumin et de sel. Retourne pour enrober. Fais cuire jusqu'à consistance tendre (environ 20 minutes).

## Chou-fleur fromage (pour 4)

**1 chou-fleur détaillé en fleurettes**
**Sauce au fromage (page 90)**

**1.** Fais cuire le chou-fleur à l'eau ou à la vapeur pendant 10 minutes. Égoutte. Mets dans un plat. Entre-temps, prépare la sauce au fromage.
**2.** Préchauffe le four à 200 °C. Nappe le chou-fleur de sauce. Cuis-le 30 minutes au four, ou fais-le gratiner sous le gril. Un classique. J'adore.

## Brocoli sauté au wok (pour 1 ou 2)

**2 c. à café d'huile de sésame**
**1 c. à soupe d'huile de tournesol**
**2 gousses d'ail émincées**
**Un peu de gingembre frais râpé**
**200 g de brocoli**
**4 c. à soupe d'eau ou de bouillon**
**2 traits de sauce soja**
**2 c. à soupe de sauce aux huîtres**

**1.** Chauffe le wok ou une poêle. Mets les deux huiles.
**2.** Ajoute l'ail et le gingembre. Fais revenir quelques secondes. Mets le brocoli. Cuis-le 2 ou 3 minutes.
**3.** Mouille avec l'eau. Baisse le feu. Couvre et laisse revenir 2 à 3 minutes, jusqu'à ce que le brocoli soit tendre mais un peu croquant. Ajoute le soja et la sauce aux huîtres.

POURQUOI PAS
* Fais revenir du chou, du pak choi et des épinards avec de l'ail et du gingembre.
* Fais sauter des haricots verts dans de l'ail et de l'huile de sésame. Ajoute des noix de cajou.

## Pak Choi vapeur (pour 2)

**2 à 4 têtes de pak choi**
*Pour la sauce :*
**1 c. à café d'huile de tournesol**
**Huile de sésame**
**2 c. à café de sauce soja**
**2 c. à soupe de sauce aux huîtres**

**1.** Fais bouillir de l'eau dans une casserole. Installe une passoire sur celle-ci. Couvre.
**2.** Coupe chaque chou en 2 ou 4 dans la longueur. Mets dans la passoire.
**3.** Remets le couvercle. Cuis à la vapeur pendant 3 ou 4 minutes . Prépare la sauce.
**4.** Réchauffe-la dans une casserole, puis verse-la sur le pak choi égoutté.

## Gratin de légumes pour 2

**Huile d'olive**
**1 gousse d'ail écrasée**
**1 grosse aubergine**
**2 courgettes**
**Sauce tomate maison (page 83)**
**Feuilles de basilic frais**
**110 g de gruyère ou de parmesan**

**1.** Préchauffe le four à 220 °C.
**2.** Coupe les aubergines et les courgettes en rondelles. Fais-les revenir dans un peu d'huile et d'ail. Garnis de basilic et cuis 10 minutes au four, ou sur une poêle à gril.
**3.** Répartis de la sauce tomate ou de la passata à l'ail au fond d'un plat à

four, mets une couche d'aubergine, une autre de courgette, un peu de fromage, encore un peu de sauce.
**4.** Répète ces opérations jusqu'à épuisement des ingrédients. Saupoudre de fromage ou de chapelure. Fais gratiner 10 minutes au four.

POURQUOI PAS

✱ Fais-le 100% courgettes ou 100% aubergines.

✱ Augmente la quantité, et sers comme plat principal.

## Légumes-racines rôtis aux herbes (pour 3 ou 4)

*Au choix :*

**2 carottes**
**2 patates douces**
**2 pommes de terre tardives**
**2 panais**
**3 oignons rouges**
**2 gousses d'ail écrasées**
**4 c. à soupe d'huile d'olive**
**Branches de thym ou de romarin**
**Sel, poivre**

**1.** Préchauffe le four à 200 °C.
**2.** Épluche les légumes et coupe-les.
**3.** Mélange l'huile, l'ail écrasé et les herbes.
**4.** Trempe les légumes dans l'huile aromatisée pour les imprégner. Sale et poivre. Fais rôtir 30 à 40 minutes.

POURQUOI PAS

✱ Fais rôtir des aubergines, du maïs, des courgettes, des échalotes, des champignons, des poivrons, des asperges. Mange chaud ou très chaud, ou bien froid avec une salade.

✱ Arrose d'un filet de vinaigre balsamique.

## Haricots verts à la tomate (pour 2)

**200 g de haricots verts fins**
**2 gousses d'ail écrasées**
**1 grosse tomate hachée**
**Un peu d'huile d'olive**
**Sel, poivre**

**1.** Attendris les haricots dans une casserole d'eau bouillante pendant 3 à 4 minutes. Égoutte-les.
**2.** Chauffe de l'huile dans une poêle. Fais revenir l'ail quelques secondes.
**3.** Ajoute la tomate et les haricots. Remue-les jusqu'à ce qu'ils soient bien chauds.

## Chou rouge fruité (pour 4)

**1 chou rouge taillé en lanières**
**1 oignon haché grossièrement**
**1 grosse pomme hachée**
**1 ou 2 gousses d'ail émincées**
**Quelques pincées d'épices**
**1 c. à soupe de cassonade**
**1 ou 2 c. à soupe de vinaigre**
**Un peu de beurre**
**Sel, poivre**

**1.** Préchauffe le four à 180 °C.
**2.** Dans un plat à four, dispose en alternance du chou, de l'oignon, de la pomme, en ajoutant chaque fois un peu d'ail, d'épices et de sucre.
**3.** Arrose de vinaigre. Mets quelques noix de beurre. Couvre et enfourne 20 minutes. Remue. Laisse encore 20 minutes ou plus, jusqu'à obtenir le degré de cuisson souhaité. Goûte et rectifie l'assaisonnement.

# PANACHÉ DE POMMES DE TERRE

**Le choix de bonnes pommes de terre a un rôle clé dans la réussite d'un plat. Les variétés farineuses conviennent aux purées, aux pommes rôties, aux baked potatoes, aux röstis ou aux frites. Celles à chair ferme sont adaptées aux hachis Parmentier, aux omelettes ou aux salades.**

## Rösti au fromage et au bacon (pour 3 ou 4)

**900 g de p.d.t. non pelées**
**75 g de fromage râpé**
**110 g de bon bacon**
**2 ou 3 c. à soupe de beurre ou d'huile d'olive**
**Sel, poivre noir**

**1.** Fais bouillir les pommes de terre pendant 10 minutes. Égoutte et laisse refroidir.
**2.** Fais frire le bacon dans 1 c. à soupe d'huile.
**3.** Épluche les p.d.t. et râpe-les dans un saladier. Ajoute le fromage, le bacon, le poivre et un peu de sel.
**4.** Fais chauffer le reste d'huile ou de beurre dans une poêle. Couvre le fond de mélange pour rösti. Laisse dorer légèrement. Recouvre la poêle d'une assiette un peu plus grande. Renverse le rösti dessus, puis fais-le glisser dans la poêle. Fais cuire l'autre côté pour une finition croustillante.

POURQUOI PAS

* Fais des röstis nature – zappe le fromage et le bacon.
* Ajoute de la ciboule, des herbes, du zeste de citron râpé.
* Fais des petits röstis façonnés à la main et cuis-les dans des moules individuels.
* Garnis des röstis nature d'œufs au plat, de saucisses, de bacon.

## Amuse-gueules à l'ail et aux fines herbes (pour 3)

**4 pommes de terre farineuses**
**Huile d'olive**
**6 à 8 gousses d'ail hachées**
**3 ou 4 branches de romarin, de thym ou de sauge**
**Sel de mer**

**1.** Préchauffe le four à 220 °C. Détaille les pommes de terre en petits dés. Roule-les dans un bol contenant l'huile, l'ail, les herbes et le sel.
**2.** Étale les dés sur un plat. Enfourne 40 minutes.

## Popcorn de pommes de terre (pour 4)

**900 g de p.d.t. à chair ferme**
**25 g de sucre en poudre**
**50 g de beurre**
**Graines de sésame (facultatif)**
**Sel, poivre noir**

**1.** Fais cuire les pommes de terre de façon à les attendrir à peine. Égoutte-les.
**2.** Pèle-les quand elles ont un peu refroidi.
**3.** Mets le sucre dans une poêle à feu très doux. Remue avec une cuillère en bois. Ajoute le beurre, puis les pommes de terre.
**4.** Tourne les p.d.t. jusqu'à ce qu'elles soient bien dorées.
**5.** Saupoudre de graines de sésame. Cuis encore 1 à 2 minutes.

POURQUOI PAS

* Saupoudre de graines de pavot.
* Ajoute du zeste de citron râpé.

## Pommes sautées croquantes (pour 2)

**4 grosses p. d. t. farineuses**
**Huile d'olive ou de tournesol ou graisse de canard**
**Sel de mer**
**Jus de citron**

**1.** Si tu n'as pas de restes, fais cuire des pommes de terre de façon à les attendrir (sans plus). Égoutte-les.
**2.** Chauffe l'huile dans une poêle. Mets-y les p.d.t.. Fais-les revenir à feu doux 20 minutes en les retournant.
**3.** Sale et poivre, arrose de jus de citron.

POURQUOI PAS

* Ajoute quelques échalotes et gousses d'ail émincées.

## Purée crémeuse (pour 2)

**450 g de p.d.t. farineuses pelées et coupées en 4**
**50 g de beurre**
**75 ml de lait chaud**
**Sel, poivre noir**
*Condiments facultatifs :*
**Ail**
**Moutarde**
**Jus de citron**
**Noix de muscade râpée**
**Herbes fraîches**

**1.** Fais bouillir les pommes de terre jusqu'à ce qu'elles soient tendres. Égoutte-les puis remets-les dans la casserole 1 minute à feu doux en secouant pour sécher.
**2.** Écrase les p.d.t. à l'aide d'une fourchette.
**3.** Incorpore vigoureusement le lait, le beurre et les condiments.

POURQUOI PAS

* Remplace le lait et le beurre par de l'huile d'olive.
* Pour une purée plus légère, fais cuire des pommes de terre entières et non pelées, puis passe-les à travers un presse-purée. Top qualité !

## Purée au fromage et à l'oignon (pour 2)

**450 g de p.d.t. farineuses**
**2 gousses d'ail pelées**
**25 g de beurre**
**2 c. à soupe de lait**
**110 g de gruyère**
**2 ciboules hachées menu**
**Sel, poivre noir**

**1.** Fais bouillir les pommes de terre avec l'ail. Égoutte. Sèche-les un peu sur la cuisinière en secouant. Réduis-les en purée.
**2.** Ajoute le beurre, le lait, le fromage. Bats le tout avec un fouet ou une cuillère en bois jusqu'à consistance crémeuse.
**3.** Sale et poivre bien. Ajoute la ciboule.

POURQUOI PAS

* Arrose d'une lichette de vin blanc.

## Purée de patates douces (pour 2)

**450 g de patates douces**
**Gingembre frais râpé**
**Beurre**
**1 c. à café de miel**
**Jus de citron ou de citron vert**
**Sel, poivre noir**

**1.** Fais cuire les morceaux de patate dans de l'eau bouillante salée..
**2.** Ajoute le gingembre. Égoutte quand c'est cuit (tendre).
**3.** Remets à sécher quelques secondes dans la casserole..
**4.** Écrase à la fourchette ou au presse-purée. Incorpore le beurre, le miel, le jus de citron, le sel et le poivre.

## Boulettes chou-purée (pour 1 ou 2)

**1 bol de purée froide**
**½ bol de chou cuit haché menu**
**Un peu d'œuf battu**
**Sel, poivre**
**Farine**

**1.** Mélange la purée, le chou, le sel et le poivre, l'œuf. Façonne des boulettes plates.
**2.** Roule les boulettes dans la farine salée et poivrée.
**3.** Chauffe l'huile dans une poêle. Fais-y revenir les boulettes jusqu'à ce qu'elles soient chaudes et dorées.

POURQUOI PAS

* Mange avec du rôti froid, des œufs, du bacon, des haricots, du jambon, de la salade.
* Oublie le chou, fais des croquettes de pommes de terre.
* Ajoute un peu de fromage râpé, de la ciboule, de la moutarde, de la sauce Worcester, du rôti froid ou du jambon à l'étape 1.

## Salade de pommes de terre

**450 g de p. d. t.**
**2 à 4 gousses d'ail non pelées (facultatif)**
**2 ou 3 c. à soupe de yaourt nature**
**2 ou 3 c. à soupe de bonne mayo**
**Sel, poivre**
**Jus de citron**
**Fines herbes (facultatif)**

**1.** Fais bouillir les pommes de terre et l'ail de façon à les attendrir.
**2.** Égoutte. Sépare l'ail des p. d. t.
**3.** Répartis celles-ci sur un plat pour qu'elles refroidissent. Épluche l'ail et mélange-le avec le yaourt, la mayo, le sel et le poivre, les herbes. Verse cette sauce sur les pommes de terre.

POURQUOI PAS

Tu peux ajouter :

* du bacon croustillant et des fèves cuites
* des rondelles de saucisse
* du jambon haché, des rondelles de concombre et de radis, du cresson
* des tomates cerises, de l'oignon rouge ou de l'échalote, des fines herbes de ton choix.

# DESSERTS

Des desserts qui font effet ! Gâte tes amis avec ces vraies beautés. Tu préfères l'option santé et acheter des fruits ? Essaye de trouver des fruits locaux et méfie-toi des fruits trop beaux, ils n'ont souvent aucun goût.

PAR PERSONNE € V

1 nectarine ou 1 pêche
2 prunes
4 à 6 fraises
1 banane pelée
Jus de citron
2 c. à café de rhum, de jus de pomme ou de jus d'orange
Sucre en poudre
Cannelle moulue

# Brochettes de fruits cuits au sucre

**Des fruits super tendres et juteux caramélisent tout doucement, en dégageant un délicieux parfum de cannelle…**

**1.** Si tu prends des brochettes en bois, fais-les tremper 20 minutes dans de l'eau.
**2.** Coupe la nectarine ou la pêche et les prunes en deux, et dénoyaute.
**3.** Coupe la banane en tronçons de 5 cm, badigeonne de jus de citron.
**4.** Mets les fruits dans un saladier avec le rhum ou le jus de fruits, mélange et laisse mariner 20 minutes.
**5.** Préchauffe le gril. Tapisse la plaque de cuisson d'alu. Pique les fruits sur les brochettes.
**6.** Mets le sucre et la cannelle dans une assiette. Roule les fruits dans le mélange. Fais griller les brochettes 3 à 4 minutes, puis retourne-les. Sors-les du four en faisant attention. Excellent avec du yaourt (page 46), des noix et du miel.

POURQUOI PAS

✱ Coupe les gros fruits en 4 : les morceaux tiendront mieux sur les brochettes.
✱ Parfait pour les barbecues. Mets le mélange sucre + cannelle dans un sachet. Découpe les fruits à l'avance et fais-les mariner dans le rhum, dans une boîte en plastique.
✱ Prends les fruits frais que tu aimes et déguste les brochettes telles quelles.
✱ Fais des brochettes de pastèque ou de melon pour faire le plein d'énergie avec un minimum de calories.
✱ Pique des fruits rouges sur des petites brochettes et nappe-les de sauce au chocolat qui tue (page 243).

# Bananes au four

**Ces somptueuses bananes à la créole sont un vrai cocktail de saveurs. Une recette qui réchauffe en hiver, quand les fruits frais se font rares.**

POUR 2 € V

4 bananes
200 ml de jus d'orange
1 c. à soupe de sucre roux
Un peu de rhum (facultatif)
25 g de beurre

**1.** Préchauffe le four à 180 °C. Pèle les bananes et coupe-les en quatre (dans la longueur puis dans la largeur).
**2.** Mets-les dans un plat beurré, ajoute le jus d'orange et le rhum. Parsème de petits morceaux de beurre. Enfourne 20 minutes, jusqu'à ce que les bananes soient tendres. Excellent avec du yaourt ou de la glace.

POURQUOI PAS

* Ajoute un fruit de la passion évidé à la cuillère.
* Fais cuire les bananes avec leur peau au barbecue ou au gril, 4 à 6 minutes, en les retournant. Ou alors ébouillante-les pendant 4 minutes. Déguste avec de la confiture tiède (page 247) ou de la sauce au chocolat qui tue (page 243).

# Compote de prunes à l'orientale et pain perdu au sucre

**Un contraste de textures succulent : des fruits fondants acidulés avec du pain perdu sucré et croustillant. Ce plat aussi beau que bon peut être servi en toutes occasions. S'il te reste des prunes, utilise-les pour préparer un crumble (page 235).**

POUR 2-3 €€ V

**Pour la compote :**
240 ml d'eau
110 g de sucre en poudre
450 g de prunes
1 c. à café d'eau de rose (facultatif)
1 gousse de vanille fendue ou 1 c. à café d'extrait naturel de vanille
1 petit brin de romarin

**Pour le pain perdu :**
3 tranches de pain (sec ou frais), sans les croûtes
1 gros œuf
1 ½ c. à soupe de sucre
75 ml de lait
1 pincée de cannelle
1 peu de xérès (facultatif)
Beurre

**1.** Chauffe le sucre avec l'eau dans une casserole pour le dissoudre.
**2.** Ajoute les prunes, l'eau de rose, la gousse ou l'extrait de vanille et le romarin.
**3.** Laisse frémir doucement pendant 10 à 15 minutes, jusqu'à ce que la peau des prunes commence à éclater et que les fruits soient tendres. Éteins le feu.
**4.** Taille le pain en bâtonnets. Bats l'œuf avec le sucre. Fais chauffer le lait juste avant le point d'ébullition, puis laisse refroidir 1 minute. Ensuite, verse-le dans l'œuf sucré en battant, avec la cannelle et le xérès. Mets les bâtonnets de pain à tremper dans le mélange.
**5.** Fais fondre le beurre et fais-y revenir le pain rapidement, jusqu'à ce qu'il soit croustillant. Saupoudre de sucre et de cannelle. Déguste avec les prunes et éventuellement du yaourt ou de la crème anglaise.

POURQUOI PAS

* Pour préparer du pain perdu à la cannelle en un temps record, mélange 50 g de beurre mou, 35 g de sucre en poudre et 1 c. à café de cannelle. Fais dorer le pain au gril d'un côté, puis étale le mélange sur l'autre face et repasse sous le gril. Ou bien saupoudre un muffin de cannelle.

POUR 4 | € | V

# Pommes au four très classe

**Le dessert idéal après un rôti. Fais-les cuire au four en même temps que la viande (économise de l'énergie et allège ta facture). À savourer avec une tablée de potes… une recette toute simple, à préparer de préférence en saison (août-mars).**

4 pommes
1 c. à soupe rase de sirop de sucre roux
Zeste de citron râpé
Jus de citron ou d'orange
25 à 50 g de beurre
4 à 6 c. à soupe de cidre ou de jus de fruit

**1.** Préchauffe le four à 180 °C.
**2.** Lave les pommes, sèche-les, retire les 2/3 supérieurs du trognon avec un vide-pommes ou un couteau économe.
**3.** Incise les pommes en traçant un cercle tout autour, sur le tiers supérieur.
**4.** Garnis le cœur avec un mélange de sirop de sucre, de zeste de citron et de jus. Parsème de petits morceaux de beurre.
**5.** Dispose dans un plat à four, puis verse le cidre ou le jus.
**6.** Enfourne 45 à 60 minutes, jusqu'à ce que les pommes soient dorées et gonflées.

POURQUOI PAS

✱ Garnis d'un mélange de dattes, d'oranges, de figues séchées, de rhum, de cannelle, de poivre de la Jamaïque et de sucre roux.
✱ Pèle le dessus puis couvre de meringue (page 234). Prolonge la cuisson de 15 à 20 minutes, jusqu'à ce que les pommes soient dorées et croustillantes.
✱ Remplace par des pêches : coupe en deux, dénoyaute et garnis avec un peu de sucre roux, du beurre et du zeste de citron. Dispose dans un plat et arrose d'un peu de jus d'orange (pressé). Enfourne à 200 °C. Super bon également avec un mélange de beurre, de citron et d'amarettis écrasés.
✱ Fais un plat à part avec de la margarine de soja pour tes potes végétariens.

# Pommes en croûte

**Une sorte de Yorkshire Pudding garni de pommes bien sucrées ! Si tu es un fan de ce type de pâte (qui ressemble beaucoup à de la pâte à choux), essaie cette recette hyper facile et consistante… Pour la touche finale : arrose d'un filet de sirop d'érable ambré.**

POUR 4 · € · V

- Pâte (page 132)
- 50 g de beurre
- 450 g de pommes (à peser pelées et évidées) coupées en lamelles épaisses
- 3 c. à soupe de sucre en poudre
- Cannelle

**1.** Préchauffe le four à 220 °C.
**2.** Prépare la pâte à choux.
**3.** Chauffe le plat au four pendant 5 minutes. Ajoute le beurre et, 3 minutes plus tard, les pommes. Saupoudre de sucre et de cannelle.
**4.** Verse la pâte sur les pommes et fais cuire 20 à 30 minutes, jusqu'à ce que cette « croûte » soit bien gonflée et dorée.

POURQUOI PAS

* Remplace les pommes par des prunes ou de la rhubarbe.

# Croustillant aux pommes

**Il te reste quelques pommes, un peu de pain sec et un fond de sucre ? Alors, tu as tout ce qu'il te faut pour préparer cette délicieuse recette.**

POUR 2-3 · € · V

- 450 g de pommes (à peser pelées et évidées), découpées en fines rondelles
- 110 g de sucre en poudre
- 110 g de chapelure (page 88) de pain sec
- Zeste de citron râpé
- 1 pincée de cannelle ou d'épices mélangées
- 75 g de beurre fondu

**1.** Prépare les pommes. Mélange le sucre, la chapelure, le zeste de citron et la cannelle ou les épices mélangées. Préchauffe le four à 190 °C.
**2.** Beurre un petit plat à gratin, puis dispose en alternant la chapelure, le beurre et les pommes. Termine par une couche de chapelure. Enfourne 30 à 40 minutes, jusqu'à ce que les pommes soient tendres et le dessus doré. Déguste avec de la glace, de la crème fraîche, du yaourt ou de la crème anglaise.

POUR 1-2 | € | V | EXPRESS

1 ou 2 bananes pelées et hachées
1 ou 2 pommes pelées et hachées

**Pour la pâte :**
50 g de farine
1 pincée de sel fin
1 c. à café de sucre glace
2 c. à café de beurre fondu
4 c. à soupe d'eau tiède
1 blanc d'œuf
Huile de tournesol pour la friture

**Pour saupoudrer :**
Sucre en poudre
Cannelle moulue

# Beignets chauds sucrés pomme-banane

**Prends des fruits – excellents pour la santé –, fais-les cuire dans une pâte à beignets avant de les rouler dans du sucre à la cannelle. Résultat : un excellent en-cas, à déguster avec les doigts.**

**1.** Fais la pâte : tamise la farine, le sel et le sucre glace au-dessus d'un saladier.
**2.** Fais fondre le beurre. Ajoute l'eau, puis verse progressivement le mélange dans la farine, sans cesser de battre à l'aide d'une cuillère en bois ou d'un fouet, jusqu'à ce que la pâte soit lisse et épaisse.
**3.** Bats les blancs en neige ferme. Incorpore-les délicatement à la pâte à l'aide d'une cuillère en métal. Ajoute les morceaux de fruits dans la pâte et retourne-les pour bien les enrober.
**4.** Fais chauffer environ 9 cm d'huile dans une poêle profonde ou dans une casserole.
**5.** Quand elle commence à crépiter, mets les beignets à frire (pas trop à la fois) 2 ou 3 minutes jusqu'à ce qu'ils soient dorés et croustillants, en les retournant à mi-cuisson. Dépose-les sur du papier absorbant pour éliminer l'excédent d'huile. Répète l'opération.
**6.** Roule-les dans le mélange sucre plus cannelle, et déguste aussitôt.

# Crêpes pompettes

**Un grand classique : des crêpes bien fines nappées de sauce aux agrumes. Peur de rater la recette ? Dans ce cas, prépare la sauce dans une casserole à part, puis verse-la sur les crêpes encore chaudes.**

**1.** Prépare la pâte (page 64) et ajoutes-y le sucre et le zeste de citron. Fais cuire les crêpes dans une poêle de 16 à 18 cm de diamètre. Pour les faire bien fines, ne mets pas plus de 1½ c. à soupe de pâte. Empile-les au fur et à mesure en les séparant par du papier sulfurisé.

**2.** Fais la sauce : mélange le jus et le zeste des fruits avec l'alcool et le sucre. Réserve.

**3.** Fais fondre le beurre dans la poêle puis ajoutes-y la sauce (attention : elle ne doit pas trop chauffer !).

**4.** Mets-y la première crêpe. Réchauffe-la bien, plie-la en 2, puis de nouveau en 2. Ajoute la suivante et répète l'opération jusqu'à ce que les crêpes soient chaudes.

POURQUOI PAS

✱ Fais chauffer une cuillère. Verses-y un peu d'alcool, enflamme-le, puis verse-le sur les crêpes disposées dans les assiettes.

8-10 €€ V

Pâte à crêpes (page 64) plus ½ c. à café de sucre en poudre et du zeste de citron
50 g de beurre pour la cuisson

**Pour la sauce :**
2 oranges
2 citrons
3 c. à soupe de rhum, de cognac ou de Cointreau
25 g de sucre en poudre

POUR 6 €€€ V

**Pour le fond :**
225 g de biscuits au gingembre ou de sablés à la farine complète
75 g de beurre

**Pour la garniture :**
675 g de fromage blanc
175 g de sucre en poudre
3 petits œufs
Un peu de zeste de citron
Jus de citron
1 c. à café d'extrait naturel de vanille

**Pour décorer :**
Fruits rouges, physalis, copeaux de chocolat ou crème fouettée

# Cheesecake des familles

**Ce gros gâteau est parfait si tu reçois beaucoup de monde. C'est aussi une super idée pour un buffet, si tu le garnis de fruits. Mais il est aussi excellent nature - en fait, tout dépend de mon humeur et des fruits de saison.**

**1.** Préchauffe le four à 150 °C. Graisse un moule à gâteau à fond amovible de 23 cm de diamètre.

**2.** Prépare le fond : fais fondre doucement le beurre dans une casserole. Mets les biscuits dans un sachet de congélation. Réduis-les en miettes, puis ajoute-les en remuant dans le beurre. Étale ce mélange dans le fond du moule. Mets au frais pendant 15 minutes.

**3.** Mélange le fromage blanc, le sucre, les œufs, le zeste et le jus de citron ainsi que la vanille à l'aide d'un mixeur ou d'une cuillère en bois.

**4.** Verse la garniture sur la base et enfourne 35 à 40 minutes. Éteins et laisse le cheesecake refroidir et se raffermir dans le four. Mets au frais pendant au moins 2 heures. Décore avant de servir, ou déguste tel quel.

# Délice au chocolat chaud

**OK, la préparation crue fait un peu « gloubiboulga », mais pas de panique ! Après cuisson, tu obtiens un délicieux moelleux au chocolat, à napper d'une sauce au caramel dont tu me diras des nouvelles. À savoir : se réchauffe très bien.**

**1.** Préchauffe le four à 180 °C. Graisse un petit moule (contenance : 850 ml).
**2.** Dissous le café dans l'eau bouillante.
**3.** À l'aide d'une cuillère en bois, travaille le beurre et le sucre en crème (page 10) pendant 3 à 4 minutes (tu dois obtenir un mélange léger et crémeux). Incorpore progressivement les œufs à la préparation en les battant, et mets une pincée de farine pour éviter que le mélange ne fige.
**4.** Tamise la farine et le cacao au-dessus du mélange. Incorpore-les à la préparation au chocolat en soulevant délicatement à l'aide d'une cuillère en métal, jusqu'à ce que la pâte tombe de la cuillère. Verse-la dans le moule et lisse la surface.
**5.** Prépare la sauce en mélangeant le cacao, le sucre roux et l'eau bouillante, puis nappes-en le gâteau. Pose le moule dans un plat à rôtir ; verse de l'eau bouillante jusqu'à mi-hauteur du moule.
**6.** Fais cuire 45 minutes. Vérifie la cuisson avec un cure-dent : il doit ressortir propre. Saupoudre de sucre. Déguste avec de la glace à la vanille.

POUR 4 | € | V

1 c. à café de café soluble
1 ½ c. à soupe d'eau bouillante
110 g de beurre mou
110 g de sucre en poudre
2 œufs pas trop gros battus
110 g de farine à levure incorporée
25 g de poudre de cacao
½ à 1 c. à café de pâte ou d'extrait de vanille
Sucre glace

**Pour la sauce :**
1 c. à soupe rase de cacao
110 g de sucre roux
150 ml d'eau chaude

12 € V

1 pot de 135 g de lime jelly (à acheter dans une épicerie anglaise) découpée en dés
100 ml d'eau bouillante
150 ml de vodka
Jus de 1 citron vert

# Gelée à la vodka

**Évite d'ajouter un petit coup de vodka supplémentaire : cela empêcherait la gelée de figer ! Tu peux acheter de la jelly parfumée à ce que tu veux - mais le citron vert surpasse tout le reste.**

**1.** Mets les dés de gelée dans un pichet puis ajoute l'eau bouillante. Remue pour dissoudre la gelée. Ajoute la vodka et le jus de citron.
**2.** Répartis dans des petits verres et mets-les au frais, jusqu'à ce que la gelée soit prise.

2–3 € V

200 g de riz rond
2 ou 3 grandes bandes de zeste de citron
2 c. à soupe de sucre en poudre
Gousse de vanille ou quelques gouttes d'extrait naturel
1,2 litre de lait (je prends du demi-écrémé)
2 carrés de chocolat au lait (facultatif)

# Riz au lait citron-vanille (chocolat en option)

**La recette du bon vieux riz au lait, revue et corrigée. Goûte un peu la version chocolatée : tu m'en diras des nouvelles…**

**1.** Mets le riz, le zeste de citron, le sucre, la vanille et le lait dans une casserole.
**2.** Fais chauffer sans faire bouillir. Laisse frémir à feu très doux 20 à 30 minutes, en remuant de temps en temps, jusqu'à consistance épaisse et crémeuse. Rajoute du lait si nécessaire.
**3.** Pour la version chocolatée, ajoute le chocolat en fin de cuisson. Mélange pour faire fondre. Un délice !

POURQUOI PAS
* Ajoute de la confiture tiède avant de servir.
* Relève le riz avec du café bien fort.
* Remplace le sucre par du miel. Ajoute un peu d'eau de rose à la place de la vanille. Parsème de quelques pistaches.
* Incorpore des fruits pochés, comme des prunes, des pêches ou de la rhubarbe.
* Fais cuire au four. Verse 50 g de riz et 25 g de sucre en poudre dans un plat, et ajoute 600 ml de lait bouillant. Parsème de morceaux de beurre, saupoudre de muscade et enfourne 1 à 2 heures à 180 °C.

# Gelée de fruits rouges

**L'utilisation de la gélatine demande un peu d'expérience (les végétariens utiliseront de l'agar-agar). Quand tu auras pris le coup de main, invente tes recettes à toi, avec d'autres jus de fruits et des mélanges de fruits rouges.**

4 | € | V OPTION

5 feuilles de gélatine
Un peu d'eau froide
50 g de sucre en poudre
150 ml d'eau
300 ml de jus d'orange
Jus de 1 citron
Quelques framboises, fraises ou myrtilles

**1.** Mets les feuilles de gélatine dans un plat peu profond et couvre-les d'eau froide. Laisse tremper 5 minutes. Réserve.

**2.** Mets le sucre dans l'eau et chauffe tout doucement pour dissoudre le sucre.

**3.** Ajoute les jus du citron et de l'orange, de façon à obtenir 500 ml de liquide.

**4.** Presse les feuilles de gélatine pour les égoutter et mets-les dans une casserole avec 3 ou 4 c. à soupe de la préparation à base de jus. Fais chauffer le tout sur feu très doux pour dissoudre la gélatine. Ajoute sans attendre au reste du jus.

**5.** Verse la préparation dans des ramequins ou dans des verres, puis mets-y les fruits. Place la préparation au frais jusqu'à ce qu'elle fige.

2 €€ V EXPRESS

- 2 pêches fraîches (coupées en deux et dénoyautées )
- 1 c. à soupe de sucre
- 200 ml d'eau ou d'un mélange eau plus vin blanc
- Coulis de framboise (page 243)
- 1 ou 2 meringues (page 234)
- Glace à la vanille

# Sundae façon pêche Melba

## Des pêches, de la glace, de la meringue, et du coulis de framboises… Une merveille, tout simplement.

**1.** Mets les pêches, le sucre, l'eau ou le mélange eau plus vin blanc dans une casserole. Laisse frémir à feu très doux 5 à 10 minutes : les fruits doivent être tendres, mais conserver leur forme. Retire du feu. Verse dans un plat et laisse refroidir.
**2.** Prépare le coulis de framboises (page 243). Coupe les pêches en rondelles.
**3.** Pour servir : verse un peu de coulis dans des verres hauts. Ajoute la meringue émiettée, les rondelles de pêche, la glace et le coulis. Délicieux.

POURQUOI PAS

* Présente joliment dans une assiette : ça devient une pêche Melba.
* Prends des pêches crues (et non pochées).
* Essaie avec de la sauce au chocolat et des framboises fraîches.
* Beurre des deux côtés 2 tranches de brioche ou de pain sans la croûte. Garnis avec des rondelles de pêches pochées ou de pêches fraîches pelées. Saupoudre de sucre ou de cannelle, puis arrose d'un peu de beurre fondu. Enfourne à 220 °C jusqu'à ce que ce soit fondant et croustillant.

# Profiteroles à la sauce au chocolat

**Ce dessert gastronomique ne coûte pas grand-chose. En plus, la pâte à choux est assez facile à réussir. Ma frangine Poll en faisait toutes les semaines quand elle était à la fac. Pour impressionner la galerie, prépare une « pièce montée ».**

15 | € | V

**Pour la pâte à choux :**
75 g de farine
1 pincée de sel
50 g de beurre
150 ml d'eau
2 œufs pas trop gros battus

**Pour la garniture :**
Crème double ou crème liquide
Sucre en poudre (facultatif)
3 gouttes d'extrait de vanille

Sauce au chocolat qui tue (page 243)

**1.** Préchauffe le four à 220 °C.
**2.** Tamise la farine et le sel au-dessus d'une feuille de papier sulfurisé.
**3.** Mets l'eau et le beurre dans une casserole, porte à ébullition puis baisse le feu. Verse la farine en pluie.
**4.** Bats furieusement le mélange à l'aide d'une cuillère en bois (1 à 2 minutes), jusqu'à obtention d'une boule de pâte homogène. Laisse refroidir 5 minutes.
**5.** Bats les œufs, puis incorpore-les progressivement à la pâte, en mélangant jusqu'à ce qu'il prenne un aspect brillant.
**6.** À l'aide d'une cuillère, prélève 15 petits tas de pâte et pose-les sur une plaque de cuisson graissée, en veillant à bien les espacer.
**7.** Enfourne les choux 25 minutes, jusqu'à ce qu'ils soient gonflés et dorés. Incise-les.
**8.** Éteins le four. Réenfourne 5 minutes, pour qu'ils soient bien croustillants. Mets à refroidir sur une grille.
**9.** Bats la crème (mais pas trop longtemps !) avec le sucre et la vanille.
**10.** Garnis les choux à l'aide d'une cuillère ou d'une poche à douille une heure maximum avant de servir. Nappe de sauce au chocolat.

POURQUOI PAS

* Fourre les choux avec de la glace ou nappe-les de sauce au caramel (page 243).

4 € V

225 g de framboises ou de mûres
50 g de sucre
1 c. à soupe de jus de pomme, de jus de cassis ou de vin blanc
300 ml de crème fraîche épaisse
1 c. à soupe de vin blanc
1 c. à soupe de jus de citron
2 blancs d'œuf

# Mousse de fruits

**Toute la saveur d'un smoothie aux fruits, avec la texture ultra légère d'une mousse. Attention à ne pas trop battre la crème. Si tu veux faire cette mousse quand ce n'est pas la saison, prends des fruits surgelés.**

**1.** Mets les fruits dans une casserole avec le sucre et le jus de fruits ou le vin. Fais chauffer brièvement, jusqu'à ce que les fruits ramollissent et rendent leur jus.
**2.** Passe-les au mixeur ou écrase-les. Égoutte-les au-dessus d'un saladier.
**3.** Bats la crème à l'aide d'un fouet jusqu'à consistance onctueuse. Ajoute le vin, les fruits égouttés et le jus de citron, et mélange. Bats les blancs en neige ferme (page 11).
**4.** Incorpore-les délicatement à la préparation. Répartis dans des tasses ou dans des verres, directement ou à l'aide d'une cuillère. Réserve au frais 1 à 2 heures.

4 € V OPTION

175 g de bon chocolat blanc
2 feuilles de gélatine (ou d'agar-agar pour les végétariens)
3 c. à soupe d'eau froide
2 gros œufs
250 ml de crème fraîche épaisse

# Mousse au chocolat blanc

**Blanche, douce et onctueuse, d'une saveur exquise. Inutile d'en dire plus…**

**1.** Pose un saladier résistant à la chaleur sur une casserole d'eau frémissante.
**2.** Casse le chocolat dedans et laisse fondre très lentement sans remuer.
**3.** Immerge la gélatine dans un bol d'eau froide. Laisse tremper 5 minutes.
**4.** Sépare les blancs des jaunes (page 11). Bats la crème jusqu'à ce qu'elle tienne entre les branches du fouet, mais pas plus longtemps !
**5.** Presse la gélatine pour l'égoutter puis mets-la dans une casserole avec 3 c. à soupe d'eau froide. Fais chauffer quelques secondes à feu doux pour dissoudre la gélatine.
**6.** Ajoute la gélatine et le chocolat fondu aux jaunes d'œufs en remuant, puis incorpore délicatement la crème à l'aide d'une grande cuillère en métal.
**7.** Bats les blancs en neige pas trop ferme (consistance bec d'oiseau). Incorpore-les délicatement à la préparation. Répartis dans des verres ou des ramequins, puis mets au frais 1 à 2 heures.

POURQUOI PAS

* À l'étape 5, ajoute du jus et du zeste de citron vert.
* Écrase des palets au gingembre et au piment (page 257) et garnis-en le fond des ramequins avant d'y mettre la mousse.

# Mousse au chocolat

**Le truc, c'est de ne pas être trop pressé au moment de faire fondre le chocolat : il ne faut surtout pas que l'eau ou la vapeur pénètre dans la préparation. Achète de préférence du chocolat issu du commerce équitable.**

**1.** Pose un saladier résistant à la chaleur sur une casserole d'eau frémissante.
**2.** Mets le chocolat cassé en morceaux, le sucre et l'eau. Laisse fondre lentement, sans remuer. Retire le saladier de la casserole. Ajoute en remuant le beurre, le rhum et les jaunes d'œufs. Laisse refroidir.
**3.** Bats les blancs en neige au fouet électrique. Incorpore-les à la préparation au chocolat en soulevant délicatement à l'aide d'une cuillère en métal. Veille à ne pas mélanger trop longtemps !
**4.** Répartis la préparation dans des tasses, des verres ou des ramequins. Mets au frais 1 à 2 heures.

4 € V

175 g de bon chocolat noir
1 c. à soupe rase de sucre en poudre
5 c. à soupe d'eau
35 g de beurre mou
1 c. à soupe de rhum
3 œufs clarifiés (page 11)

12 € V

75 g de sucre en poudre
150 ml d'eau
3 citrons ou mélange citron-citron vert (jus + zeste)
85 ml de lait demi-écrémé
1 blanc d'œuf

# Vrais-faux citrons givrés

**Très acidulés et très corsés. Tout comme un sorbet au citron. À relever de quelques gouttes de vodka pour un dessert alcoolisé. Excellent pour les fins de soirées.**

**1.** Chauffe le sucre avec l'eau dans une petite casserole pour le dissoudre. Puis augmente le feu et laisse frémir pendant 5 minutes. Retire du feu.
**2.** Ajoute le zeste de citron, le jus et le lait en remuant. Verse le tout dans un récipient allant au congélateur.
**3.** Mets le mélange à congeler. Sors-le 2 ou 3 fois durant la phase de prise pour le remuer à l'aide d'une fourchette afin de casser les cristaux.
**4.** Juste avant que la glace soit prise, ajoute un blanc d'œuf battu et remets le tout au congélateur.
**5.** Pour servir : gratte la glace et dépose-la dans des petits verres.

# Bâtonnets de sorbet fraise-orange

**Parfaits pour les chaudes journées d'été… mais aussi hors saison, pour déguster dans ton canapé ! Ici, pas d'ingrédients non identifiés, rien que des arômes naturels de fruits !**

6 € V

40 ml d'eau
30 g de sucre en poudre
160 g de fraises fraîches hachées
3 grosses oranges pressées ou volume équivalent de jus d'orange sans sucre ajouté

**1.** Chauffe le sucre avec l'eau dans une casserole pour le dissoudre. Verse dans un blender.

**2.** Ajoute les fraises. Mélange au blender, puis passe au tamis pour éliminer les pépins.

**3.** Verse dans des moules à esquimaux (sans les remplir complètement), puis ajoute les bâtonnets. Congèle 30 minutes.

**4.** Retire du congélateur. Finis de remplir avec du jus d'orange, puis remets à congeler.

POURQUOI PAS

* Prends d'autres jus ou d'autres fruits.
* Prépare des sucettes glacées avec du smoothie à la fraise (page 54). Verse dans des moules et mets au congélateur. Ultra facile.

POUR 4-6 · € · V

# Pavlova (et ses POURQUOI PAS)

**En fait, c'est une espèce de meringue géante. Ne te laisse pas impressionner par le nom pompeux de cette recette : elle est hyper facile à réussir !**

**Pour la meringue :**
Blancs de 5 gros œufs (pour les clarifier, voir page 11)
275 g de sucre en poudre

**Pour la garniture**
1 grosse poignée de framboises
300 ml de crème fraîche épaisse

**1.** Mets les blancs d'œufs dans un grand saladier propre et sec. Bats les blancs en neige pas trop ferme en veillant à ce qu'il n'y ait aucune trace de matière grasse sur tes accessoires. Ajoute le sucre cuillerée par cuillerée sans cesser de fouetter jusqu'à ce que le mélange soit vraiment très ferme (il ne tombe pas si tu retournes le saladier).
**2.** Préchauffe le four à 140 °C. Tapisse la plaque de cuisson de papier sulfurisé ou d'une feuille de silicone.
**3.** Verse le mélange sur la feuille et étale-le de façon à former un disque. Enfourne 1 ½ heure. Éteins le four et laisse sécher la meringue. Puis pose-la sur une grille (se conserve 1 semaine dans une boîte en métal)
**4.** Fouette la crème, étale-la sur la meringue et décore avec les framboises.

POURQUOI PAS
* Fais 2 ou 3 meringues plus fines. Superpose en garnissant de crème et de fruits… pour en faire un énorme dessert !
* Prélève des petits tas de pâte de façon à former des meringues individuelles. Enfourne1 heure puis laisse sécher.
* Ajoute 1 c. à café de café soluble à la pâte pour des meringues au café.
* Si tu veux des meringues au chocolat, ajoute à l'étape 1 1 c. à soupe de cacao tamisé, ou trempe tes meringues dans du chocolat fondu.
* Prépare un « Eton Mess », un dessert très anglais : émiette la meringue dans la crème fouettée, et ajoute des framboises, des fraises et des myrtilles écrasées.
* Prépare des tonnes ( !) de mini-meringues, pour un pique-nique ou un buffet.

# Crumble à la rhubarbe et à la fraise

**Un grand classique. Prends des fruits de saison. Veille à ne pas tasser la pâte à crumble. Miam…**

POUR 4-6 € V

500 g de rhubarbe coupée en tronçons de 2,5 cm
200 g de fraises
4 c. à soupe de Canada Dry ou d'eau
1 c. à soupe de sucre en poudre
1 bon trait de jus de citron

**Pour la pâte :**
110 g de farine blanche
1 pincée de sel
50 g de beurre
50 g de sucre en poudre

**1.** Dans une casserole, fais cuire la rhubarbe dans l'eau ou le Canada Dry pendant 3 à 4 minutes, jusqu'à ce qu'elle s'attendrisse et qu'elle ait rendu son jus (elle ne doit pas se désagréger). Ajoute le jus de citron.
**2.** Tamise la farine et le sel sur d'un saladier. Ajoute le beurre en lamelles. Sable la pâte en frottant les ingrédients du bout des doigts (page 10), jusqu'à ce qu'elle ressemble à de la chapelure. Ajoute le sucre et mélange. Préchauffe le four à 180 °C.
**3.** Mets les fraises dans le plat. Verse la rhubarbe avec le jus jusqu'à mi-hauteur.
**4.** Répartis uniformément la pâte sur le dessus, de façon à couvrir les fruits. Ne l'aplatis pas. Enfourne 30 minutes, jusqu'à ce que le crumble soit légèrement doré et que le jus bouillonne. Sers avec de la crème anglaise, de la glace ou du yaourt.

POURQUOI PAS
* Renonce aux fraises. Fais un crumble 100 % rhubarbe (mets-en 700 g au total).
* Ajoute des rondelles de banane, des myrtilles, des framboises.
* Fais un crumble aux pommes rétro. Fais cuire les pommes dans une casserole jusqu'à ce qu'elles commencent à s'attendrir, puis mets-les dans le plat et recouvre-les de pâte. Prévois 30 à 40 minutes de temps de cuisson.
* Ajoute des mûres aux pommes.
* Pour obtenir un succulent crumble de prunes, fais pocher celles-ci (page 219) puis mets-les dans le plat. Dans la pâte, remplace une partie de la farine par de la poudre d'amandes.
* Incorpore à la pâte un peu de cannelle, d'épices mélangées ou de zeste de citron râpé.

POUR 4-6 €€ V

# Tarte au citron meringuée

**Somptueux. Une pâte à tarte croustillante, une crème au citron acidulée, et une meringue légère et croquante. Pour épater la galerie.**

**Pour la pâte :**
110 g de farine
50 g de beurre
1 pincée de sel
1 ou 2 c. à soupe d'eau très froide

**Pour la garniture :**
1 ½ c. à soupe de chapelure
1 c. à soupe de sucre en poudre

**Pour la crème au citron :**
Jus et zeste de 2 gros citrons
3 gros œufs battus
175 g de sucre en poudre
225 g de beurre

**Pour la meringue :**
Blancs de 2 gros œufs
110 g de sucre en poudre

**1.** Prépare la pâte brisée express (page 238) puis mets-la au frais pendant 20 minutes.
**2.** Préchauffe le four à 190°C. Graisse un moule à tarte rond de 20 cm de diamètre (à fond amovible de préférence) et de 3 cm de hauteur. Étale la pâte. S'il te reste des rognures de pâte, garde-les.
**3.** Pique le fond de tarte à l'aide d'une fourchette, puis tapisse-le de papier de cuisson. Mets des haricots secs, des billes de cuisson ou des pâtes pour alourdir et enfourne 20 minutes.
**4.** Entre-temps, mélange la chapelure et le sucre dans une assiette.
**5.** Prépare la crème au citron : mets le zeste et le jus de citron, les œufs et le sucre dans une casserole à fond épais. Chauffe à feu doux et remue bien à l'aide d'une cuillère en bois. Ajoute le beurre sans cesser de remuer. Attention : la crème ne doit pas bouillir. Continue à remuer patiemment jusqu'à ce qu'elle commence à épaissir.
**6.** Retire les billes de cuisson et le papier du moule à tarte. Si la pâte s'est fissurée ou rétractée, comble les trous avec les rognures de pâte. Baisse le four à 150°C.
**7.** Saupoudre le fond de tarte avec le mélange chapelure plus sucre, puis verse la crème au citron. Remets au four 10 minutes, le temps de préparer la meringue (page 234).
**8.** Sors la tarte du four. Répartis la meringue dessus à l'aide d'une cuillère ou d'une poche à douille. Enfourne de nouveau 40 minutes. Se déguste tiède ou froid.

POURQUOI PAS

✱ Prépare une vraie-fausse tarte à la mélasse. À l'étape 2, pique la pâte à tarte à l'aide d'une fourchette. Mélange 9 c. à soupe de chapelure, 9 c. à soupe de sirop de sucre, 1 c. à soupe de jus de citron, un peu de zeste de citron râpé et 3 c. à soupe de crème fraîche. Verse l'ensemble sur le fond de tarte et enfourne 25 à 30 minutes, jusqu'à ce que la tarte soit bien dorée.

POUR 6 € V

**Pour la pâte brisée express :**
350 g de farine
175 g de beurre
1 pincée de sel
3 c. à soupe d'eau froide

**Pour la garniture :**
900 g de bonnes pommes de table ou à cuire
2 c. à soupe de sucre en poudre
1 pincée de cannelle ou de poivre de la Jamaïque
Un peu de zeste de citron râpé

**Pour la finition :**
Un peu d'œuf battu ou de lait
Un peu de sucre

# Tourte aux pommes

Fais cuire cette tourte dans un plat rectangulaire. Tu pourras en découper une part pour combler un petit creux, ou bien inviter tous tes colocataires à goûter. Pour changer, garnis-la avec d'autres fruits, des épices ou, pourquoi pas, des restes de viande.

**1.** Graisse un moule de 30 x 18 x 3 cm.
**2. Fais la pâte :** tamise la farine et le sel au-dessus d'un saladier. Ajoute le beurre, coupé en toutes petites lamelles. Sable la pâte en frottant les ingrédients entre tes doigts pour les amalgamer (page 10).
**3.** Ajoute les 2/3 de l'eau et mélange. Puis ajoute le reste de l'eau, de façon à obtenir une pâte lisse et souple. Elle ne doit être ni trop sèche, ni trop collante.
**4. Abaisse la pâte :** pose-la sur une planche farinée et divise-la en deux morceaux légèrement inégaux. Abaisse le plus gros jusqu'à ce qu'il soit assez grand pour couvrir le fond du moule, les côtés, et un petit chouia de plus. Transfère-le dans le moule en t'aidant d'un rouleau à pâtisserie. Rebouche les éventuels trous et fissures.
**5. Garnis :** remplis le moule à ras bord avec les pommes taillées en fines rondelles, le sucre, les épices et le zeste de citron.
**6. Fais le chapeau :** étale l'autre morceau de pâte de façon à obtenir un rectangle un peu plus grand que le moule. Pose sur la tourte et presse les bords les uns contre les autres pour refermer la tourte. Découpe les bords avec un couteau tranchant si ça dépasse trop.

**7.** Badigeonne la tourte avec le lait ou l'œuf. Laisse reposer 1 heure. Perce le chapeau de 2 ou 3 trous.
**8.** Préchauffe le four à 230 °C. Fais cuire 10 minutes. Baisse le four à 180 °C et cuis encore pendant 20 à 35 minutes, jusqu'à ce que le dessus soit doré et que la garniture commence à bouillonner.

POURQUOI PAS

* S'il te reste de la pâte, découpe des formes (des feuilles, par exemple) pour décorer le dessus. Colle-les avec du lait.
* Ajoute des fruits rouges, de la poire ou de la banane.
* Pour un pique-nique, découpe la tourte en parts individuelles ou laisse-la dans le plat.
* Autre idée de tourte salée : garnis avec du ragoût (page 180). C'est délicieux avec de la purée de pommes de terre.

# Pêle-mêle de fruits

**À mi-chemin entre la tourte et la tarte, ce pêle-mêle de fruits se prépare avec des fruits de saison. Voici la version estivale, aux fruits tendres. Comme tu vas rabattre la pâte sur la garniture, tu n'as pas besoin de former un disque parfait.**

**1.** Fais la pâte : tamise la farine, le sel et le sucre au-dessus d'un saladier. Ajoute le beurre et le zeste de citron. Sable la pâte (page 10). Ajoute le jaune d'œuf battu et l'eau. Rassemble la pâte en une boule lisse et mets-la au frais 30 minutes, enveloppée dans du film alimentaire. Préchauffe le four à 200 °C.

**2.** Mets les fruits dans un saladier avec la cannelle, le sucre, la farine et le jus de citron, mélange le tout.

**3.** Abaisse la pâte sur une planche légèrement farinée, de façon à former un disque grossier de 30 à 35 cm de diamètre. Transfère sur une grande plaque de cuisson graissée. Dispose les fruits au centre, en laissant les bords dégagés. Badigeonne ceux-ci d'œuf battu ou de lait, puis rabats-les sur les fruits, sans les recouvrir totalement.

**4.** Pince grossièrement les bords pour réparer d'éventuels trous et fissures, retenir le jus et former un décor. Badigeonne avec un peu d'œuf ou de lait. Enfourne 30 à 40 minutes. Ce dessert se déguste tiède ou froid.

POURQUOI PAS

* Confectionne une tourte d'hiver avec des pommes coupées en fines rondelles, ou avec des pommes, des poires et des mûres.
* Si le dessus dore trop vite, couvre-le avec du papier de cuisson.

POUR 4-6 €€ V

**Pour la pâte :**
225 g de farine
1 pincée de sel fin
2 ½ c. à soupe de sucre
120 g de beurre
Zeste râpé de ½ citron
1 jaune d'œuf battu
2 c. à soupe d'eau froide

**Pour la garniture :**
2 ou 3 nectarines dénoyautées
Myrtilles
Mûres
1 banane, coupée en rondelles
1 pomme pelée et coupée
1 pincée de cannelle
2 c. à soupe de sucre en poudre
Farine pour saupoudrer
Jus de citron

**Pour le glaçage :**
Un peu d'œuf battu ou de lait
Sucre pour saupoudrer

POUR 6 · € · V

175 g de dattes (fraîches ou séchées) hachées
300 ml d'eau
1 sachet de thé
1 c. à café de bicarbonate de soude
50 g de beurre
175 g de sucre
2 œufs battus
175 g de farine à levure incorporée
1 c. à café d'extrait de vanille

**Pour la sauce :**
25 g de beurre
2 c. à soupe de sirop de sucre roux
175 g de sucre roux
4 c. à café de crème liquide

# Pudding au toffee ultra collant

**Difficile de trouver une meilleure recette de pudding chaud. De la sauce au toffee chaude sur une merveille de pudding : very british ! Une de mes recettes préférées.**

**1.** Préchauffe le four à 180 °C. Graisse un moule de 28 x 18 x 2,5 cm.
**2.** Mets les dattes dans une casserole avec l'eau et le sachet de thé et laisse frémir 5 minutes. Retire le sachet de thé. Ajoute le bicarbonate.
**3.** À l'aide d'une cuillère en bois, bats vigoureusement le beurre et le sucre (page 10) dans un saladier pendant 3 à 4 minutes, pour obtenir un mélange blanchi et léger.
**4.** Ajoute progressivement les œufs en battant, par très petites quantités. Si le mélange commence à figer, ajoute un peu de farine.
**5.** Incorpore la farine, le mélange à base de dattes et l'extrait de vanille en remuant. Verse le tout dans le plat. Enfourne pour 30 minutes, jusqu'à ce que le pudding soit bien levé et bien moelleux. Découpe en carrés.
**6.** Prépare la sauce : fais fondre le beurre, le sirop et le sucre dans une casserole sur feu doux. Porte à ébullition 1 minute. Ajoute la crème en remuant. Nappe le pudding de cette sauce.

POURQUOI PAS
✱ Pour empêcher le mélange de figer, utilise des ingrédients à température ambiante. Ajoute un peu de farine si le mélange prend un drôle d'aspect.

4 · € · V

1 très gros citron ou 2 petits (jus + zeste râpé)
250 ml de crème fraîche épaisse
50 g de sucre en poudre
50 g de fromage blanc, de fromage frais maison (page 47) ou de mascarpone
3 gouttes d'extrait de vanille (facultatif)

**Pour le fond :**
6 à 8 palets au gingembre et au piment (page 257) ou biscuits au gingembre

# Mini-cheesecakes au citron et au gingembre

**Des petits gâteaux comme ceux qu'on trouvait autrefois chez Marks & Spencer. Imagine un fond à base de biscuits au gingembre garni de crème au citron. Note que c'est délicieux avec des palets au gingembre et au piment (page 257), s'il t'en reste encore !**

**1.** Fouette le zeste de citron, la crème et le sucre, jusqu'à ce que le mélange commence à épaissir. Ajoute le jus de citron, puis fouette à nouveau : la préparation doit être bien souple.
**2.** Incorpore délicatement le fromage frais écrasé et la vanille, jusqu'à ce que le tout soit fondant et lisse.
**3.** Écrase les biscuits dans un sachet de congélation ou émiette-les au mixeur.
**4.** Répartis les miettes dans 3 ou 4 ramequins ou tasses, puis garnis-les de crème au citron. Laisse le cheesecake tel quel ou garnis-le de fruits rouges ou de copeaux de chocolat. Mets-le au frais 2 heures.

# Petits fondants tout chauds au chocolat

**Attention à ne pas dépasser le temps de cuisson si tu veux que le cœur en chocolat soit super fondant !**

POUR 4 · € · V

60 g de bon chocolat noir
60 g de beurre mou
½ c. à café de zeste d'orange
2 c. à café de café noir
2 œufs entiers (pas trop gros) + 2 jaunes
50 g de sucre en poudre
50 g de farine tamisée (page 10)

**1.** Préchauffe le four à 180°C. Graisse quatre ramequins ou moules individuels.
**2.** Mets le chocolat cassé en carrés, le beurre, le zeste d'orange et le café dans un saladier posé sur une casserole d'eau frémissante (page 11). Attends que tout ait fondu pour remuer. Retire le saladier de la casserole.
**3.** Dans un saladier, bats les œufs et le sucre au fouet manuel ou électrique, jusqu'à ce que le mélange blanchisse et double de volume (3 à 4 minutes). Ajoute le chocolat fondu et la farine tamisée.
**4.** Mélange délicatement en soulevant à l'aide d'une grande cuillère. Répartis dans les moules.
**5.** Fais cuire 12 minutes sur une plaque de cuisson jusqu'à ce que les fondants aient levé : ils doivent être fermes à l'extérieur et crémeux à l'intérieur (vérifie à l'aide d'une brochette). Tu peux les déguster à même le moule ou décoller les bords au couteau et les démouler : recouvre le moule d'une assiette et hop, la tête à l'envers !

POUR 1-2 € V EXPRESS

175 g de fruits rouges surgelés (fraises, framboises, mélange…)
250 ml de yaourt nature maison (page 46) ou de yaourt (nature ou vanille) acheté

# Glace minute au smoothie

**Sors des fruits rouges du congélateur, ajoute du yaourt : tu obtiens une glace instantanée. Trop bon !**

**1.** Mets le yaourt froid et les fruits surgelés dans un blender ou dans un bol mélangeur pour les passer au mixeur. Mixe et déguste aussitôt.

POURQUOI PAS

Mixe des morceaux de banane surgelée pour une glace minute à la banane.

POUR 1 € V EXPRESS

1 tasse de café noir très fort
1 boule d'excellente glace à la vanille

# Glace au café chaud et froid

**Le dessert le plus rapide à réaliser joue sur le contraste chaud et froid, décliné ici à l'italienne. Vite fait, mais raffiné.**

**1.** Prépare le café (page 53).
**2.** Dispose la glace dans une coupe ou dans une tasse.
**3.** Verse le café dessus.
**4.** Déguste immédiatement à la cuillère !

POUR 2-4 € V

3 ou 4 citrons (de préférence non traités)
175 g de sucre glace
250 ml de yaourt à la grecque
200 ml de crème fraîche épaisse
3 c. à soupe d'eau très froide

# Glace acidulée au yaourt et au citron

**Le yaourt donne à la glace un goût acidulé et la rend un tout petit peu plus légère (enfin…).**

**1.** Mélange le jus de citron et le zeste râpé dans un saladier. Ajoute progressivement le sucre et laisse reposer 30 minutes.
**2.** Fouette le yaourt, la crème et l'eau jusqu'à ce que ça commence à épaissir. Ajoute le mélange citron plus sucre. Mets dans une boîte ou dans un sachet de congélation.
**3.** Sors du congélateur 10 minutes avant de servir.

## Coulis de framboises fraîches

Ultra simple à préparer, ce coulis jouant sur le contraste sucré-acidulé est parfait pour napper de la glace.

**225 g de framboises**
**1 c. à soupe de sucre glace ou en poudre**

**1.** Chauffe les framboises dans une casserole avec le sucre, jusqu'à ce qu'elles soient fondantes et qu'elles commencent à rendre du jus.
**2.** Tamise le mélange au-dessus d'un saladier. Déguste tout de suite ou mets au frais.

## Sauce au chocolat qui tue

Onctueuse et bien chocolatée. Les sauces achetées dans le commerce peuvent aller se rhabiller…

**110 g de chocolat noir**
**15 g de beurre**
**2 c. à soupe de sirop de sucre**
**2 c. à soupe d'eau**
**1 c. à café d'extrait naturel de vanille**

**1.** Casse le chocolat en morceaux et fais-le fondre au bain-marie (page 11).
**2.** Ajoute le beurre, le sirop et l'eau. Laisse fondre le tout.
**3.** Remue jusqu'à consistance lisse. Ajoute la vanille.
**4.** Verse cette sauce chaude sur de la glace ou sur des profiteroles.

BON À SAVOIR :
* Se conserve 1 semaine au frigo.

## Sauce au caramel

Une sauce à usages multiples : utilise-la pour napper de vrais bons gâteaux bien riches, des crêpes ou de la glace. Ultra collante !

**25 g de beurre**
**2 c. à soupe de sirop de sucre roux**
**175 g de sucre roux**
**4 c. à soupe de crème liquide**

**1.** Fais fondre le beurre, le sirop et le sucre dans une casserole.
**2.** Porte brièvement le mélange à ébullition. Ajoute la crème en remuant.
**3.** Verse sur de la glace, des rondelles de banane ou des pancakes.

BON À SAVOIR :
* Se conserve 1 semaine au frigo.

## Sauce au Mars

La sauce au chocolat préférée de notre médecin de famille – véridique !

**1 barre de Mars**
**3 c. à soupe de lait**

**1.** Mets le Mars coupé en morceaux dans une casserole avec le lait.
**2.** Remue à l'aide d'une cuillère en bois, jusqu'à ce que le Mars ait fondu presque entièrement (il doit rester un peu de caramel solide).
**3.** Déguste aussitôt avec de la glace.

LEAVE

# PAINS, GROS ET PETITS GÂTEAUX

Fête ton indépendance avec une avalanche de gâteaux, de pains, de muffins, de confitures, de biscuits. Comme à la maison… et comme je les aime. Réunis tes amis pour partager avec eux des assiettes dignes d'un vrai pâtissier-boulanger !

8–10 € V

225 g de farine avec levure
1 c. à café de levure chimique
1 pincée de sel
50 g de beurre
25 g de sucre en poudre
Environ 150 ml de lait
1 œuf battu
Sucre semoule

**Pour la garniture :**
Confiture
Crème épaisse, fouettée
Fruit frais

# Scones à la crème et à la confiture

**Parfait pour un tea-time à l'anglaise. Je retrouve mes potes tous les mardis après-midi dans un salon de thé à l'ancienne, où ils servent ce genre de merveilles. Pour obtenir des scones tout en légèreté, il suffit de manipuler la pâte avec la plus grande douceur. À servir avec du thé, of course !**

**1.** Préchauffe le four à 220 °C. Graisse une plaque de cuisson.
**2.** Tamise la farine, la levure et le sel dans un saladier.
**3.** Ajoute le beurre en petites lamelles. Frotte la farine et le beurre entre tes doigts (page 10) pour les amalgamer.
**4.** Mets le sucre et mélange. Ajoute peu à peu le lait, en remuant avec une cuillère, pour obtenir une pâte molle et collante. Ramasse la pâte en boule, en faisant bien attention à ne pas la tasser.
**5.** Abaisse-la légèrement sur une surface farinée (environ 2,5 cm d'épaisseur). Découpe des disques de 5 cm de diamètre à l'aide d'un d'un verre à vin, en veillant à ne pas tordre la pâte. Tu peux faire des triangles si tu préfères. Forme une boule avec les chutes de pâte et abaisse-la. Badigeonne d'œuf les disques obtenus, puis saupoudre-les de sucre.
**6.** Pose-les sur la plaque de cuisson, en les espaçant bien, et fais-les cuire 12 à 15 minutes, jusqu'à ce qu'ils soient levés et dorés. Mets à refroidir sur une grille. Garnis de beurre, de confiture ou de crème fouettée.

POURQUOI PAS

* À l'étape 4, ajoute des dattes hachées, du zeste de citron ou d'orange râpé, des raisins de Smyrne et de la cannelle.

# Confiture de framboises fastoche

**Un must pour déguster avec tes scones, ou bien avec des gâteaux. Ça marche très bien avec des framboises surgelées.**

1 POT | € | V

250 g de framboises (fraîches ou décongelées)
250 g de sucre en poudre

**1.** Préchauffe le four à 180°C. Mets-y un bocal quelques minutes pour le stériliser.
**2.** Étale les fruits dans un plat peu profond et enfourne 20 minutes.
**3.** Ajoute le sucre en remuant puis verse le mélange dans le bocal, en t'aidant d'une cuillère. Ferme hermétiquement. Laisse refroidir.
**4.** Mets au frigo (se conserve une semaine).

POURQUOI PAS

✱ À déguster avec du yaourt ou du riz au lait.
✱ Fourre une génoise ou un roulé avec cette confiture.
✱ Prépare un gâteau de semoule à la confiture : mets 20 g de semoule de blé dans 300 ml de lait tiède. Remue et laisse cuire doucement, jusqu'à ce que le mélange commence à épaissir. Ajoute 25 g de sucre en poudre et un peu de beurre. Laisse encore cuire 5 minutes. Ajoute la confiture et mélange.

# Scones au fromage

**Déguste ces scones au fromage avec une soupe ou grignote-les à l'heure du thé. Excellent pour un déjeuner à emporter.**

14–16 | € | V

225 g de farine
4 c. à café rases de levure chimique
1 bonne pincée de sel
1 pincée de graines de moutarde ou de piment de Cayenne (ou les deux)
50 g de bon cheddar râpé fin
50 g de beurre
1 gros œuf, battu
4 c. à soupe d'eau froide

**1.** Préchauffe le four à 220°C. Tamise la farine, la levure, le sel, la moutarde et le piment dans un saladier. Ajoute le fromage, puis le beurre en sablant le mélange du bout des doigts (page 10).
**2.** Ajoute l'œuf battu et l'eau. Mélange légèrement avec une fourchette.
**3.** Ramasse la pâte en une boule molle. Si elle est trop sèche, ajoute un peu d'eau.
**4.** Abaisse la pâte et découpe-la, comme pour les scones sucrés (voir page de gauche), en la manipulant avec précaution.
**5.** Dispose sur des plaques de cuisson graissées et enfourne 10 minutes, jusqu'à ce que les scones aient bien levé.

POURQUOI PAS

✱ Accompagne ces scones d'une soupe maison.
✱ À l'étape 2, ajoute des olives hachées et de l'oignon frit, puis déguste les scones tartinés de fromage frais.
✱ Prépare une tourte aux légumes avec des scones : fais revenir l'ail et les oignons hachés dans de l'huile. Ajoute 2 carottes et 1 courgette hachées, quelques champignons, 1 boîte de tomates en dés, 1 boîte de gros haricots blancs, des herbes, du sel et du poivre. Laisse mijoter jusqu'à ce que les légumes soient tendres. Verse dans un plat puis recouvre de disques de pâte, de façon à former un couvercle. Parsème de fromage râpé. Enfourne 20 minutes à 230°C.

12 € V EXPRESS

225 g de farine avec levure incorporée
1 pincée de sel
1 c. à soupe de sucre en poudre
2 œufs
300 ml de lait
25 à 50 g de beurre fondu pour la cuisson

# Blinis sucrés

**Prépare une pile de blinis sucrés pour tes colocataires. Le secret, pour les réussir, c'est de les retourner quand ils sont juste à point c'est-à-dire quand la base commence à colorer et que le dessus se couvre de bulles.**

**1.** Tamise la farine, le sel et le sucre dans un saladier. Creuse un puits au centre, verses-y les œufs avec un peu de lait. Mélange au fur et à mesure à l'aide d'une cuillère en bois ou d'un fouet, de façon à obtenir une pâte lisse.
**2.** Badigeonne de beurre fondu la poêle ou la crêpière. Fais cuire 4 ou 5 blinis à la fois, en versant 1 c. à soupe de pâte par blini dans la poêle chaude, en espaçant bien.
**3.** Cuis 1 à 2 minutes jusqu'à ce que le fond soit doré et que le dessus fasse des bulles. Retourne. Poursuis la cuisson 1 ou 2 minutes, jusqu'à ce que les blinis soient bruns. Garde au chaud dans un torchon. Continue jusqu'à épuisement de la pâte. Déguste avec du beurre, de la confiture, du sirop, de la crème au citron ou pourquoi pas du fromage.

# Lemon curd (crème au citron)

**Une texture veloutée, un goût à la fois sucré et acidulé pour cette crème au citron qui se prépare en un rien de temps. Veille à ne pas laisser bouillir, la crème pourrait retomber comme une mayonnaise… (là aussi, la patience est de règle !).**

1 POT · € · V · EXPRESS

2 gros (ou 3 petits) citrons non traités (jus + zeste râpé)
110 g de sucre en poudre
50 g de beurre
2 gros œufs battus

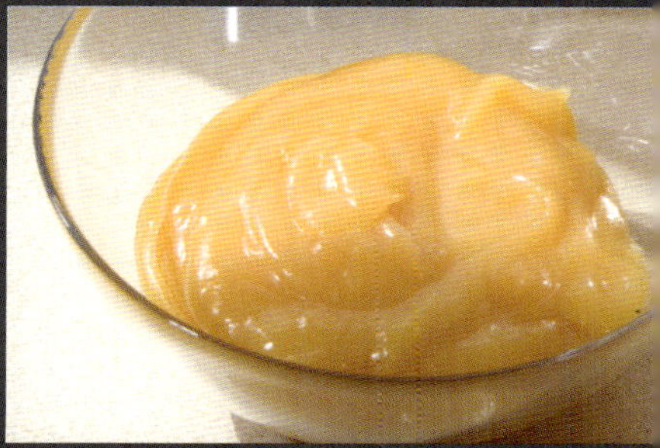

**1.** Mets tous les ingrédients dans un saladier, à l'exception des œufs.
**2.** Fais fondre doucement au bain-marie (p. 11). Remue avec une cuillère en bois.
**3.** Ajoute les œufs battus. Remue sans arrêt, jusqu'à ce que la crème épaississe et nappe la cuillère. Ne sois pas trop pressé !
**4.** Laisse refroidir. Conserve dans un bocal propre. Mets au frais.

POURQUOI PAS

* À déguster sur du pain grillé, des blinis ou des crumpets (mini-crêpes épaisses). Tu peux aussi t'en servir pour fourrer des génoises et des roulés.
* Mélange avec une quantité équivalente de yaourt. Conserve au frigo, ou congèle pour faire de la glace.
* Prends 4 ou 5 citrons verts ou 2 oranges à la place du citron, pour varier les saveurs.

# Buns cannelle et confiture

**Si tu n'as aucune expérience de la pâtisserie, voici une excellente recette pour te lancer ! (Et ces petits gâteaux ne nécessitent même pas de caissettes en papier.)**

8-10 · € · V · EXPRESS

225 g de farine avec levure
1 pincée de sel
2 pincées de cannelle
50 g de beurre
50 g de sucre en poudre
1 œuf battu
2 c. à soupe de lait
Confiture de bonne qualité
Sucre semoule

**1.** Préchauffe le four à 220 °C. Graisse la plaque de cuisson.
**2.** Tamise la farine, le sel et la cannelle dans un saladier. Ajoute le beurre.
**3.** Malaxe le tout entre tes doigts, jusqu'à ce que tous les ingrédients soient amalgamés.
**4.** Ajoute le sucre en poudre et l'œuf battu, et mélange à la fourchette. Incorpore peu à peu le lait. Pétris doucement cette pâte sur une planche pour l'assouplir.
**5.** Forme 12 petites boules et fais un trou dans chacune d'elle.
**6.** Verse un peu de confiture dans chaque trou, et referme en pinçant la pâte pour bien la sceller. Pose les buns sur la plaque de cuisson, « soudure » vers le bas. Saupoudre de sucre semoule.
**7.** Fais cuire les buns 10 minutes, jusqu'à ce qu'ils soient légèrement dorés. Laisse-les refroidir. Incise-les et déguste-les en rajoutant de la confiture, si tu aimes.

POURQUOI PAS

* Mets du Nutella à la place de la confiture.
* Remplace la cannelle par du zeste de citron, et garnis de crème au citron.

20 € V

150 g de farine avec levure
1 c. à café de levure chimique
110 g de beurre mou
110 g de sucre en poudre
2 œufs
Zeste râpé de 1 gros citron ou de citron + orange

**Pour le glaçage :**
110 g de beurre mou
1 jaune d'œuf
225 g de sucre glace
3 à 4 c. à café de jus de citron
Quelques gouttes de colorant alimentaire rose, bleu, vert !

# Gâteaux de conte de fées

**Certes, ces gâteaux aux tons pastel ne sont pas indispensables à la survie de l'étudiant lambda, mais on s'en fiche ! Tous ces chichis te rappelleront ton anniversaire. Prépares-en une tonne pour régaler tous tes potes.**

**1. Gâteaux :** préchauffe le four à 200 °C. Pose des caissettes en papier sur la plaque de cuisson ou graisse soigneusement un moule à muffins.
**2.** Mets tous les ingrédients des gâteaux dans un saladier. Bats énergiquement avec une cuillère en bois pendant 3 minutes, jusqu'à obtention d'un mélange très lisse et crémeux.
**3.** Verse 1 c. à café bien pleine de pâte dans chaque caissette ou chaque cavité du moule.
**4.** Enfourne 15 minutes, jusqu'à ce que les petits gâteaux soient bien dorés et ferme. Mets-les à refroidir sur une grille.
**5. Glaçage :** bats le beurre jusqu'à ce qu'il soit crémeux. Ajoute l'œuf. Incorpore peu à peu le sucre en battant. Ajoute le jus de citron et quelques gouttes de colorant rose, bleu ou vert. Dépose sur les gâteaux à l'aide d'une cuillère ou d'une poche à douille.

POURQUOI PAS

* Utilise la même pâte pour préparer une génoise à la confiture express. À l'étape 1, préchauffe le four à 170 °C. Renonce au zeste à l'étape 3. À l'étape 4, répartis la pâte dans deux moules de 18 cm de diamètre, graissés. À l'étape 5, fais cuire 20 à 25 minutes. Lorsque les gâteaux sont prêts, garnis-les de confiture ou bien de crème fouettée avec de la confiture et des fruits frais.

12 €€ V

275 g de farine
1 c. à soupe de levure
½ c. à café de cannelle
½ c. à café de sel
175 g de polenta
150 g de sucre en poudre
Zeste râpé de 1 citron
350 ml de lait
175 ml d'huile de tournesol
4 œufs battus
½ c. à café d'extrait d'amande ou de vanille
1 grosse pomme (non pelée) coupée en petits dés
Cassonade + graines de potiron

# Muffins pomme-cannelle

**Pratique pour un petit déjeuner pris sur le pouce, ces muffins peuvent se déguster n'importe quand. Les morceaux de pomme qui affleurent sous cette pâte légère mettent l'eau à la bouche. N'oublie pas que la pâte à muffins doit être grumeleuse.**

**1.** Préchauffe le four à 200 °C. Graisse les cavités des moules à muffins ou garnis-les de caissettes en papier.
**2.** Tamise la farine, la levure, la cannelle et le sel dans un grand saladier. Ajoute la polenta, le sucre et le zeste de citron ou d'orange. Creuse un puits au centre.
**3.** À part, mélange le lait et l'huile à la fourchette. Ajoute les œufs battus et l'extrait d'amande ou de vanille.
**4.** Verse ce liquide dans le puits de farine avec les dés de pomme. Mélange grossièrement : la farine doit être absorbée mais la pâte doit rester grumeleuse. Remplis presque à ras bord les cavités ou les caissettes.

5. Parsème la pâte de sucre et de graines de potiron (facultatif). Enfourne 20 à 25 minutes.

POURQUOI PAS

* Ajoute des mûres, des myrtilles ou des framboises fraîches, des morceaux de dattes ou d'abricots séchés, un peu de muesli. Mets un peu de confiture au centre, ou agrémente de gingembre en poudre. Autre idée : badigeonne les muffins d'un glaçage au citron (page 255) ou de fromage frais (page 47) additionné de jus de citron.

# Muffins au crumble et aux myrtilles

**Ces muffins à l'américaine se préparent avec des myrtilles, bourrées de vitamine C. Tu peux aussi opter pour une variante chocolatée, dont tu me diras des nouvelles... Et pourquoi te priver d'un petit glaçage au citron ?**

8–10 | €€ | V

**Pour le crumble :**
40 g de farine
20 g de cassonade
25 g de beurre

**Pour les muffins :**
250 g de farine
2 c. à café de levure chimique
½ c. à café de bicarbonate de soude
2 œufs
75 g de sucre en poudre
2 c. à soupe d'huile de tournesol
Zeste râpé de 1 citron
150 ml de lait
3 c. à soupe de graines de pavot
1 c. à soupe de jus de citron
110 g de myrtilles

1. Préchauffe le four à 200 °C. Graisse les cavités du moule à muffins ou tapisse-les de caissettes en papier.
2. **Crumble :** mets tous les ingrédients dans un saladier et effrite-les du bout des doigts (page 10).
3. **Muffins :** tamise la farine, la levure et le bicarbonate dans un saladier.
4. Bats les œufs avec le sucre, l'huile, le zeste de citron, le lait et les graines de pavot. Verse le tout dans la farine. Mélange avec une fourchette.
5. Ajoute le jus de citron et les myrtilles en remuant. Remplis les cavités du moule ou les caissettes à la cuillère.
6. Parsème le dessus de pâte à crumble. Enfourne 15 à 20 minutes.

POURQUOI PAS

* Fais des muffins au crumble et au chocolat. Remplace 25 g de farine par du cacao. Prends une orange à la place du citron et remplace les myrtilles par du chocolat noir concassé.
* Nappe de glaçage au citron (page 255).

1 €€ V

110 g de beurre mou
110 g de sucre en poudre
2 œufs
110 g de farine avec levure incorporée tamisée
1 c. à café de levure chimique
2 c. à soupe rases de chocolat en poudre
1 c. à soupe rase de cacao en poudre (amer)
2 c. à soupe de lait
½ c. à café d'extrait de vanille

**Pour le glaçage :**
50 g de chocolat fondu
110 g de beurre mou
225 g de sucre glace tamisé
2 c. à café de lait

# Nuage au chocolat

**Ce gâteau est facile à réussir, à condition d'incorporer assez d'air dans la pâte. N'hésite donc pas à la battre furieusement. Utilise des ingrédients à température ambiante. Une merveille légère et chocolatée. Waoh !**

**1.** Préchauffe le four à 180 °C. Graisse le fond (amovible de préférence) de 2 moules de 18 cm de diamètre.
**2.** Bats les ingrédients à l'aide d'un mixeur. Tu peux aussi travailler le beurre et le sucre au fouet manuel pendant 3 minutes, jusqu'à obtention d'un mélange léger et crémeux, puis ajouter peu à peu les œufs (saupoudre de farine si ça retombe). Incorpore ensuite les ingrédients secs, le lait et l'extrait de vanille.
**3.** Répartis la pâte dans les moules. Fais cuire les deux génoises 20 à 25 minutes, jusqu'à ce qu'elles soient moelleuses. Laisse refroidir 3 minutes, puis démoule sur une grille.
**4.** Prépare le glaçage : fais fondre le chocolat (page 11). Travaille le beurre jusqu'à ce qu'il soit crémeux. Incorpore peu à peu le sucre en remuant, puis le chocolat fondu, et enfin le lait si nécessaire. Utilise le glaçage pour « scotcher » les deux génoises l'une sur l'autre et pour masquer le dessus. Décore à ta guise.

# Gâteau au chocolat pas banal

**Tu n'as plus d'œufs, ou tu as envie d'un gâteau original ? Voici une recette 100% chocolat… Ne t'inquiète pas, le goût de la mayo passera inaperçu. PS : le glaçage est vraiment hors pair. Rien ne t'empêche d'en tartiner un nuage au chocolat ou des muffins, par exemple.**

1 €€ V

275 g de farine blanche avec levure incorporée
1 ½ c. à café de levure
225 g de sucre
200 g de mayonnaise
225 ml d'eau bouillante
4 c. à soupe de cacao en poudre
1 c. à café d'extrait de vanille

**Pour le glaçage :**
275 g de sucre glace
25 g de cacao en poudre
110 g de beurre
3 à 4 c. à soupe d'eau

**1.** Préchauffe le four à 180°C. Graisse ou tapisse de papier sulfurisé un moule de 20 cm de diamètre.
**2.** Tamise la farine, la levure et le sucre dans un saladier. Incorpore la mayonnaise à la fourchette, pour obtenir une pâte grumeleuse.
**3.** Verse de l'eau bouillante sur le cacao et l'extrait de vanille. Remue pour dissoudre.
**4.** Ajoute au mélange précédent en battant vigoureusement : la pâte obtenue doit être lisse et crémeuse.
**5.** Verse-la dans le moule. Fais cuire 40 minutes, jusqu'à ce que les bords commencent à se décoller, et qu'un cure-dent piqué dans la pâte ressorte sec. Laisse refroidir 10 minutes dans le moule, puis renverse sur une grille.
**6.** Prépare le glaçage : tamise le sucre et le cacao. Chauffe le beurre et l'eau à feu doux, sans laisser bouillir. Ajoute peu à peu au mélange sucre + cacao, jusqu'à consistance lisse mais pas trop liquide (il te restera peut-être du beurre fondu). Masque bien le dessus et les bords du gâteau avec ce glaçage.

POURQUOI PAS
* Fais un peu plus de glaçage et inscris quelque chose sur le gâteau avec une poche à douille.

# Brownies de base

**La recette du brownie classique, ultra simple à réaliser. Si tu n'aimes pas les noix, n'en mets pas !**

12 €€ V

75 g de beurre mou
75 g de sucre en poudre
1 gros œuf battu
100 g de farine
¼ c. à café de levure chimique
75 g de chocolat
1 c. à soupe de lait ou de café noir froid
4 gouttes d'extrait de vanille
75 g de noix, noix de pécan ou noisettes hachées grossièrement (facultatif)

**1.** Préchauffe le four à 180°C. Graisse ou tapisse de papier sulfurisé le fond d'un moule carré de 20 cm de côté.
**2.** Bats le beurre et le sucre avec une cuillère en bois jusqu'à obtenir un mélange très léger et crémeux. Ajoute l'œuf en remuant bien. Puis tamise la farine et la levure dessus, et mélange soigneusement.
**3.** Fais fondre le chocolat avec le lait ou le café au bain-marie (page 11). Incorpore la vanille au mélange en remuant, avec les noix. Verse dans le moule.
**4.** Enfourne 25 minutes (vérifie la cuisson avec un cure-dent : il doit ressortir sec). Laisse refroidir 5 minutes dans le moule, puis renverse sur une grille. Fais 12 parts.

1 € V

175 g de beurre mou
175 g de sucre en poudre
2 œufs battus
175 g de farine avec levure
Zeste râpé de 1 citron
4 c. à soupe de lait
1 c. à soupe de jus de citron

**Pour le glaçage :**
2 à 3 c. à soupe de sucre glace
Jus de 1 citron

# Gâteau au citron et son glaçage

**Pour bien réussir ce gâteau, il est important de le piquer avec une fourchette puis de le napper de glaçage. Il est moelleux, citronné et légèrement croustillant sur le dessus. Une ou deux tranches de ce délice avec une tasse de thé… c'est assez insurpassable !**

**1.** Préchauffe le four à 160 °C. Graisse un moule à pain rectangulaire (pour pain de 900 g). Tapisse le fond de papier de cuisson.
**2.** Dans un saladier, bats le beurre et le sucre avec une cuillère en bois pendant 2 à 3 minutes, jusqu'à obtention d'un mélange léger et crémeux. Verse peu à peu les œufs sans cesser de battre. Si le mélange commence à retomber, ajoute un peu de farine.
**3.** Tamise la farine sur la préparation. Râpe le zeste. Mélange le tout en soulevant délicatement avec une cuillère en métal (page 10). Incorpore le lait et le jus de citron.
**4.** Verse dans le moule en t'aidant d'une cuillère. Enfourne 55 minutes (vérifie la cuisson avec un cure-dent : il doit ressortir sec).
**5.** Mélange le sucre et le jus de citron. Pique le gâteau une douzaine de fois avec une fourchette, puis verse le glaçage dessus. Démoule au bout de 15 minutes. Laisse refroidir sur une grille.

12 € V

225 g de dattes dénoyautées et finement hachées
1 c. à soupe de miel liquide
3 c. à soupe d'eau
1 c. à soupe de jus de citron
½ c. à café de cannelle moulue
175 g de farine avec levure incorporée
175 g de semoule de blé
175 g de beurre
50 g de cassonade

# Crumbles au miel et aux dattes

**Des petits pavés qui jouent les sandwichs sucrés, avec deux épaisseurs croustillantes au bon goût de beurre séparées par une pâte épicée aux dattes et au miel.**

**1.** Graisse un moule de 20 x 20 cm.
**2.** Dans une casserole, fais chauffer en remuant tout doucement les dattes, le miel, l'eau, le jus de citron et la cannelle, jusqu'à obtention d'une pâte épaisse. Laisse refroidir un peu.
**3.** Préchauffe le four à 180 °C. Tamise la farine dans un saladier.
**4.** Ajoute la semoule et le beurre. Mélange du bout des doigts jusqu'à consistance sableuse. Ajoute le sucre.
**5.** Verse la moitié de cette pâte à crumble dans le moule. Étale-la et presse-la un peu de façon à couvrir le fond.
**6.** Répartis la préparation aux dattes dessus, puis émiette le reste de pâte à crumble. Enfourne 25 minutes, jusqu'à ce que le dessus soit bien doré.
**7.** Laisse refroidir dans le moule. Fais 12 parts. Prélève-les à l'aide d'une spatule.

POURQUOI PAS

* Remplace les dattes par des abricots secs.

# Pain d'épices gingembre-pomme

**Une recette qui séduira les fans de gingembre… Imagine une pâte moelleuse d'une belle couleur sombre, des dattes sucrées, des morceaux de pomme fruitée et un glaçage au citron bien tonique…**

1 €€ V

175 g de farine avec levure
½ à 1 c. à café d'épices
2 c. à café de gingembre moulu
50 g de cassonade
50 g de beurre mou
2 œufs
2 c. à soupe de mélasse
1 pomme coupée en lamelles
150 ml de lait
1 c. à café de bicarbonate de soude
Quelques dattes hachées

**Pour le glaçage au citron :**
110 g de sucre glace tamisé
10 g de beurre fondu
1 c. à soupe de jus de citron et un peu de zeste
1 c. à soupe de lait ou de crème

**1.** Préchauffe le four à 180 °C. Graisse un moule à pain rectangulaire.
**2.** Tamise la farine, les épices et le gingembre dans un saladier. Mets le sucre.
**3.** Ajoute le beurre en lamelles. Mélange délicatement du bout des doigts (p. 10).
**4.** Incorpore vigoureusement les œufs et la mélasse jusqu'à obtention d'une pâte lisse. Ajoute les 2/3 de la pomme.
**5.** Porte le lait à ébullition et ajoute-le au mélange en remuant. Mets le bicarbonate de soude. Mélange bien le tout.
**6.** Répartis la pâte uniformément dans le moule. Parsème de dattes, puis ajoute les lamelles de pomme restantes. Enfourne 40 à 60 minutes (vérifie la cuisson avec un cure-dent : il doit ressortir sec). Laisse refroidir le gâteau, puis démoule-le. Prépare le glaçage, nappes-en le gâteau. Se conserve bien.

20 € V

225 g de farine avec levure
1 pincée de sel
150 g de beurre
110 g de sucre en poudre
1 œuf battu

**Ingrédients à ajouter (au choix) :**
50 g de raisins de Corinthe
50 g de noix de coco en poudre
50 g de cerises confites hachées
Quelques carrés de chocolat
Zeste d'orange ou de citron
1 à 2 c. à café de cannelle

# Assortiment de biscuits

**Tu as envie d'un biscuit à tel ou tel parfum ? Cette recette te permet de satisfaire tous tes fantasmes, ou presque ! La pâte peut se décliner avec une multitude d'ingrédients. Parfait pour se faire bien voir de ses colocs.**

**1.** Tamise la farine et le sel dans un saladier. Ajoute le beurre en parcelles.
**2.** Frotte le mélange du bout des doigts (page 10) jusqu'à absorption complète de la farine.
**3.** Ajoute le sucre, puis un peu d'œuf battu et mélange à la fourchette jusqu'à obtention d'une pâte ferme. Fais plusieurs pâtons, auxquels tu vas incorporer les différents parfums.
**4.** Entoure chaque pâton de film alimentaire ou de papier alu et réserve 30 minutes au frais. Préchauffe le four à 180 °C.
**5.** Abaisse la pâte finement sur une planche farinée. Découpe des cercles de 5 cm à l'aide d'un verre à bord fin.

6. Fais dorer les biscuits au four (12 minutes ou plus). Laisse-les refroidir 3 ou 4 minutes sur la plaque, puis transfère-les sur une grille.

POURQUOI PAS

* Nappe de glaçage au citron (page 255) ou de chocolat fondu (page 11).
* Avant d'enfourner, badigeonne de blanc d'œuf et saupoudre de sucre.
* Superpose deux biscuits, colle-les avec de la confiture.

# Palets au gingembre et au piment

**Un de ces palets a suffi à dégager les sinus d'un de mes potes ! Mais tu n'es pas obligé de mettre du piment… Dans ce cas, il te reste de savoureux biscuits au gingembre.**

14 € V

100 g de farine avec levure
1 c. à café de bicarbonate de soude
2 c. à café de gingembre moulu
Quelques flocons de piment
50 g de beurre en parcelles
40 g de cassonade
2 c. à soupe de sirop de sucre
Un peu de zeste d'orange râpé (facultatif)

1. Préchauffe le four à 190 °C. Graisse 2 plaques de cuisson.
2. Tamise la farine, le bicarbonate et le gingembre dans un saladier. Ajoute le piment et le beurre.
3. Amalgame délicatement les ingrédients du bout des doigts jusqu'à consistance sableuse.
4. Ajoute la cassonade, le sirop de sucre et le zeste d'orange, en remuant avec une fourchette. Tu obtiens une pâte molle.
5. Façonne 14 petites boules. Dispose-les sur les plaques de cuisson en les espaçant bien. Aplatis-les un peu avec les doigts.
6. Fais-les cuire 15 à 20 minutes, jusqu'à ce qu'ils soient dorés (surveille bien : ils brûlent facilement).
7. Laisse refroidir sur les plaques de cuisson. Décolle à l'aide d'une spatule.

POURQUOI PAS

* Si tu n'as qu'une seule plaque, fais 2 fournées.
* Prends du sucre en poudre pour une texture plus lisse.
* Après refroidissement, nappe les biscuits de chocolat noir fondu.

12 € V

110 g de beurre
2 ½ c. à soupe de sirop de sucre roux
½ c. à soupe de beurre de cacahuètes
75 g de cassonade
275 g de flocons d'avoine bio (pas trop gros)
100 g de chocolat au lait

# Pavés au chocolat et au beurre de cacahuètes

**Un peu de beurre de cacahuètes, et c'est fichu : on est accro ! Tu peux ne pas en mettre, tu te retrouveras quand même avec des pavés chocolatés dangereusement savoureux. Ne chauffe pas trop le mélange au départ, et ne laisse pas la pâte cuire trop longtemps : il n'y a rien de pire qu'un pavé trop dur.**

**1.** Préchauffe le four à 190°C. Graisse un moule de 18 x 30 x 4 cm. Tapisse-le de papier de cuisson.
**2.** Fais fondre le beurre, le sirop, le beurre de cacahuètes et le sucre dans une casserole.
**3.** Ajoute les flocons d'avoine en remuant. Verse le tout dans le moule, aplatis bien.
**4.** Enfourne 15 à 25 minutes, jusqu'à ce que la pâte commence à dorer et à se raffermir. Si ça bouillonne pendant la cuisson, baisse un peu la température.
**5.** Laisse refroidir dans le moule. Au bout de 15 minutes, prédécoupe 12 parts.
**6.** Quand la pâte a refroidi, finis de la découper puis pose les pavés sur une grille. Fais fondre le chocolat (page 11). Badigeonnes-en les pavés.

POURQUOI PAS
* Ne prends que du sirop, supprime le beurre de cacahuètes.
* Ajoute des graines ou des fruits séchés.

# Gâteau « cuit » au frigo

**Tu n'as pas de four ? Ou tu penses à ta facture d'électricité ? J'ai ce qu'il te faut…**

12 €€ V

200 g de sablés (au blé complet) au chocolat
50 g de sablés au blé complet
110 g de raisins secs
110 g de cerises confites
110 g de beurre
10 g de sucre
4 c. à soupe de sirop de sucre roux
3 c. à soupe de cacao en poudre

**1.** Écrase les biscuits pour obtenir des miettes ou des morceaux de tailles différentes. Ajoute les raisins et les cerises.
**2.** Fais fondre le beurre, le sucre, le sirop de sucre et le cacao à feu doux.
**3.** Verse sur le mélange biscuits + fruits, et remue. Répartis dans un moule de 18 x 30 cm, aplatis de manière aussi uniforme que possible.
**4.** Laisse prendre au frigo. Taille 12 parts. Prélève-les à l'aide d'une spatule.

POURQUOI PAS
* Ajoute des graines, des noix ou des noisettes.

# Délice aux Maltesers

**J'ai découvert cette recette dans le salon de thé où je me rends tous les mardi après-midi. Astuce : fais fondre le chocolat très lentement, en veillant à ne jamais le surchauffer.**

12 €€ V

100 g de margarine ou de beurre
100 g de sirop de sucre roux
150 g de chocolat au lait
225 g de sablés au blé complet
175 g de Maltesers

**Pour le glaçage :**
300 g de chocolat blanc
Copeaux de chocolat au lait

**1.** Fais fondre le beurre, le sirop et le chocolat au lait dans une casserole à feu très doux. Remue sans arrêt (ne laisse pas bouillir). Retire du feu.
**2.** Émiette finement les biscuits dans un sachet de congélation. Écrase ensuite un sachet de Maltesers, sans l'ouvrir, en le tapant 3 fois. Verse les deux types de miettes dans le chocolat et mélange.
**4.** Étale dans un moule peu profond d'environ 20 x 30 cm.
**5.** Fais fondre le chocolat blanc au bain-marie (page 11). Remue. Étale sur la première couche légèrement refroidie. Saupoudre de copeaux de chocolat. Mets au frigo. Découpe.

12 €€ V

175 g de farine
50 g de sucre en poudre
110 g de beurre mou en petits morceaux
Quelques gouttes d'extrait naturel de vanille

**Pour la garniture :**
200 ml de crème épaisse ou liquide
Sucre glace + un peu pour saupoudrer
Quelques gouttes d'extrait naturel de vanille
Fraises, framboises ou mûres fraîches

# Petits cœurs sablés aux fruits et à la crème

**Des petites choses affriolantes qui devraient plaire à tous. Prépare de beaux sablés bien fins et surveille ta montre : ils ne doivent pas brûler… NB : tu peux les déguster sans les empiler, ou les badigeonner de glaçage.**

**1.** Préchauffe le four à 180°C. Graisse des plaques ou tapisse-les de papier de cuisson ordinaire ou siliconé.
**2.** Tamise la farine et le sucre dans un saladier. Ajoute le beurre et l'extrait de vanille.
**3.** Amalgame ces ingrédients délicatement en frottant du bout des doigts (page 10).
**4.** Rassemble la pâte en boule.
**5.** Abaisse la pâte sur une épaisseur de 5 mm, sur une planche légèrement farinée ou sucrée. Taille des petits cœurs ou des disques de 5 cm de diamètre.
**6.** Fais-les cuire 10 à 15 minutes, jusqu'à ce qu'ils soient bien dorés. Laisse refroidir 5 minutes, puis transfère sur une grille.
**7.** Pour la garniture : fouette la crème, le sucre glace et l'extrait de vanille jusqu'à obtention d'un mélange un peu ferme. Prépare des « sandwichs » avec les sablés, la crème et les fruits rouges. Décore avec un fruit maintenu par un peu de crème. Saupoudre de sucre glace.

POURQUOI PAS

* Fais des cœurs croustillants - remplace 25 g de farine par de la semoule de blé.
* Remplace l'extrait de vanille par un peu de gingembre moulu.
* Mélange de l'eau ou du jus de citron et du sucre glace pour obtenir un glaçage.

# Sablés du milliardaire

**Une recette très, très, très riche ! Ces barres au chocolat et au caramel (dont la base est une pâte sablée) ont un sacré goût de reviens-y. Petites douceurs raffinées, à consommer avec beaucoup de modération...**

**1.** Préchauffe le four à 180 °C. Graisse légèrement un moule de 28 x 18 x 3 cm. Fais de la pâte sablée (voir page de gauche).
**2.** Saupoudre une planche de sucre. Abaisse la pâte aux dimensions du moule.
**3.** Soulève la pâte et transfère-la dans le moule à l'aide d'un rouleau à pâtisserie. Rebouche trous et fissures au besoin.
**4.** Fais-la cuire 20 minutes, jusqu'à ce qu'elle soit bien dorée. Laisse-la refroidir dans le moule et réserve.
**5.** Mets tous les ingrédients du caramel (sauf la vanille) dans une casserole à fond épais. Chauffe à feu doux, en remuant pour dissoudre le sucre. Puis augmente la température. Laisse cuire 6 à 7 minutes. Le mélange doit acquérir une texture épaisse et une couleur dorée. Ajoute la vanille, remue. Verse sur la pâte sablée. Laisse refroidir.
**6.** Fais fondre le chocolat au bain-marie (page 11). Quand il a fondu, mélange-le puis étale-le sur le caramel. Laisse prendre. Découpe en 12 parts.

POURQUOI PAS

* Fais une tarte à la banane. À l'étape 1, prends un moule rond. À la fin de l'étape 5, dispose 4 à 6 bananes coupées en rondelles sur le caramel. Garnis avec de la crème fouettée et du chocolat râpé.

12 €€ V

**Pour la pâte sablée :**
175 g de farine
50 g de sucre en poudre
110 g de beurre mou
**Pour le caramel :**
175 ml de lait concentré
110 g de beurre
110 g de cassonade
2 c. à soupe rases de sirop de sucre roux
½ c. à café d'extrait de vanille
**Pour le glaçage :**
150 à 175 g de chocolat au lait

1 €€ V

175 g de sucre en poudre
2 c. à soupe de miel
250 ml d'huile de tournesol
3 gros œufs
175 g de farine complète avec levure incorporée
1 c. à café de cannelle moulue
½ c. à café de sel
Zeste râpé d'½ à 1 citron
Un peu de jus de citron
300 g de carottes râpées
150 g de noix ou de noix de pécan hachées

**Pour la garniture :**
175 g de fromage frais
110 à 175 g de sucre glace tamisé
Jus de ½ à 1 citron

**Ou bien :**
Glaçage au citron (page 255)

# Gâteau aux carottes et son nappage

**Plein de qualités nutritionnelles… La farine complète apporte des fibres et de l'énergie. Les carottes fournissent du bêta-carotène (bon pour la vue). Quant aux noix, elles contiennent des huiles excellentes pour la santé.**

**1.** Préchauffe le four à 180°C. Graisse et tapisse de papier sulfurisé le fond et les bords d'un moule rond de 20 cm de diamètre.
**2.** Mets le sucre, le miel et l'huile dans un saladier. Mélange soigneusement avec une cuillère en bois ou un fouet. Ajoute les œufs, un par un, en battant le mélange à chaque fois.
**3.** Ajoute la farine tamisée, la cannelle, le sel, le zeste et le jus de citron, les carottes et les noix. Mélange avec soin. Verse dans le moule.
**4.** Fais cuire 1 heure (vérifie la cuisson avec un cure-dent : il doit ressortir sec). Laisse refroidir 15 minutes dans le moule, puis renverse le gâteau sur une grille, où il finira de refroidir.
**5.** Fais la garniture : bats le fromage frais pour le rendre onctueux. Ajoute peu à peu le sucre glace et le jus de citron. Étale le tout sur le gâteau refroidi. Ou prépare un glaçage au citron.

POURQUOI PAS
* Pour la garniture, remplace le jus de citron par du jus de citron vert ou d'orange.
* Remplace les carottes par des courgettes pelées et râpées.

# Gâteau roulé comme autrefois

**Délicieusement léger et aérien. Le truc, c'est de fouetter la pâte au lieu de la battre, afin d'y incorporer un maximum de bulles d'air. Ce gâteau peut clore sans honte un dîner raffiné, mais comme il est facile à faire et pas cher, tu peux le déguster à tout moment…**

POUR 6 · €€ · V

110 g de sucre en poudre
4 œufs
½ c. à café d'extrait de vanille
2 c. à soupe d'eau chaude
110 g de farine

**Pour la garniture :**
Confiture de framboises
Crème fouettée
Purée de fruits

**1.** Préchauffe le four à 190°C. Graisse un moule. Tapisse le fond de papier sulfurisé, beurre-le puis saupoudre-le de sucre.
**2.** Dans un saladier, fouette le sucre et les œufs quelques minutes au batteur électrique, jusqu'à obtention d'un mélange épais et mousseux. (Ou bien pose le saladier sur une casserole d'eau frémissante, et fouette le contenu jusqu'à ce qu'il soit mousseux.)
**3.** Incorpore très délicatement la vanille, l'eau et un tiers de la farine tamisée (page 10), en soulevant le mélange à l'aide d'une grande cuillère en métal.
**4.** Incorpore le deuxième tiers de farine, puis le troisième.
**5.** Enfourne 12 à 15 minutes, jusqu'à ce que la pâte commence à dorer et qu'elle soit juste ferme au milieu.
**6.** Pendant la cuisson, saupoudre de sucre un morceau de papier de cuisson à peine plus grand que ton moule. Sors le gâteau du four puis détache les bords à l'aide d'un couteau. Retourne-le sur le papier.
**7. Pour une garniture simple (confiture) :** étale sur la génoise, puis enroule. Maintiens 1 minute pour que le roulé se forme, puis laisse refroidir sur une grille.
**8. Pour une garniture complète (confiture, crème et fruits !) :** enroule la génoise en laissant le papier dedans. Maintiens-la 1 minute pour que le roulé se forme. Couvre-le avec un torchon jusqu'à ce qu'il ait refroidi. Déroule et retire le papier. Garnis de crème, de fruits et de confiture, puis enroule à nouveau.

POURQUOI PAS

* Si tu as des restes, arrose-les de xérès, puis garnis le gâteau avec des fruits, de la crème anglaise et de la crème fouettée.
* Varie les garnitures : mets de la crème au citron ou de la confiture d'abricot.
* Remplace une partie de la farine par du cacao, pour un gâteau roulé chocolaté.

# Pain moulé brioché

**C'est en faisant ton propre pain que tu deviendras un vrai chef. Tu verras, on prend très vite le coup. Cette pâte est faite avec un œuf, ce qui lui donne un côté brioché. (Les végétariens opteront pour la version classique, voir ci-dessous.)**

1 € V

- 450 g de farine panifiable blanche
- 2 c. à café de sel fin
- ½ c. à café de sucre en poudre
- 1 sachet de 7 g de levure sèche instantanée
- 50 g de beurre
- 1 gros œuf
- 250 ml de lait tiède

**Pour la finition :**

- 1 jaune d'œuf mélangé avec un peu d'eau
- Graines de pavot (facultatif)

**1.** Tamise la farine, le sel et le sucre dans un saladier. Ajoute la levure et le beurre.
**2.** Amalgame tous ces ingrédients en les frottant du bout des doigts.
**3.** Creuse un puits au milieu et casse l'œuf dedans, puis ajoute le lait tiède. Mélange avec les mains jusqu'à absorption de tous les ingrédients. La pâte doit être lisse, tiède et non collante. Rajoute un peu de farine ou de lait tiède au besoin. Ramasse la pâte en boule.
**4.** Pétris-la sur une planche 8 à 10 minutes (page 11) ou utilise le crochet à pétrir du mixeur, jusqu'à ce que la pâte soit souple.
**5.** Mets-la dans un saladier légèrement huilé et recouvre-la d'un torchon. Laisse-la lever dans un endroit chaud, jusqu'à ce qu'elle ait doublé de volume (environ 1 heure).
**6.** Pétris de nouveau pendant 2 minutes. Graisse un moule à pain rectangulaire (pour pain de 900 g). Façonne la pâte en un rectangle de la longueur du moule. Rabats les côtés dessous, pour que le pain rentre bien dans le moule, côté « couture » vers le bas. Couvre et laisse reposer 20 minutes, jusqu'à ce que la pâte ait bien levé.
**7.** Entaille-la profondément au milieu et dans la longueur, afin qu'elle se fende à la cuisson. Laisse reposer 10 minutes.
**8.** Préchauffe le four à 230 °C. Saupoudre de farine ou badigeonne d'œuf et parsème de graines de pavot. Enfourne pour 20 à 30 minutes. Éteins le four. Pour savoir si le pain est assez cuit, frappe sur le dessous : il doit sonner creux.

POURQUOI PAS

* Fais des petits pains : à l'étape 6, divise la pâte en 10 pâtons. Ou bien roule-la en un long boudin, puis fais un nœud. Ou alors, fais 3 boudins plus fins et tresse-les, puis aplatis-les pour les sceller aux extrémités. Pour préparer un petit pain en forme de brioche parisienne (brioche à tête), pose un petit pâton sur un second plus gros, en enfonçant ton pouce au milieu. Badigeonne la pâte d'œuf ou de lait, saupoudre de pavot et fais cuire 10 à 15 minutes au four.

* Prépare un pain moulé classique. Mets 700 g de farine à l'étape 1, ajoute 425 ml d'eau (pas de lait ni d'œuf) à l'étape 3. Enfin, mets la pâte dans le moule à l'étape 5. Laisse-la lever jusqu'à ce qu'elle déborde un peu en hauteur, puis enfourne 30 minutes.

# Pain énergisant express aux graines

**Une recette ultra facile, pour laquelle il suffit de mélanger tous les ingrédients pêle-mêle. Ce pain est plein de bonnes choses qui libèrent lentement de l'énergie : excellent au petit déjeuner.**

**1.** Préchauffe le four à 200 °C. Graisse un moule à pain rectangulaire.
**2.** Tamise la farine, la levure et le sel dans un saladier. Ajoute le son resté dans le tamis, les abricots, les dattes, les graines, le jus de pomme et le miel.
**3.** Transfère la pâte dans le moule en t'aidant d'une cuillère. Badigeonne le dessus avec un peu plus de jus. Parsème de graines. Enfourne 25 à 30 minutes.

1 €€ V

275 g de farine complète
1 c. à soupe de levure
1 pincée de sel
100 g d'abricots séchés
50 g de dattes dénoyautées
75 g d'un mélange de graines de potiron, de pavot et de tournesol
175 ml de jus de pomme, ou de jus de pomme et de sureau
4 c. à soupe de miel liquide

2 € V

2 grosses c. à soupe de mélasse
850 ml d'eau tiède (pas plus !)
2 sachets de 7 g de levure sèche de boulanger
450 g de farine panifiable complète
450 g de farine panifiable blanche
1 c. à café de sel

# Pain à la mélasse insurpassable !

**C'est le plus connu des pains de ma mère. Tout le monde en raffole : il a beaucoup de goût, la pâte lève rapidement, il se conserve longtemps et on peut le déguster avec quasiment tout (goûte-le par exemple avec ma terrine de foies de volaille… miam !). Quand on le fait griller, il caramélise légèrement. Fais deux miches : mange la première tout de suite, congèle l'autre.**

**1.** Graisse deux moules à pain rectangulaires.
**2.** Dissous la mélasse dans 150 ml d'eau tiède. Ajoute la levure. Mélange, couvre d'un torchon et laisse reposer 5 à 10 minutes, jusqu'à ce que ça commence à mousser. Entre-temps, tamise les farines et le sel dans un grand saladier.
**3.** Ajoute la levure diluée aux 700 ml restants d'eau tiède. Verse ce liquide peu à peu dans la farine, en mélangeant avec une cuillère en bois jusqu'à obtention d'une pâte bien homogène (elle colle un peu plus qu'une pâte normale).
**4.** Répartis-la dans les moules à l'aide d'une cuillère. Couvre-la d'un torchon et laisse-la lever 10 à 15 minutes, jusqu'à ce qu'elle déborde un peu en hauteur.
**5.** Préchauffe le four à 200 °C. Enfourne 30 à 40 minutes. Démoule un pain, et vérifie la cuisson en frappant sur le dessous : il doit sonner creux.

POURQUOI PAS

✱ Prends 50 g de levure fraîche. Ou mets de la levure sèche instantanée : inutile de la faire mousser, ajoute-la directement à la farine.

✱ Remplace la mélasse par du miel, et ajoute une poignée de muesli.

8 € V

225 g de farine
1 c. à café de sel
25 g de Végétaline ou de saindoux
125 ml d'eau tiède

# Tortillas (mexicaines)

**Plus facile à faire, tu meurs…**

**1.** Tamise la farine et le sel dans un saladier.
**2.** Amalgame la matière grasse et la farine salée en frottant du bout des doigts.
**3.** Ajoute l'eau peu à peu, en mélangeant avec une fourchette.
**4.** Pétris la pâte, mets-la en boule. Couvre et laisse lever 15 minutes dans le saladier.
**5.** Divise en 10 pâtons. Couvre-les.
**6.** Abaisse les pâtons sur une surface farinée, de façon à obtenir des disques de 15 cm de diamètre. Couvre.
**7.** Fais cuire les tortillas 1 à 2 minutes de chaque côté dans une poêle sans matière grasse ; ne les laisse pas trop longtemps si tu veux pouvoir les plier.
**8.** Garde-les au chaud dans un torchon. S'il t'en reste, congèle-les.

# Petites brioches

**Prépare la pâte de ces petites brioches rondes la veille et glisse-les dans le four au réveil : elles cuiront pendant que tu prends ta douche. Mais rien ne t'empêche de les faire et de les avaler aussitôt. Un régal !**

8 € V

2 gros œufs
220 ml de lait demi-écrémé
110 g de farine
1 pincée de sel
1 c. à soupe d'huile de tournesol
Beurre pour le moule

**1.** Bats les œufs et le lait dans un bol. Tamise la farine et le sel dans un saladier.
**2.** Creuse un puits au milieu, verses-y peu à peu le mélange œufs + lait. Remue constamment à l'aide d'un fouet jusqu'à obtention d'une pâte lisse.
**3.** Laisse reposer 30 minutes (pour une pâte plus légère) ou fais cuire tout de suite. Préchauffe le four à 220 °C.
**4.** Graisse très généreusement un moule à muffins comportant 8 cavités. Fais-le chauffer 5 minutes au four.
**5.** Incorpore l'huile dans la pâte en fouettant, puis verse dans le moule très chaud (remplis les cavités aux deux tiers). Enfourne 35 à 40 minutes, jusqu'à ce que les brioches soient levées, bien dorées et croustillantes. Déguste-les avec du beurre, de la confiture, de la crème au citron (page 249) ou de la marmelade d'orange.

POURQUOI PAS

* Ajoute 1 c. à café de confiture, de marmelade ou de la crème au citron dans la pâte crue répartie dans les cavités. Fais cuire 10 minutes. Baisse le four à 180 °C et prolonge la cuisson de 25 minutes.
* S'il t'en reste, garde-les dans une boîte en métal ou congèle-les.

# Index

Merci à mes supers amis pour m'avoir aidé avec les photos de ce livre : Vez, Joe et Henry.
Merci aussi à Jamie, Sophie, Popeye, Andy, Dom et Yuley. Merci particulièrement à Julie, Bev et Jo du Birdies Perch, à York.

Pour nous avoir autorisé à les prendre en photo, merci à Rafi du Spicebox, Barnit du York, Neal de la fromagerie Yard, Flour Power City, Elsey & Bent, le marché de Borough, la patisserie Lila, le King's College à Londres, Dotan du marché de Camden , The Ginger Pig, Fish Works, Alligator Wholefoods

Un grand merci à Denise, Louise et Barry pour leur patience et leur aide. Et à Louise Rooke – pour avoir goûté mes recettes.

Pour terminer, j'embrasse mon père (un grand photographe), Polly, Rob, Tom, KR, Alice, Mickey et Shelley.

Photographies de Peter Goulding
Autres photographies de Lorne Campbell (1er plat de couverture, pages 5, 9, 18, 23, 47bd, 81hg, 85, 93, 95bd 97, 101, 126, 131, 138, 149, 151, 161, 166, 187, 198, 201g, 212, 225, 235bd, 241), Richard Cannon (1er rabat, pages 1, 2, 4, 6, 8, 31, 37bd, 41, 43, 48hg, 53, 55bd, 66, 75bg, 77bg, 92, 104d, 119, 129bd, 137, 154, 162, 163, 165hg, 175bc, 259bd, 261, 4e de couverture g, hd), Trish Gant (pages 10c, 57bg, 143, 168, 172, 177, 197, 224, 246hd, 248bg, 262bg) et Jeffrey Stern (pages 10hc, 10hd, 12, 13hg, 13bg, 24, 32, 33hd, 39hd, 45, 48bd, 49, 50, 51, 52, 54, 55hg, 56, 57hd, 57bd, 59, 60hg, 61hd, 64bg, 67hg, 69, 71, 75hd, 75bd, 77bd, 81bg, 81bd, 87, 88, 89, 91, 104hg, 107, 108, 110, 115, 118, 121, 123, 125, 127, 129bg, 129cd, 134, 136, 139, 141bd, 144, 153, 164, 165hd, 173, 174, 176, 180, 183hd, 183bg, 189, 193bd, 194, 195, 199, 204, 207, 213, 214, 216, 217g, 218, 242g, 243, 245hd, 247, 248bd, 249, 250, 251, 253, 254cg, 260, 262hd, 263, 264, 266, 267, 2e rabat, 4e de couverture bd).

Traduction de Sabine Sirat
Direction éditoriale : Thomas Dartige
Édition : Anne-Flore Durand
P.A.O : Didier Gatepaille
Correction : Isabelle Haffen et Sylvette Tollard
Photogravure de la couverture : Scanplus

ISBN 978-2-07-062636-6
Titre original "Student cookbook"
Publié par Walker Books Ltd, Londres, en 2008

Numéro d'édition : 167764
Dépôt légal : septembre 2009
Imprimé en Chine